普通高等院校"十三五"规划教材

团队建设与管理

王聪颖 主编

南京大学出版社

图书在版编目(CIP)数据

团队建设与管理 / 王聪颖主编. —— 南京：南京大学出版社，2019.7(2022.6重印)
ISBN 978-7-305-22248-1

Ⅰ. ①团… Ⅱ. ①王… Ⅲ. ①企业管理—组织管理学 Ⅳ. ①F272.9

中国版本图书馆 CIP 数据核字(2019)第 103981 号

出版发行	南京大学出版社
社　　址	南京市汉口路 22 号　　邮　编　210093
出 版 人	金鑫荣
书　　名	团队建设与管理
主　　编	王聪颖
责任编辑	尤　佳　　　　编辑热线　025-83592315
照　　排	南京南琳图文制作有限公司
印　　刷	盐城市华光印刷厂
开　　本	787×1092　1/16　印张 13　字数 324 千
版　　次	2019 年 7 月第 1 版　2022 年 6 月第 2 次印刷
ISBN	978-7-305-22248-1
定　　价	46.00 元

网址：http://www.njupco.com
官方微博：http://weibo.com/njupco
官方微信号：njupress
销售咨询热线：(025) 83594756

* 版权所有，侵权必究
* 凡购买南大版图书，如有印装质量问题，请与所购图书销售部门联系调换

前　言

当前,在智能科技、共享经济的推动下,企业的组织形态发生了巨大的改变。市场环境瞬息万变,企业需要被赋予更多的灵活性和应变力,可以随市场的需求而快速延伸或收缩,显然,传统的组织形态和用人方式已不能满足这种需求。随着竞争日趋紧张激烈,社会需求越来越多样化,人们在工作和学习中所面临的情况和环境也极其复杂。很多情况下,单靠个人能力已很难处理好各种错综复杂的问题,而是需要人们组成团体,并要求组织成员之间进一步相互依赖、相互关联、共同合作,建立合作团队来解决错综复杂的问题,并进行必要的行动协调,开发团队应变能力和持续的创新能力,依靠团队合作的力量创造奇迹。团队正是以其灵活多样的组织形式、创新高效的绩效表现、和谐顺畅的沟通效果受到国内外诸多企业的青睐,正因如此,团队建设与管理逐渐成为现代社会经济管理实践的重要内容。

本书以团队基础篇、团队构建篇和团队管理篇三个篇章为主线,详细介绍了团队建设与管理的完整理论和程序。第一篇为团队基础篇,介绍团队的基本概念、发展历程及类型。第二篇为团队构建篇,主要讲述确立团队目标、团队人员组建、团队资源整合和团队发展规划四个构建过程,以及如何培养团队精神。第三篇团队管理篇,主要介绍了团队在日常管理过程中的构建环节,包括团队团队沟通、团队激励、团队冲突、团队领导、团队绩效。

本书是按照高等学校经济类和管理类本科专业规范、培养方案和教学大纲的要求,深入分析和探索团队建设与管理过程中的现状和问题,其编写思路和优势主要体现在以下五个方面:

1. 双重视角,注重创新。以往的团队类教材都是从组织或企业角度探讨如何建设与管理团队,本书力求既从组织或企业角度,又从团队成员自身角度出发,探讨团队问题,这样不仅有利于组织或企业的团队管理策略,而且也有助于团队成员自身的管理,在一定程度上提高团队管理的质量。

2. 体系完整,结构合理。本书以团队基础篇、团队构建篇和团队管理篇三个篇章为主线,详细介绍了团队建设与管理的完整理论和程序。

3. 深化理论，强化技能。以往的教材大多没有系统地介绍团队管理的理论基础，而理论系统的建构对于团队管理者和团队成员来说都非常重要。因此，本书详细罗列了团队管理的基本原理，同时，也十分注重实践技能的训练，不仅详细介绍团队建设与管理工作中各项具体任务，还附有操作流程、操作步骤、注意事项和应对措施。在每章设置"思考题""讨论题""案例分析"和"课外实践题"，进一步增强用书人员的操作技能。

4. 案例引导，链接服务。一方面，本书在每一小节都设置了"开节案例"提出问题，引入此节的学习内容；在正文中还穿插讲解知识点的案例，更深层次地阐释重点和难点；在每章练习题部分还加入"案例分析题"，引发用书人员更多的思考和解读，提高其分析问题、解决问题的能力。另一方面，本书中还在相应知识点设置了"知识链接"栏目，提供扩展阅读，为用书人员进一步学习和掌握专业知识，提高实际操作能力提供帮助。

5. 视角广阔，锁定多重群体。团队建设与管理活动是团队与成员之间的双向选择过程，因此，书中穿插了很多实用性和操作性都很强的流程图和表格，既可以作为学校教材使用，也可以作为企业团建的参考用书，这在一定程度上满足了不同群体的需求。

本书在编写过程中，参阅了相关资料，并得到了南京大学商学院的大力支持和帮助，在此表示诚挚的感谢。

由于编者水平有限，书中难免会有疏漏或不足之处，敬请广大读者和专家批评指正。

编　者

2019 年 6 月

目 录

第一篇 团队概述篇

第一章 团队概述 ... 3
- 第一节 团队的概念 ... 3
- 第二节 团队的构成要素和角色 ... 10
- 第三节 团队的作用 ... 15
- 本章小结 ... 19
- 复习思考题 ... 19
- 案例讨论 ... 20
- 实训游戏 ... 20

第二章 团队的发展历程及类型 ... 22
- 第一节 团队的发展历程 ... 22
- 第二节 团队类型 ... 28
- 本章小结 ... 42
- 复习思考题 ... 42
- 案例讨论 ... 42
- 实训游戏 ... 43

第二篇 团队构建篇

第三章 构建团队 ... 47
- 第一节 确立团队目标 ... 48
- 第二节 团队人员的组建 ... 55
- 第三节 团队资源的整合 ... 58
- 第四节 团队发展规划 ... 64
- 本章小结 ... 67
- 复习思考题 ... 67
- 案例讨论 ... 68
- 实训游戏 ... 69

第四章 培养团队精神 ... 70
- 第一节 团队精神 ... 70
- 第二节 团队凝聚力 ... 75
- 第三节 团队合作 ... 79
- 第四节 团队士气 ... 86

本章小结 91
　复习思考题 92
　案例讨论 92
　实训游戏 94

第三篇　团队管理篇

第五章　团队沟通 97
　第一节　团队沟通概述 97
　第二节　团队沟通的方法 106
　第三节　团队沟通的技巧 114
　本章小结 123
　复习思考题 123
　案例讨论 124
　实训游戏 125

第六章　团队激励 126
　第一节　团队激励概述 126
　第二节　团队激励方式 137
　第三节　团队激励的应用 147
　本章小结 151
　复习思考题 152
　案例讨论 152
　实训游戏 153

第七章　团队冲突 154
　第一节　团队冲突概述 154
　第二节　团队冲突的过程 158
　第三节　团队冲突的处理 163
　本章小结 167
　复习思考题 168
　案例讨论 168
　实训游戏 169

第八章　团队领导 171
　第一节　团队领导概述 171
　第二节　构建团队领导力 180
　第三节　高层领导团队 191
　本章小结 198
　复习思考题 198
　案例讨论 199
　实训游戏 200

参考文献 201

团队概述篇

第一章　团队概述

> 不用花心思打造明星团队，团队即是可以和自己脚踏实地将事情推进者。
>
> ——马云

本章学习目标

学习本章节后，应该能够：
- 掌握团队的内涵；
- 理解团队的特点；
- 理解和掌握团队和群体的区别；
- 认识和了解团队的构成要素；
- 理解团队的角色；
- 认识和理解团队的作用。

第一节　团队的概念

本节案例　问题提出

张近东通过组织管理实现大体系下小团队协同

近两年，一向低调的苏宁创始人张近东成了媒体追逐的焦点。自2017年提出智慧零售以来，他又通过智慧零售大开发战略为整个零售业贡献了"苏宁速度"。

截至目前，张近东带领苏宁人在2018年已累计新开店4 000多家，其中最多一天实现新开门店300余家。在刚过去的818大促期间，各类新开门店达899家，平均每40分钟就有1家新店落成，张近东不断刷新着由苏宁自己保持的记录。

得益于苏宁的高速发展，张近东本人的身价也水涨船高。10月10日，《2018胡润百富榜》新鲜出炉，苏宁控股集团董事长张近东以950亿元财富位列第十三位，较2017年增长20亿。

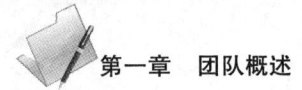

第一章　团队概述

虽说在确定的方针、充足的资金支持下,开店扩张可视为大规模的"3D打印",但张近东创造的"苏宁速度"在业内都是极为罕见的。在拥有25万员工、多产业板块并存的庞大体系里,他是如何实现"苏宁速度"的?

☆ 治大企如踢小球

答案并不神秘,张近东通过组织管理推动了内部诸多小团队的协同合作。

组织管理是管理学范畴的概念,听起来多少有些抽象,如果对照张近东喜欢的运动来看,他崇尚的组织管理方式不是"独自垂钓",而是合作至上的"足球玩法"。

多年前,球迷张近东曾对媒体说:"我喜欢德国队,而不是巴西队。"

众所周知,德国战车最显著的特点就是以团队取胜,即便吸纳了德甲的多位优秀球员,但是跟桑巴军团的明星阵容一比,没几个德国人敢自称球星大腕儿。相比打配合的德国队,在世界杯大舞台上,个人色彩浓重的巴西队往往只押宝到几个超级球星身上。

"独木难成林,只有我们团结一心,才能无坚不摧",张近东率领的苏宁这支"足球队"里没有明星"球员",准确地来说,所有的角色都同等重要,只是分工有别而已。

"大前锋"是核心业务零售,物流和金融分居"两翼",还有科技、置业等多位"球员"。缺了哪一位,都明显有损竞争力。人员齐发的情况下,"队友"间还要确保每一次抢断、传球、射门都足够精确及时,简而言之,团队配合、能力匹配、各尽其职才称得上是一支真正的优秀球队。

真正成就"苏宁速度"的是合作。截至今年9月,张近东布局在县镇市场的零售云店已有1000多家,因零售云店采用的是加盟而非直营模式,任何一家零售云店从无到有,都有苏宁人参与谈判、筹建、装潢、培训等多个环节,甚至门店正式开业后,还有苏宁人专门驻店完成50天的带教。

智慧零售大开发的时代,几乎每一家互联网化门店的诞生,都关系到苏宁内部多个业务板块的协同。

☆ 大体系协同,小团队作战

20世纪70年代,经济学家E·F·舒马赫(EF Schumacher)的著作《小就是美》(Small is Beautiful)问世。他在该书中写道:理想的大型机构应"由许多半自治单位组成,(每个单位)都拥有大量的自由,以便为发挥创造力和开拓精神创造最好条件"。

不确定张近东管理下的小团队是否拥有"大量的自由",但这些小团队在苏宁这支大球队的一场又一场团队战里,确实发挥了经得起检验的创造力和执行力。

张近东当然能看到新店落地之神速,这是科学组织管理的结果。作为管理者,重视结果的同时他也在意过程。

就像观看足球比赛一样,伪球迷只关注是哪位球员射门得分,而张近东这样的球迷为进球欢呼时,还会记得球权是谁抢来的、球是谁传的、谁助攻的,以及守门员多少次守住大门为球队化险为夷。

足球是最能集中体现合作精神的团体运动,张近东喜欢的德国队无疑把这种精神发挥得淋漓尽致,并作为球队的灵魂延续了下来。"德国队踢的不是足球,是团队管理",张近东说。

眼下,苏宁已是零售业航母,从连锁经营到互联网转型,再到智慧零售,张近东也把内部的组织管理方式由"高速列车"升级为"联合舰队",将组织打碎重组。

连锁经营时的苏宁讲究标准化,追求组织的克隆、复制、规模,人员需要服从、投入、执行,每节车厢不能独立动,都要跟着总部走,由总部这个车头推动;现在的苏宁,伴随着产业板块的多元化,更像是联合舰队,总部是航空母舰,下面的每个单元都是独立的军舰和战斗机群,要既能独立作战,又能有机整合、集团作战。

零售模式在变,张近东的组织管理思路也在变。如今,张近东已在苏宁内部建立100多个大团队和4 000多个小团队,本着"事业部公司化、小团队作战、利润中心制、内部市场化"四大组织理念,正在高效运转。

没有任何一位企业家会排斥密切的团队合作,但管理中的现状却是,不同的企业家选择各异的路径,特别是当企业壮大到一定规模时,向着更庞大也更复杂的方向进行组织管理的情况时常发生,张近东选择了在庞大的体系里走向更多的小团队,并把小团队的力量重组形成更大的合力。

资料来源:百度网站,http://news.enorth.com.cn/system/2018/10/18/036252587.shtml,2018-10-18。

请分析:苏宁是如何通过小团队协同作战取得成功的?

一、团队的内涵

中国文字"团队"即有"口""才"的人和一群"耳"听的"人"组成的组织。"团队"一词,英文名为team,直译的最常用词汇是"小组",但该词往往也称工作团队,即work team,t(together 一起)、e(each other 相互协作)、a(aim 目标)、m(member 成员),其含义是通过其成员的共同努力能够产生积极协同作用的最低层次的组织。

关于团队的内涵,各方观点有一些小的差异,比如:美国管理学家罗宾斯认为团队是由两个或者两个以上的,相互作用、相互依赖的个体,为了特定目标而按照一定规则结合在一起的组织。有些学者认为团队是由员工和管理层组成的一个共同体,它合理利用每一个成员的知识和技能协同工作、解决问题,实现共同的目标。

在管理科学和管理实践中,有着基本一致的看法,即"团队"一词的概念是:一个组织在特定的可操作范围内,为实现特定目标而建立的相互合作、一致努力的由若干成员组成的共同体。作为一个共同体,其成员们努力的结果,能够使该组织的目标较好地实现,且可能使绩效水平远大于个体成员绩效的总和。

【寓言故事】

在非洲的草原上如果见到羚羊在奔跑,那一定是狮子来了;如果见到狮子在躲避,那就是象群发怒了;如果见到成百上千的狮子和大象集体逃命的壮观景象,那是什么来了呢?——蚂蚁军团!

想一想

按照您的理解,什么是团队?

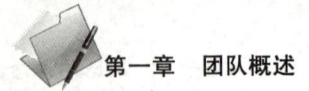

第一章　团队概述

二、团队的特点

为了正确理解团队的含义,我们必须明确团队的几个特点:

(一)共同的目标

每个组织都有自己的目标,团队也不例外,正是在这一目标的感召下,团队成员凝聚在一起,并为之共同奋斗。对于一个项目,为使团队工作有成效,就必须有明确的目的和目标,并且对于要实现的目标,每个团队成员必须对此及其带来的收益有共同的思考。因为成员在团队中扮演多种角色、做多种工作、还要完成多项任务,工作任务的确定要以明确的目标和成员间的良好关系为基础。

项目团队有一个共同的憧憬,这是团队得以存在的主观原因。团队的共同目标是共同憧憬在客观环境中的具体化,并随着环境的变化做出相应的调整。每个团队成员都了解它、认同它,都认为共同目标的实现是实现共同憧憬的最有效途径,这样才能激发团队成员的激情。

【知识链接】

加利福尼亚大学的猴子实验

真正的团队,不仅是对某个人梦想的追求,而是整个团队为了共同目标的分工协作,并肩作战。就像奥运会接力赛,虽然每个人都很重要,但是最重要的是每一个人加起来的总和。如果这个团队足够优秀、足够凝聚,那么就是1+1≥2的力量。但是,如果一个团队起了内耗与冲突,往往就会使这个团队变得平庸,这时候,1+1不仅不会≥2,而且还会<2。

美国加利福尼亚大学的学者做过这样一个实验:把6只猴子分别关在3间空房子里,每间2只,房子里分别放着一定数量的食物,但放的位置和高度不一样。第一间房子的食物就放在地上,第二间房子的食物分别从易到难悬挂在不同高度的适当位置上,第三间房子的食物悬挂在房顶。数日后,他们发现第一间房子的猴子一死一伤,伤的缺了耳朵缺了腿,奄奄一息。第三间房子的猴子也死了。只有第二间房子的猴子活得好好的。

究其原因,第一间房子的猴子一进房间就看到了地上的食物,于是,为了争夺唾手可得的食物而大动干戈,结果伤的伤、死的死。第三间房子的猴子虽做了努力,但食物太高、难度过大、够不着,被活活饿死了。只有第二间房子的两只猴子先是凭着自己的本能蹦跳取食。最后,随着悬挂食物的高度增加,难度增大,两只猴子只有协作才能取得食物。于是,一只猴子托着另一只猴子跳起取食。这样,每天都能取得够吃的食物,很好地活了下来。

真正的团队会为了共同的目标而共同合作、相互支持、相互依赖,而没有团队意识的就只会为了利益而争地你死我活,两败俱伤。

（二）合理分工与协作

每个团队成员都应该明确自己的角色、权力、任务和职责,在目标明确之后,必须明确各个成员之间的相互关系。如果每个成员彼此隔绝,大家都埋头做自己的事情,就不会形成一个真正的团队。每个成员的行动都会影响到他人的工作,因此,团队成员需要了解为实现目标而必须做的工作以及相互间的关系。

（三）高度的凝聚力

凝聚力是维持团队正常运转的所有成员之间的相互吸引力。团队对成员的吸引力越强,成员遵守规范的可能性越大。一个有成效的团队,必定是一个有高度凝聚力的团队,它能使团队成员积极热情地为项目成功付出必要的时间和努力。

影响团队凝聚力的因素有团队成员的共同利益、团队规模的大小、团队内部的相互交往和合作。团队凝聚力的大小随着团队成员需求满足的增加而加强；团队规模越小,彼此交往和合作的机会就越多,就越容易产生凝聚力；经常性的沟通可以提高团队的凝聚力；团队目标的压力越大,越可以增强团队的凝聚力。

（四）团队成员相互信任

成功团队的另一个重要特征就是信任,一个团队能力的大小受到团队内部成员相互信任程度的影响。在一个有效的团队里,成员会相互关心,承认彼此存在的差异,信任其他人所做和所要做的事情。在任何团队工作,都有不同意见,要鼓励团队成员将其自由地表达出来,大胆地提出一些可能产生争议或冲突的问题。团队领导应该认识到这一点,并努力实现,在团队建立之初就应当树立信任,通过委任、公开交流、自由交换意见来推进彼此之间的信任。

（五）有效的沟通

有效的团队还需具有高效沟通的能力,团队必须装备有先进的信息技术系统和通信网络,以满足团队高效沟通的需要。团队拥有全方位的、各种各样的、正式的和非正式的信息沟通渠道,能保证沟通直接和高效。沟通不仅是信息的沟通,更重要的是情感上的沟通,每个团队成员不仅要具有良好的交际能力,而且要拥有较高的情商,团队内要充满开放、坦诚的沟通氛围,成员要倾听、接纳其他成员的意见,并能经常得到有效的反馈。

三、团队与群体

想一想

古人云:"物以类聚,人以群分",日常生活中,同一个电影院中的观众、同一架飞机上的乘客构成一个群体吗？群体是否就是一群具有共同目标且一致遵守的个体？

（一）群体的内涵

肖(Shaw,1981)认为,群体由两个或更多相互作用和相互影响的个体所组成。并指出,

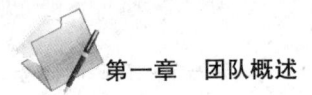

所有的群体都有一个共同的特征,即群体成员间有着彼此的互动,而且群体的存在是有原因的。例如,为了满足某种需要,提供信息或者实现统一的目标等。可见,按照肖的定义,同一电影院的观众、同一架飞机的乘客仅能说是一个集合体,而不是一个真实的、互动的群体。

贝克(Back,1977)认为,对群体概念的理解,关键是所有成员彼此之间必须有一种可观察到的和有意义的联系方式;个体间的互动使人们成为一个群体,并为一个共同目标而努力奋斗。越来越多的研究者认为,群体是所有上述含义或是具有更多含义的一种混合体。巴伦等人(2003)认为群体是通过某种纽带联系在一起,并具有不同程度内聚力的一群人。

可以说,"团队"一词脱胎于群体,又高于群体。所谓群体,是指为了实现某个特定目标,由两个或两个以上相互作用、相互依赖的个体的组合。在优秀的工作群体中,成员之间有着一种相互作用的机制,他们共享信息、做出决策、帮助在其中的其他成员更好地承担责任、完成任务。这其实已经蕴含着一些"团队"的精神。但是,在工作群体中的成员,不存在成员之间积极的协同机制,因而群体是不能够使群体的总体绩效水平大于个人绩效之和的。

(二) 团队与群体的区别

团队和群体经常容易被混为一谈,但它们之间有根本性的区别,汇总为六点:

(1) 领导方面。作为群体应该有明确的领导人;团队可能就不一样,尤其团队发展到成熟阶段,成员共享决策权。

(2) 目标方面。群体的目标必须跟组织保持一致,但团队中除了这点之外,还可以产生自己的目标。

(3) 协作方面。协作性是群体和团队最根本的差异,群体的协作性可能是中等程度的,有时成员还有些消极,有些对立;但团队中是一种齐心协力的气氛。

(4) 责任方面。群体的领导者要负很大责任,而团队中除了领导者要负责之外,每一个团队的成员也要负责,甚至要一起相互作用、共同负责。

(5) 技能方面。群体成员的技能可能是不同的,也可能是相同的,而团队成员的技能是相互补充的,把不同知识、技能和经验的人综合在一起,形成角色互补,从而达到整个团队的有效组合。

(6) 结果方面。群体的绩效是每一个个体的绩效相加之和,团队的结果或绩效是由大家共同合作完成的产品或服务。

动动脑【群体和团队的实例区分】

下面四个类型,哪些是群体?哪些是团队?
◎ 龙舟队
◎ 旅行团
◎ 足球队
◎ 候机旅客

实际上,龙舟队和足球队是真正意义上的团队;而旅行团是由来自五湖四海的人组成的,它只是一个群体;候机室的旅客也只能是一个群体。

图 1-1 列示了群体与团队的区别(斯蒂芬·P·罗宾斯,2012)。上述定义和图 1-1 的比较有助于说明:团队为组织创造了一种潜力,能够使组织在不增加投入的情况下提高产出水平。需要注意的是,组建团队并不"包治百病",仅仅把工作群体换个称呼,改成工作团队,并不能保证在组织中一定会产生协同作用,提高组织绩效。

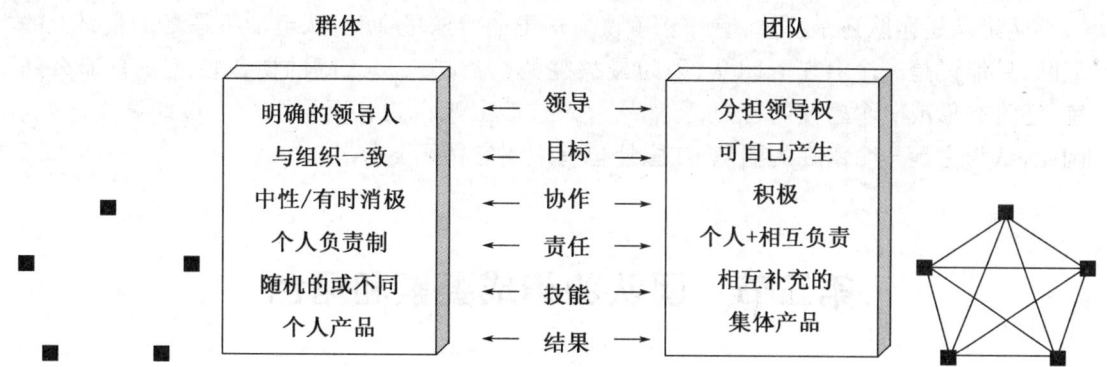

图 1-1 群体与团队的对比

(资料来源:斯蒂芬·P·罗宾斯:组织行为学,中国人民大学出版社,2012)

(三)群体向团队的过渡

从群体发展到真正的团队需要一个过程,需要一定的时间磨炼。这个过程分为以下几个阶段,如图 1-2 所示:

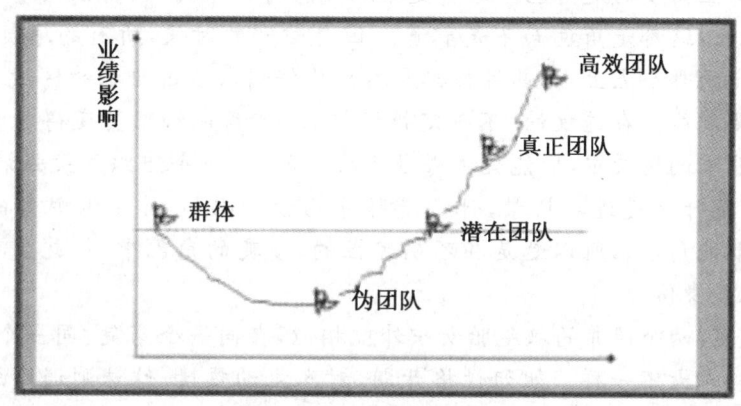

图 1-2 群体向团队的过渡

第一阶段,由群体发展到所谓的伪团队,也就是我们所说的假团队。
第二阶段,由假团队发展到潜在的团队,这时已经具备了团队的雏形。
第三阶段,由潜在的团队发展为一个真正的团队,它具备了团队的一些基本特征。真正的团队距离高绩效的团队还比较遥远。

动动脑【群体向团队的过渡】

NBA 在每赛季结束后都要组成一个明星队,由来自各个队伍中不同的球员组成一支篮球队,跟冠军队比赛,这个明星队是团队还是群体,或其他组织?

明星队是团队还是群体,有一些争议。这里的看法是:明星队至少不是真正意义上的团队,只能说是一个潜在的团队,因为最关键的一点是成员之间的协作性还没有那么熟练,还没有形成一个整体的合力,当然从个人技能上来说也许明星队个人技能要高一些。因此,认为它是一个潜在的团队,在国外也有人叫它伪团队。

第二节 团队的构成要素和角色

本节案例 问题提出

足球团队中的角色效应

以踢足球为例,每支球队里都会有前锋、后卫等很多位置,但是在进攻的时候,队员们都会按照阵型压上,只要抢到点就可以射门,不一定非是前锋这个位置才可以射门。所以,进攻的时候,球队里需要的是角色。每一支球队可能有传球的人,有控制中场的人,还有作为场内灵魂的队长,这都是角色而不是职责。但是防守的时候,所有的球员就马上各就各位,回到自己规定的那个点上去,其目标就是不允许任何人经过自己的区域、严防死守。这时候,团队更需要职能。在进攻的、不确定性的场景里,角色和默契变得非常重要;而在那些确定的,相对明晰的场景中,职能就变得很重要。所以,一个组织里最强调什么——打配合。只要你分清楚什么是进攻场景,什么是防守场景。比如,你是做财务的,可能大多时候,你需要的是职能角色。所以越是在不确定性的、多变的角色中,你就会变得越重要,甚至能超越你的职能身份。

心理学家发现:两个同卵的双胞胎女孩外貌相似,在同一个家庭、同一个教育环境里长大,但她们的性格却大不一样。姐姐性格开朗,对人主动热情;妹妹则遇事缺乏主见,常常依赖于别人,不善交际。是什么造成了姐妹俩的性格差异呢? 主要原因就是她们的角色不同——虽然生下来就差那么一两分钟,但是父母亲对她们的态度不一样。他们会默认为先出生的那个就是姐姐,后出生的就是妹妹。姐姐要照顾妹妹,同时也要求妹妹听姐姐的话。在这样的期待下,姐姐就越来越独立了,成了保护妹妹的角色,妹妹则越来越弱势,成了被保护的角色。

资料来源:百度网站,https://baijiahao.baidu.com/s?id=15771543707976 68223&wfr=spider&for=pc,2017-8-30。

请分析:可以看到,大人的期待对于个体的塑造是多么的重要。那么在团队中,团队成员对自己的角色定位,也会影响到其他成员对你的期待吗?

一、团队的构成要素

团队的构成有几个重要的因素,管理学家将其总结为"五P"。

(一)目标(Purpose)

团队应该有一个既定的目标为团队成员导航,知道要向何处去,没有目标这个团队就没有存在的价值。

自然界中有一种昆虫很喜欢吃三叶草(也叫鸡公叶),这种昆虫在吃食物的时候都是成群结队的,第一个趴在第二个的身上,第二个趴在第三个的身上,由一只昆虫带队去寻找食物,这些昆虫连接起来就像一节一节的火车车厢。管理学家做了一个实验,把这些像火车车厢一样的昆虫连在一起,组成一个圆圈,然后在圆圈中放了它们喜欢吃的三叶草。结果它们爬得精疲力竭也吃不到这些草。这个例子说明在团队中失去目标后,团队成员就不知道上何处去,最后的结果可能是饿死,这个团队存在的价值可能就要打折扣。团队的目标必须跟组织的目标一致,此外还可以把大目标分成小目标,并具体分到各个团队成员身上,大家合力实现这个共同的目标。同时,目标还应该有效地向大众传播,让团队内外的成员都知道这些目标,有时甚至可以把目标贴在团队成员的办公桌上、会议室里,以此激励所有的人为这个目标去工作。

(二)人(People)

人是构成团队最核心的力量,2个以上的人就可以构成团队。目标是通过人员具体实现的,所以人员的选择是团队中非常重要的一个部分。在一个团队中可能需要有人出主意,有人定计划,有人实施,有人协调不同的人一起去工作,还有人去监督团队工作的进展,评价团队最终的贡献。不同的人通过分工来共同完成团队的目标,在人员选择方面要考虑人员的能力如何,技能是否互补,人员的经验如何。

唐僧团队原来是指《西游记》中的唐僧团队,这个团队最大的好处就是互补性,领导有权威、有目标,有坚定的毅力,这个团队是个非常成功的团队,虽然历经九九八十一磨难,但最后修成了正果。阿里巴巴的总裁马云,就非常欣赏唐僧团队,认为一个理想的团队就应该有这四种角色。一个坚强的团队,基本上要有四种人:德者、能者、智者、劳者。德者领导团队,能者攻克难关,智者出谋划策,劳者执行有力。唐僧团队取得成功主要有以下因素:

(1)目标明确。唐僧起到了团队核心和凝聚力的作用,依靠领导位置和虔诚取经之心确保团队一直向目标迈进。当有人危及他的价值观时,哪怕把取经团队解散,他也要惩罚此人来确保贯彻他的个人意志。

(2)利益一致。师徒四人,虽时有矛盾,但大家都知道,只有到达西天取得真经,方能成得正果。因此尽管想法思路不同,但大家的目标明确,利益一致。

(3)规则清楚。制度明确,等级分明。师傅就是师傅,任徒弟有天大的本事,也不能超越法规,不能以下犯上。

(4)结构合理。像唐僧的能力和水平也只能领导这么一个团队,人再多,他就当不成师傅了;像悟空这样能干的人不能太多,否则,唐僧就不能驾驭和控制住局面了;像八戒这样喜欢溜须拍马的人就更不能多;而像沙僧和小白龙这样的多些倒无妨,既有些本事,又默默奉献。

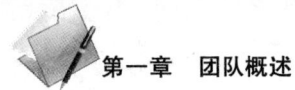

第一章 团队概述

（5）素质尚可。唐僧师徒四人皆因怀才不遇或犯点小错被罚，整个团队素质较高，人才结构也合理，尽管有种种矛盾和冲突，但团队总体上还是能形成合力的。

（6）上级支持。唐僧之所以能当这个团队的头，与上级各级领导的关心支持是分不开的。每当这个团队即将分崩离析时，上级领导部门就会派人来调解。

（三）团队的定位(Place)

团队的定位包含两层意思：

团队的定位：团队在发展过程中处于什么位置，由谁选择和决定团队的成员，团队最终应对谁负责，团队采取什么方式激励成员？

个体的定位：个体作为成员在团队中扮演什么角色？是订计划还是具体实施或评估？

（四）权限(Power)

团队当中领导人的权利大小跟团队的发展阶段相关，一般来说，团队越成熟领导者所拥有的权利相应越小，在团队发展的初期阶段领导权相对比较集中。团队权限关系主要有两个方面：

（1）整个团队在组织中拥有什么样的决定权？比方说财务决定权、人事决定权、信息决定权。

（2）组织的基本特征。比方说组织的规模多大，团队的数量是否足够多，组织对于团队的授权有多大，它的业务是什么类型。

（五）计划(Plan)

计划的两层面含义：

（1）目标最终的实现，需要一系列具体的行动方案，可以把计划理解成目标的具体工作的程序。

（2）提前按计划进行可以保证团队的顺利进度。只有在计划的操作下团队才会一步一步地贴近目标，从而最终实现目标。

二、团队角色

团队角色是指一个人在团队中某一职位上应该有的行为模式。在成功的团队中应当有九种角色，有些团队成员会扮演两种以上的角色。

剑桥产业培训研究部前主任贝尔宾博士和他的同事们经过多年在澳洲和英国的研究与实践，提出了著名的贝尔宾团队角色理论，即一支结构合理的团队应该由八种角色组成，后来修订为九种角色。贝尔宾团队角色理论是，高效的团队工作有赖于默契协作。团队成员必须清楚其他人所扮演的角色，了解如何相互弥补不足，发挥优势。成功的团队协作可以提高生产力，鼓舞士气，激励创新。这九种团队角色分别为：

（1）智多星 PL(Plant)。智多星创造力强，充当创新者和发明者的角色。他们为团队的发展和完善出谋划策。通常他们更倾向于与其他团队成员保持距离，运用自己的想象力独立完成任务，标新立异。他们对于外界的批判和赞扬反应强烈，持保守态度。他们的想法总是很激进，并且可能会忽略实施的可能性。他们是独立的、聪明的、充满原创思想的，但是他们可能不善于与那些气场不同的人交流。

(2) 外交家 RI(Resource Investigator)。外交家是热情的、行动力强的、外向的人。无论团队内外，他们都善于和人打交道。他们与生俱来是谈判的高手，并且善于挖掘新的机遇、发展人际关系。虽然他们并没有很多原创想法，但是在听取和发展别人想法的时候，外交家效率极高。就像他们的名字一样，他们善于发掘那些可以获得并利用的资源。由于他们性格开朗外向，所以无论到哪里都会受到热烈欢迎。

通常外交家为人随和，好奇心强，乐于在任何新事物中寻找潜在的可能性。然而，如果没有他人的持续激励，他们的热情会很快消退。

(3) 审议员 ME(Monitor Evaluator)。审议员是态度严肃的、谨慎理智的人，有着与生俱来的对过份热情的免疫力。他们倾向于三思而后行，做决定较慢。通常他们非常具有批判性思维。他们善于在考虑周全之后做出明智的决定。具有审议员特征的人所做出的决定，基本上是不会错的。

(4) 协调者 CO(Co-ordinator)。协调者最突出的特征就是他们能够凝聚团队的力量向共同的目标努力。成熟、值得信赖并且自信，都是他们的代名词。在人际交往中，他们能够很快识别对方的长处所在，并且通过知人善用来达成团队目标。虽然协调者并不是团队中最聪明的成员，但是他们拥有远见卓识，并且能够获得团队成员的尊重。

(5) 鞭策者 SH(Shaper)。鞭策者是充满干劲的、精力充沛的、渴望成就的人。通常，他们非常有进取心，性格外向，拥有强大驱动力。他们勇于挑战他人，并且关心最终是否胜利。他们喜欢领导并激励他人采取行动。在行动中如遇困难，他们会积极找出解决办法。他们是顽强又自信的，在面对任何失望和挫折时，他们倾向于显示出强烈的情绪反应。

鞭策者对人际不敏感，好争辩，可能缺少对人际交往的理解。这些特征决定了他们是团队中最具竞争性的角色。

(6) 凝聚者 TW(Team worker)。凝聚者是在团队中给予最大支持的成员，性格温和，擅长人际交往并关心他人。他们灵活性强，适应不同环境和人的能力非常强。凝聚者观察力强，善于交际。作为最佳倾听者的他们通常在团队中倍受欢迎。他们在工作上非常敏感，但是在面对危机时，他们往往优柔寡断。

(7) 执行者 IMP(Implementer)。执行者是实用主义者，有强烈的自我控制力及纪律意识。他们偏好努力工作，并系统化地解决问题。简而言之，执行者是典型的将自身利益与忠诚与团队紧密相连、较少关注个人诉求的角色。但是，执行者或许会因缺乏主动而显得一板一眼。

(8) 完成者 CF(Completer Finisher)。完成者是坚持不懈的、注重细节的。他们不太会去做自己认为完成不了的任何事。他们由内部焦虑所激励，但表面看起来很从容。一般来说，大多数完成者都性格内向，并不太需要外部的激励或推动。他们无法容忍那些态度随意的人。完成者并不喜欢委派他人，而是更偏好自己来完成所有的任务。

(9) 专业师 SP(Specialist)。专业师是专注的，会为自己获得专业技能和知识而感到骄傲。他们首要专注于维持自己的专业度以及对专业知识的不断探究之上。然而由于专业师们将绝大多数注意力都集中在自己的领域，因此他们对其他领域所知甚少。最终，他们成了只对专一领域有贡献的专家。但是很少有人能够一心一意钻研，或有成为一流专家的才能。

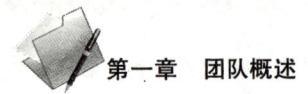

第一章　团队概述

根据对贝尔宾团队角色理论的研究及对实践经验的总结,我们认为要组建一支成功的、高绩效的团队,作为组织领导者应该首先注意以下问题:

(1) 角色齐。唯有角色齐全,才能实现功能齐全。正如贝尔宾博士所说的那样,用我的理论不能断言某个群体一定会成功,但可以预测某个群体一定会失败。因此,一个成功的团队首先应该是实干家、信息者、协调者、监督者、推动者、凝聚者、创新者和完美主义者这八种角色的综合平衡。

(2) 容人短处,用人所长。知人善任是每一个管理者都应具备的基本素质。管理者在组建团队时,应该充分认识到各个角色的基本特征,容人短处,用人所长。在实践中,真正成功的管理者,对下属人员的秉性特征的了解都是很透彻的,而且只有在此基础上组建的团队,才能真正实现气质结构上的优化,成为高绩效的团队。

(3) 尊重差异,实现互补。对于一份给定的工作,完全合乎标准的理想人选几乎不存在——没有一个人能满足我们所有的要求。但是一个由个人组成的团队却可以做到完美无缺——它并非是单个人的简单罗列组合,而是在团队角色上亦即团队的气质结构上实现了互补。也正是这种在系统上的异质性、多样性,才使整个团队生机勃勃,充满活力。

(4) 增强弹性,主动补位。一般意义上而言,要组建一支成功的团队,必须在团队成员中形成集体决策、相互负责、民主管理、自我督导的氛围,这是团队区别于传统组织及一般群体的关键所在。除此之外,从团队角色理论的角度出发,还应特别注重培养团队成员的主动补位意识——即当一个团队在上述八种团队角色出现欠缺时,其成员应在条件许可的情况下,增强弹性,主动实现团队角色的转换,使团队的气质结构从整体上趋于合理,以便更好地达成团队共同的绩效目标。事实上,由于多数人在个性、禀赋上存在着双重、甚至多重性,使这种团队角色的转换成为可能。

【小看板】

到了冬季,北方一片冰天雪地,什么昆虫、蠕虫和植物种子都不见了,大雁找不到食物吃,便成群结队浩浩荡荡地飞向比较温暖的南方。大雁的老家是在北方西伯利亚一带,因为北方的夏季日照时间长,食物丰富,敌害不多,非常适合哺育幼雏,所以,它们总是回故乡繁殖后代。

因为大雁飞行的路程很长,它们除了靠扇动翅膀飞行之外,也常利用上升气流在天空中滑翔,使翅膀得到间断的休息空隙,以节省自己的体力。当雁群飞行时,前面雁的翅膀在空中划过,膀尖上会产生一股微弱的上升气流,后边的雁为了利用这股气流,就紧跟在前雁膀尖的后面飞,这样一个跟着一个,就排成了整齐队伍。

在旅途中雁群的行动是很有规律的,多半由有经验的老雁做领导,在前面带队,其余的在后排成"一字"或"人字"队形飞行,整个雁群非常信任领头雁。大雁会轮流做领头雁,否则会消耗相当大的体力。因此,当一只领头雁累时就会退到队伍的侧翼休息,其他大雁这时就会及时补位领飞。

第三节　团队的作用

> **本节案例　问题提出**

里约奥运会上的中国女排军团

在里约奥运会上,中国女排时隔12年再一次站到了奥运会的最高领奖台上。那一刻,中国女排再一次成了全国乃至全世界的焦点。我们最该感谢的就是郎平带领的以2号朱婷,12号惠若琪,11号徐云丽,1号袁心玥,16号丁霞,9号张常宁,15号林莉为主力,以3号杨方旭、6号龚翔宇、7号魏秋月、10号刘晓彤、17号颜妮为替补的12人整个中国女排团队,她们精诚合作,奋力拼搏终于实现了群体性崛起!

2013年4月25日,郎平以"救世主"的宿命再次执掌女排的教鞭。那时,中国女排正处于低谷,国际排联公布的2013年最新世界排名,中国仅列第五位。伦敦奥运会未能跻身四强,更是令国人扼腕叹息。郎平回归,其任务远不止在于提高成绩,更重要的在于凝聚人心。

凭借她在中国排球界拥有无可比拟的威信和地位,郎平排除很多阻力,运用多年国际化执教经验,甚至调动国外优势资源和人员,为中国女排服务,组建了一个国际化的、年轻的教练团队,体能师Rett、康复师Brittni、队医Dr. Ho都深深爱上了这支团结有爱的团队。同时国内同行也看到了中国排球与国际先进水平的差距。

奥运会开赛到现在,大家最敬佩的就是郎导的用人调度和临阵指挥。中巴大战,魏秋月、徐云丽、刘晓彤等老将的爆发带着朱婷、张常宁赢得了中巴大战。对阵荷兰,又可见郎平的妙手用兵,惠若琪成为一大亮点,她的进攻出乎意料的回暖,直接分担了朱婷在进攻端的压力。八进四对阵东道主巴西,第五局14比13,郎导叫了个暂停,那时候她跟大家说了什么?郎导说就是告诉魏秋月到位给谁,不到位给谁,要非常明确,还跟朱婷说了让她全力准备,这球给她了……每一次成功的换人、暂停,每一场胜利都验证了郎平的价值。

谈到夺冠原因,郎平说道:"所有的困难都是比赛的一部分,我们早上9点多比赛过,晚上10点多也比赛过,我们坚持到了最后,笑到了最后。我们永远不放弃,追求每一分,不要想结果,认真打好每一分,关键时刻敢出手。"对于这次夺冠,郎平认为对队员们以后大有裨益。"当时说第一场不输荷兰就好了,但没想到,我们面对困难,一点点往上冲,对运动员职业生涯、生活都是积累。"此外,郎平还坦言,本来里约的目标是奖牌。"我们队员技术不是最好,我们用作风和团队弥补,我们的目标是奖牌,我们知道差距,最后一点点拼,不要设计结果。"

资料来源:凤凰网,https://2016.ifeng.com/a/20160821/49814466_0.shtml,2016-8-21。

请分析: 在里约奥运会上,女排姑娘们是怎样通过团队合作和发扬团队精神重新书写历史的?

合作就是力量!没有人能够单靠自己成就一切。人们必须结合在一起,将个体的才能、创造力和精力投注到团队中,才能发挥最大作用。在当今快节奏工作环境中,团队的执行力与创

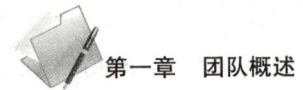

第一章　团队概述

造力比单打独斗的个体要强得多。在许多著名企业中,团队都是其重要的组织结构和管理方式。团队之所以在当今企业界如此盛行,其原因在于其在组织的经营管理活动中具有以下基本作用。

一、充分利用资源

(1) 任何组织现存的各种资源都往往存在着不平衡,其部分冗余不可避免。实行团队模式,可以在组织原有的工作不受影响的情况下开拓许多新的工作领域、完成更多的工作任务。

(2) 当某种工作任务需要多种技能、经验和渠道时,由若干成员组成各有特色并集思广益的团队来做,通常会比个人干得更好,因为团队有助于组织更好地利用雇员的才能。

(3) 在复杂多变的环境中,团队工作的模式比传统的部门结构更灵活、反应更迅速,它能够快速地组合、重组和解散,这样可以大大提高组织资源的利用率。

二、增强组织效能

团队能够增强组织的效能,主要体现在以下几个方面:

(1) 完善组织结构。团队模式有利于改善组织的沟通状况,使团队成员们加强交流,这有利于弥补组织的一些缺陷。而且,团队及其成员有对整体组织的共同承诺,鼓励个体把个人目标升华为团队和组织的目标,共同为组织的目标而努力,强化组织的整体结构和战斗力。同时,团队还能够增强组织的灵活性,有利于组织在操作层次上的应变。

(2) 强化组织氛围。当组织员工只关心个人的工作目标时,往往会与其他同事工作目标的实现发生摩擦,这种摩擦不仅会造成损失,还会造成员工的不愉快,且这种"不愉快"造成的损失比摩擦造成的损失要大得多。团队成员能够满足个体的归属需要和成员之间的友情,他们为了整个团队的共同目标而奋斗,也为了实现团队的目标而主动地谋求合作,合作不仅会减少冲突,而且会创造良好的局部工作氛围以至良好的组织总体氛围。

(3) 增强组织灵活性。市场环境的新变化是组织普遍采用团队形式的主要原因,任何组织要想在激烈的竞争环境下生存、发展,都必须改变过去等级分明决策缓慢、机构臃肿、人浮于事、对外界变化的应变能力差的管理模式。团队工作以灵捷和柔性为其竞争战略,给予团队成员必要的团队工作技能训练,团队的共同价值取向和文化氛围使组织能更好地应付外部环境的变化和适应组织内部的改革、重组。

【小看板】

一日,锁对钥匙埋怨道:"我每天辛辛苦苦为主人看守家门,而主人喜欢的却是你,总是每天把你带在身边。"而钥匙也不满地说:"你每天待在家里,舒舒服服地,多安逸啊!我每天跟着主人,日晒雨淋的,多辛苦啊!"

一次,钥匙也想过一过锁那种安逸的生活,于是把自己偷偷藏了起来。主人出门后回家,不见了开锁的钥匙,气急之下,把锁给砸了,并把锁扔进了垃圾堆里。

主人进屋后,找到了那把钥匙,气愤地说:"锁也砸了,现在留着你还有什么用呢?"说完,把钥匙也扔进了垃圾堆里。

在垃圾堆里相遇的锁和钥匙，不由感叹起来："今天我们落得如此可悲的下场，都是因为过去我们在各自的岗位上，不是相互配合，而是相互妒忌和猜疑啊！"

很多时候，人与人之间的关系都是相互的，唯有互相配合，团队协作，方能共同繁荣！

三、提高组织决策效能

团队工作模式以计算机网络、信息处理软件为支撑技术，团队成员之间的协调和联系通过总线上的共享信息实现。通过建立企业内联网 Intranet 和企业外部网 Extranet 实现信息的共享和集成，这样可以消除传统组织结构（如宝塔式的科层结构）中由于层层传递所造成的信息失真和延误，从而提高信息传递的质量和速度。

四、提升内在工作动力

团队模式能够提升内在工作动力，主要体现在以下几个方面：

（1）增加自主决策权。实行团队模式，能够达到促进组织成员对工作高度参与和自主决策的激励功效，这就使得团队成员们能够产生巨大的工作动力。团队中的民主气氛、成员对团队以至对整个组织的归属感，使团队成员能够提高工作参与度，从而满足自身的成就感等心理需求。

（2）褒奖动力和约束惰性。一方面，工作团队由传统的科层组织中的被动接受命令转变为拥有独立的决策权，使得团队成员拥有一个更大的活动天地，享有宽松、自主的环境，极大地激励团队成员的工作积极性和创造性。另一方面，团队的气氛会给那些因存在"免费搭便车"（free rider）的企图而产生偷懒动机的参加者施加压力，迫使其为团队的绩效、荣誉而努力工作。

> 【知识链接】
>
> #### "烂苹果"效应
>
> 不少团队都会遇到一些很难管理的员工，他们不但自己不能顺利完成工作，还会影响其他员工的工作情绪、拉低整个团队的工作效率。在管理团队时，如何避免"烂苹果"的出现，怎么应对他们以及能否将这些团队里的"烂苹果"转为"好苹果"对于团队管理都是重要的课题。
>
> 五招防范"烂苹果"
>
> 1. 把好入口关。就像精心摘苹果一样，团队要从招聘人开始，把好入口关。在对技能考核的同时，一定要注意对个人品行的考核。技能差可以培养，品行差就难以改变。
>
> 2. 建立好环境。苹果在一定的温度、湿度条件下，可以延长储存期，延缓苹果变坏的时间。团队也是一样，一个蓬勃向上的团队文化、宽严结合的团队环境、和谐轻松的团队氛围可以延缓和减少"烂苹果"的出现。

> 3. 经常做检查。良好的环境提供了健康的氛围,却挡不住少数人因懒惰、自私产生的坏心情,还有因误会、不公、报复产生的坏情绪,长期得不到化解就会产生"烂苹果"效应。经常谈心检查,发现不良的苗头及时处理,避免"小洞不补,大洞受苦"。
>
> 4. 严防"心里烂"。"烂苹果"一般会有两种情况:一种是因磕碰伤后从外边开始烂,容易被发现,及时解决,避免损失;一种因病虫害等原因,从里往外烂,外边看不出来,到发现时就已经造成大量苹果受到传染而腐烂。在团队中,一般团队成员出现问题,就像苹果表面坏了一点一样,容易发现,及时解决不会影响大局。关键是团队领导层出现分歧、反目为仇,就像苹果心里已经先烂掉一样,处理不当或处理晚了就会给团队造成巨大损失,甚至出现生存危机。所以,团队要严防领导层、骨干层出现"烂苹果",出现问题必须及时、果断处置,否则就有可能出现危机。
>
> 5. 处置要留神。处理"烂苹果"团队成员一定要工作细致、缜密,做好预案,攻心为上,避免大冲突,激化矛盾,得不偿失。

五、增强凝聚力

每个团队都有特定的团队任务和事业目标,团队鼓励每个参与者把个人目标溶入和升华为团队的目标并做出承诺,这就使企业文化建设中的核心问题——共同价值观体系的建立,变成可操作性极强的管理问题。同时,团队的工作形式要求其参加者只有默契的配合才能很好地完成工作,从而促使团队成员在工作中有更多的沟通和理解,共同应对工作的压力。

六、充分体现人本管理

团队鼓励其成员一专多能,并对团队成员进行工作扩大化训练,要求团队成员积极参与组织决策。由于团队工作形式培养了团队成员的技术能力、决策和人际处理能力,从而使其从机器的附属中解放出来,因此,团队充分体现了以人为本的管理思想。

七、多方面促进组织效益提高

团队这种形式有产生正向协同作用的功能,它可以大大提高局部组织的生产效率和整体的经济效益。当工作任务和日常决策权交给团队后,团队可以自动运转起来,管理层就能够摆脱日常事务管理而去思考和处理更重要的问题。同时,决策权下放给团队,团队就能够根据环境的变化灵活处理问题,有利于组织的目标和决策较好地实现,从而达到促进组织绩效提高和组织发展的目的。

本章小结

本章内容结构如下所示：

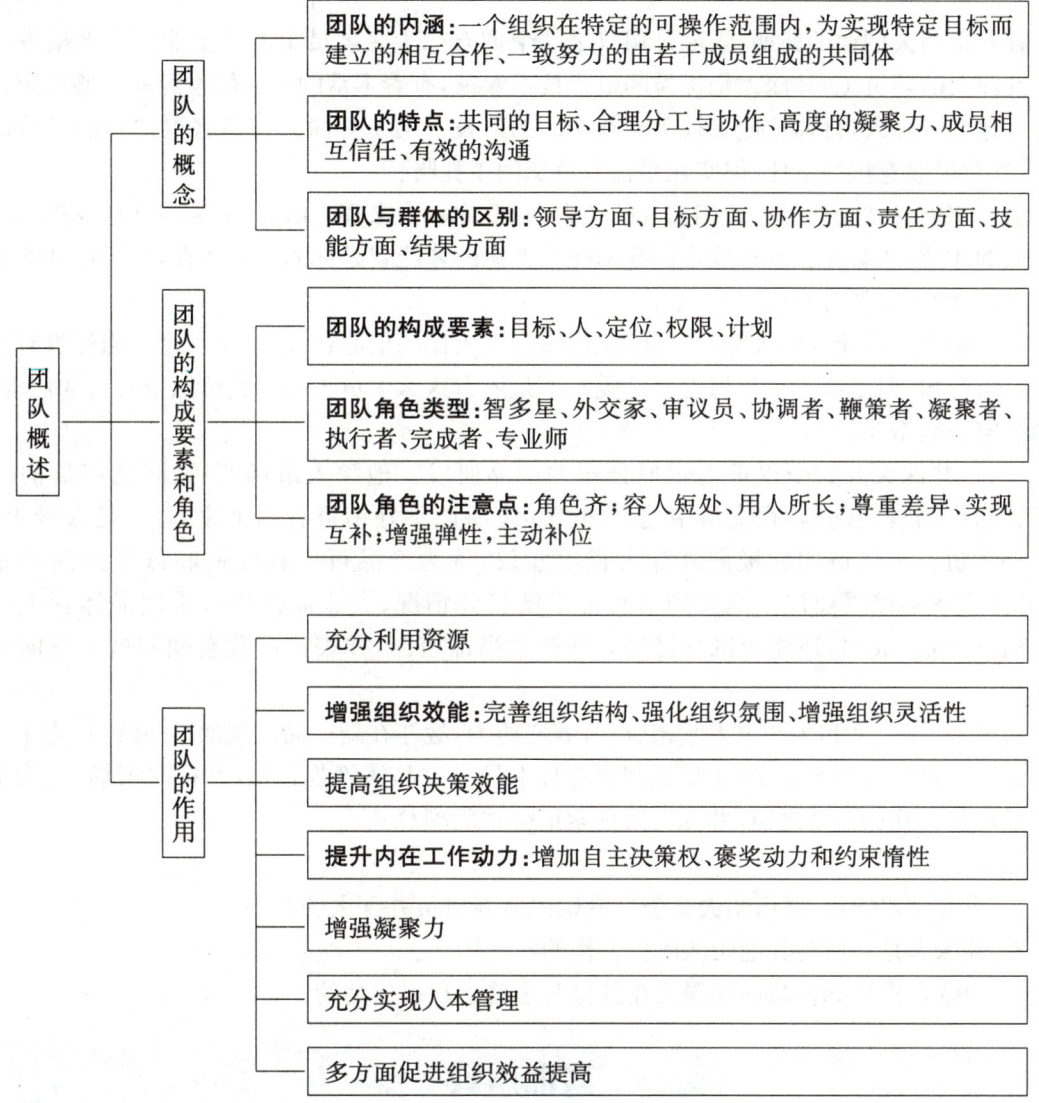

复习思考题

1. 什么是团队？团队具有哪些特点？
2. 什么是群体？团队和群体有哪些共同点？又有哪些区别？
3. 群体如何才能向团队过渡？
4. 团队有哪些构成要素？
5. 在团队中，团队成员一般会扮演哪些角色？
6. 团队在当今企业界如此盛行，那么在组织的经营管理活动中团队具有哪些基本作用？

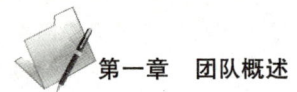

第一章　团队概述

案例讨论

井深大的团队合作之路

在盛田昭夫创业的初期，索尼公司只是一个拥有二十多名员工的小企业。后来招进一位名叫井深大的新员工，井深大是优秀的电子技术专家，有着丰富的产品研发经验。盛田昭夫非常看好这个年轻人，打算让他全权负责新产品的研发。但是井深大有点害怕："我的经验还不足，尽管我很愿意担当重任，但实在是怕有负您的重托呀！"

盛田昭夫就鼓励他说："我相信你的能力，只要你和大家齐心协力，最大限度地发挥自己和其他人的才能，还有什么困难能难倒我们呢？大家的才能就是你的优势所在，有了你和大家的智慧，我们的公司就有希望！"

盛田昭夫的话让井深大豁然开朗，让他感到了无比的信心："没错，我一个人当然没有能力发展一家公司，但是我怎么只想着自己呢？不是还有这么多员工吗？我可以虚心向他们求教，团结大家一起奋斗。"

于是，井深大开始全权负责索尼公司的产品研发。他深入市场调研，同销售员们一起探讨销售中出现的问题，在交流中他得知产品之所以不好销售有两个原因：一是太笨重；二是价格太贵。销售员们积极向井深大提出建议，认为产品可以在轻便和低廉方面做做文章，井深大欣然接受建议。他又到信息部了解具体情况，大家向他提议采用晶体管生产技术，不仅能减低成本，还能使机身轻便。井深大当即道谢，并表示："我会朝着这个方向努力工作！"

后来，井深大又和生产工人紧密合作，齐心协力，战斗在新产品研制的第一线，攻克了一道又一道技术难关。终于在1954年试制成功日本最早的晶体管收音机，并推向市场，成为十分畅销的产品。作为有功之臣，井深大荣任索尼公司的副总裁。

讨论：
1. 作为公司领导，盛田昭夫是怎样激励团队新成员井深大的？
2. 井深大是如何与其他团队成员合作的？
3. 团队合作是如何帮助井深大在其晋升之路上获得成功的？

实训游戏

游戏名称： 人椅游戏
游戏时间： 5分钟
游戏目的： 相互配合、培养默契
游戏规则：
（1）全体学生围成一圈；
（2）每位学员将双手放在前面一位同学的双肩上；
（3）听从老师的指令，缓缓地坐在身后同学的大腿上；
（4）坐下后，老师再给指令，让学生叫出相应的口号——齐心协力，勇往直前；

（5）最好以小组竞赛的形式进行，看看哪个组可以坚持最长的实践不松垮。

问题讨论：

（1）在游戏过程中，自己的精神状态是否发生变化？身体和声音是否也相继出现变化？

（2）在发现自己出现以上变化时，是否及时加以调整？

（3）是否有依赖思想，认为自己的松懈对团队影响不大？最后又出现了什么情况呢？

（4）要想在竞争中取胜，你认为什么是相当重要的？

第二章 团队的发展历程及类型

> 一个篱笆三个桩，一个好汉三个帮。
>
> ——毛泽东

本章学习目标

学习本章节后，应该能够：

- 掌握团队的发展五阶段历程；
- 理解不同团队成员的行为特征、工作重点及领导风格；
- 掌握常见团队的类型；
- 认识和了解新团队的类型。

第一节 团队的发展历程

本节案例　问题提出

95后创业团队：行动起来　为环境添一抹绿色

陈科霖可能从未想到过自己会站在"创青春"全国赛的颁奖台上，这个22岁的重庆小伙子今年刚刚大学毕业，在2018年的"创青春"的比赛中，他带领的Dukker环保包裹团队获得商工成长组优胜奖，而团队的平均年龄也不过20岁出头，大多是还未毕业的在校大学生。

回想起自己当初创业的初衷，陈科霖提到了自己对于环保的一份执念，"我查了资料，2017年有400多亿包裹寄往世界各地，快递包裹使用的胶条长度加起来要绕地球425圈，我以前看到垃圾包裹遍地的时候就总在想，如果这些快递包裹能够回收再利用，胶条可以短时间降解，那么这对环境的伤害会减轻很多。"

陈科霖家里不富裕，父母都在建筑工地打工，所以陈科霖从小就从不乱花一分钱，但同时他又是一个敢想敢干的人，没有创业启动资金，靠摆地摊、卖"一方蘑菇"等小生意筹集了12万元。没有创业伙伴，他不遗余力地向有创业意向的同学"灌输"自己的创业概念和项目前景,逐渐在学校里建立起了年轻的创业团队。没有设计包裹需要的建模技术,请外面的公司建模花费昂贵,陈科霖决定自学,产品设计建模细小到纹路都须苛求,陈科霖愣是迎刃而解。好不容易可以设计出属于自己的产品,但寻求合作伙伴和打开市场却是一个更为艰难的过程。于是,陈科霖开始在环保设计和制作成本上下功夫,他们的生产成本和销售价格基本与市场持平。

2016年6月,重庆芏科科技有限公司正式成立。"'芏'指土里生长的小草,'芏科'寓意新生的科技。"陈科霖说,"我的梦想是用自己的行动让环境变得更加美好,为绿色环保助力。"如今,仅仅两年的时间,他们已经获得了250万元的投资,在2017年的销售额达到了120万元,这对于这群满怀激情的年轻人来说无疑是巨大的鼓舞,而今年他们的销售额目标是1 000万元。

资料来源:新浪新闻,http://news. sina. com. cn/o/2018－10－15/doc-ifxeuwws4344977. shtml,2018－10－15。

请分析:陈科霖的创业团队是如何组建的？在其中他发挥了怎样的作用？现在此团队处于什么发展阶段？

布鲁斯·塔克曼(Bruce Tuckman)的团队发展阶段(Stages of Team Development)模型可以被用来辨识团队构建与发展的关键性因素,并对团队的历史发展给予解释。1965年,Bruce Tuckman(1938—　)发表了一篇短文,题为《小型团队的发展序列》(Developmental Sequence in Small Groups)。1977年,他与詹森(Jensen)在1965年提出的四阶段中加入第五阶段:休整期。该模型对后来的组织发展理论产生了深远的影响。

团队发展的五个阶段是:组建期(Forming)、激荡期(Storming)、规范期(Norming)、执行期(Performing)和休整期(Adjourning)(如图2-1所示)。布鲁斯·塔克曼认为,所有五个阶段都是必需的、不可逾越的,团队在成长、迎接挑战、处理问题、发现方案、规划、处置结果等一系列经历过程中必然要经过上述五个阶段。

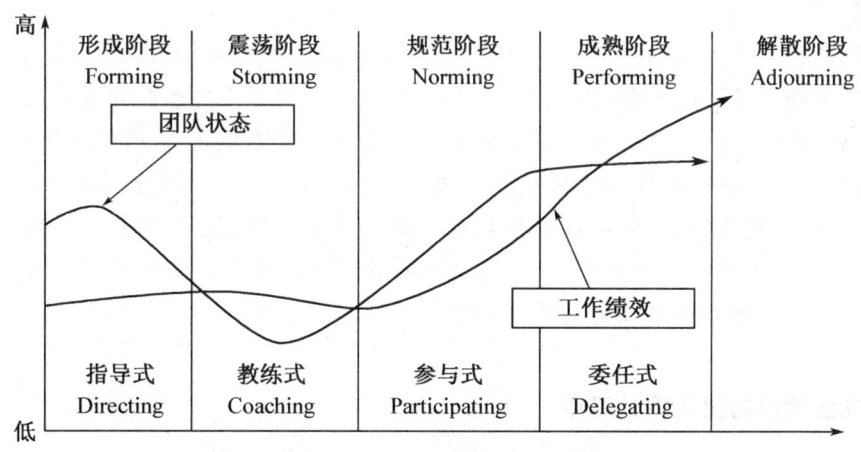

图2-1　塔克曼阶梯理论团队

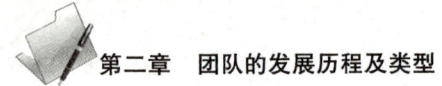

第二章 团队的发展历程及类型

一、组建阶段

(一) 成立阶段的内容

在团队的成立或者创建阶段要完成团队方案的勾画和其他准备工作,一般要花费几个月的时间。

在这个阶段,首先要考虑团队的定位问题,形成团队的内部结构框架,这就需要明确以下问题:

(1) 是否需要组建这支团队?
(2) 要创建一个什么样的团队?
(3) 团队的主要任务是什么?
(4) 团队中应该包括一些什么样的成员?
(5) 如何进行团队的角色分配?
(6) 团队的规模控制在多大?

对这些问题,创建者必须拿出一个明确的规划来。

其次要建立起团队与外界的初步联系,这包括:

(1) 建立起团队与组织的联系;
(2) 确立团队的权限;
(3) 建立与团队运作相适应的制度体系,如人事制度、考评制度、奖惩制度等;
(4) 建立团队与组织外部的联系与协调的关系,如建立与企业顾客、企业协作者的联系,努力与社会制度和文化取得协调等。

这一阶段结束时,团队的每个成员都应该清楚本团队能够达到的愿景。

> 【小看板】
> 最早,腾讯是由五位创始股东一起建立,互联网江湖称之为"腾讯五虎将":CEO 马化腾,CIO 许晨晔,CTO 张志东,COO 曾李青,CAO 陈一丹。马化腾和张志东创办公司后的一个月后,腾讯的第三个创始人曾李青加入。他是深圳互联网的开拓人物之一。曾李青是深圳乃至全国第一个宽带小区的推动者。陈一丹自 1999 年起全面负责公司腾讯的行政、法律、政策发展、人力资源以及公益慈善基金事宜,同时还负责管理机制、知识产权及政府关系。张志东是技术天才,是 QQ 的技术构建者。许晨晔是首席信息官,全面负责网站财产和社区、客户关系及公共关系的策略规划和发展工作。

(二) 成立阶段的团队领导工作

团队的成立必须得到上层领导的支持。在团队初创时,需要在整个组织内部挑选成员,这就涉及组织内部的协调和沟通问题,一定要明确本团队直接向谁负责,谁是团队的最终裁定者,并争取得到他的支持。

团队创建人需要花大量的时间和精力来带动自己的团队,因此责任重大。首先,创建人必须明确团队的目标、监控工作的进程并协调与外部的关系;其次要促进团队成员之间的信任与合作,鼓舞团队成员的士气,培养团队精神。

> **【小看板】**
>
> 腾讯CEO马化腾回忆到:应该说20岁的时候我是一个非常内向的程序员,我不喜欢管人,不喜欢接受采访,不喜欢与人打交道,独自坐在电脑旁是我最舒服的时候。我周边的人,我父母,包括我自己都不认为我会办一个企业,管一个企业,因为怎么看我都不像这样的人。
>
> 我唯一的资本是我写过几万行C语言的代码,也接过几个项目。我很想创造一个产品,然后有很多人用,但是原来的公司没有办法提供这样一个环境,似乎只有自己开公司才能满足这个要求,所以我才被迫选择开了一个公司。
>
> 开始创业的伙伴几乎都是我的大学、中学同学,在创业的过程中,因为意见不统一,争吵难免,因此相互信任很重要。当时我出主要的启动资金,有人想加钱、占更大的股份,我说不行,根据我对你能力的判断,你不适合拿更多的股份。因为一个人未来的潜力要和应有的股份匹配,不匹配就要出问题。
>
> 为了不形成一种垄断、独裁的局面,他们的总和比我多一点。当然,如果没有一个主心骨,股份大家平分,到时候肯定会出问题,同样完蛋。

(三)成立阶段的心理压力

当团队最初形成时,团队成员往往会经历一种"意向性"阶段。由于在最初的团队形成过程中,团队成员之间并不熟悉,这就会给人们彼此交往带来一些紧张或压力感,人们大都表现出一种礼节性或礼貌性地交往。但随着时间的变化和彼此之间的了解,团队成员之间加深了认识,大家都意识到一种相互存在的关系,也即意识到"团队"和"团队性"的存在。

二、震荡阶段

团队成员在熟悉之后开始逐渐表现出自己的感受,同时也会表现出拒绝和不满,从而给团队工作带来"动荡"或冲突。如果冲突不能够及时解决或冲突进一步扩散或升级,那么即使是小的矛盾或冲突,也可能酿成整个团队的动荡。

(一)震荡阶段的问题

震荡阶段的团队可能有以下表现:
(1) 团队成员们的期望与现实产生脱节,出现不满情绪;
(2) 有挫折感和焦虑感,对团队目标能否完成失去信心;
(3) 团队中人际关系紧张,冲突加剧;
(4) 对领导权不满,当出现问题时,个别成员甚至会挑战领导者;
(5) 组织的生产力持续遭受打击。

(二)震荡阶段的措施

在震荡阶段,团队管理者首先要安抚人心,这是该阶段最重要的措施。管理者要认识并能够处理冲突,平衡关系。其次,管理者可以鼓励团队成员对有争议的问题发表自己的看法,在团队间进行积极有效的沟通。再次,要建立团队的工作规范,管理者要以身作则。最后,管理者要适时调整角色,适度对团队授权,鼓励团队成员参与决策,提高成员的自主性和积极性。

【小看板】

腾讯CEO马化腾回忆到:开始创业后,我发现和之前想的完全不一样,之前我看过很多美国硅谷创业的书,讲创业都是非常励志和令人向往的。但实际上,我们初期经常在想的是下一个月的工资和房租怎么解决,一年内的收入来自哪里。

这个阶段,我们做了很多外包工作,帮别人开发软件,进而赚一点微薄的钱。我的名片写着工程师Title,不写老板,不然给合作方看见自己亲自干活,很难看。

后来QQ诞生了,因为我之前是做通信行业的,所以QQ也和通讯有关,起初的形象是一个网络寻呼机。那时候想要做到3万用户,于是去学校的BBS上一个个地拉用户,每天只能拉几十人。当时一想按照这个速度凑到3万人可能要2年后,到时候公司没准就死掉了,项目又砸在手上了。

于是我自己又去网上推广,最后用户上来了,因为我们的软件写得好,不宕机;没人聊天我就去当陪聊,有时候还要换个头像假扮女孩子,得显得社区很热闹。

三、规范化阶段

经过一段时间的震荡,团队开始逐渐走向稳定和成熟。在这个阶段,团队成员产生了强烈的团队认同感和归属感,团队表现出一定的凝聚力。团队成员的人际关系由分散、矛盾逐步走向凝聚、合作,彼此之间表现出理解、关心和友爱,并再次把注意力转移到工作任务和团队目标上,关心彼此的合作和团队的发展,并开始建立工作规范和流程,团队的工作特色逐渐形成,成员们的工作技能也有所提高。表2-1是关于团队规范化阶段的特征和相应的发展变化:

表2-1 团队规范化阶段的特征与变化

特征	变化
整体性	"我们感"或团队感增加,成员之间交往的友情发展,团队认同的发展
稳定性	积极参加团队活动,对团队活动的投入性和参与性增加
满意度	对团队生活感到愉快,自尊感和安全感增加,焦虑和紧张减少和降低
动力性	团队影响力的增强,团队成员对团队目标、团队决策和团队规范的接受程度增加,团队一致性行为增加。

这一阶段是团队文化建设最有利的时期。团队管理者可进一步培养成员互助合作、敬业奉献的精神,增强对团队的归属感和凝聚力,促进团队共同价值观的形成,并鼓励团队成员为共同承诺的团队目标尽责。

此阶段团队面临的最大问题是团队成员害怕遇到更多冲突而不愿正面提出自己的建议。这时就应通过提高团队成员的责任心和建立成员之间的信任感,营造自由平等的氛围。

四、高产阶段

(一) 高产阶段的内容

团队在高产阶段的表现如下：
(1) 团队成员具有一定的决策权，自由分享组织的信息；
(2) 团队成员信心强，具备多种技巧，能协力解决各种问题；
(3) 团队内部采用民主的、全通道的方式进行平等沟通，化解冲突，分配资源；
(4) 团队成员有着成就事业的高峰体验，有完成任务的使命感和荣誉感。

(二) 高产阶段的团队领导工作

在此阶段，团队管理者应考虑以下工作：
(1) 思考和推动变革，更新业务流程与工作方法；
(2) 提出更具挑战性的团队目标，鼓励和推动员工不断成长；
(3) 监控工作的进展，通过承诺而非管理达到更佳效果；
(4) 肯定团队的整体成就，承认团队成员的个人贡献。

【小看板】
　　腾讯 CEO 马化腾认为：我们最擅长的事情是做连接，QQ 和微信是最重要的两个连接器，虽然定位不同，但承载的连接战略将一如既往。QQ 风格活泼，个性化和娱乐功能丰富，目标受众是年轻用户，而微信主要面向白领用户。
　　基于不同的定位，两者连接的商户、服务略有差异，但对腾讯而言，它们共同覆盖了不同年龄、地域和喜好的用户，并将他们与服务最大限度地连接起来。
　　在其他的业务上，我重新进行了梳理，改变以往全部亲力亲为的业务战略——搜索整合进搜狗，电商整合进京东，团购整合进大众点评，并布局投资了这三家公司。此外，大量做减法和加法，砍掉 O2O 等诸多小的业务，同时大量投资腾讯生态周边的合作伙伴。如此一来，战略定位更加准确，也更聚焦于我们最擅长的社交平台和内容平台。

五、调整阶段

随着工作任务的完成，很多团队都会进入调整阶段。对团队而言，可能有以下几种结局：

(一) 团队解散

为完成某项特定任务而组建的任务型团队会伴随着任务的完成而解散。在这一阶段，团队成员的反应差异很大，有的很乐观，沉浸于团队的成就中；有的则很伤感，惋惜在团队中建立的合作关系不能再继续。

(二) 团队休整

另一些团队，如大公司的执行委员会在完成阶段性工作任务之后，开始休整而准备进行下

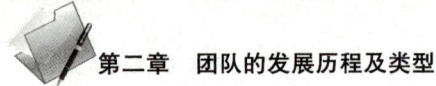
第二章 团队的发展历程及类型

一个工作周期,此间可能会有团队成员的更替,即可能有新成员加入,或有原成员流出。

(三)团队整顿

对于表现差强人意的团队,进入休整期后可能会被勒令整顿,整顿的一个重要内容就是优化团队规范。

> 【小看板】
> 在未来业务的拓展上,马化腾说会问自己三个问题:
> 第一,这个新的领域你是不是擅长的?
> 第二,如果你不做,用户会损失什么?
> 第三,如果做了,在这个新的项目中自己能保持多大的竞争优势?

第二节 团队类型

本节案例 问题提出

95后创业团队:行动起来 为环境添一抹绿色

以项目小组的形式来开发电脑软件是由微软首创的。微软的产品是电脑软件,专业性很强,需要知识积累和不断创新,并要求不能出错。在这种情况下,公司需要的文化并非一团和气的温暖,而是平等又充满争论的团队文化,在思想的交锋中产生创新的火花,在不同视角的争辩中创造最独特完美的产品,这是合作精神在微软产品项目小组中的体现。团队合作的内容和意义在不同的组织环境中各不相同,并非千篇一律。那么微软的这种独特的团队合作文化又是如何创建的呢?公司创立者在建立企业文化中的重要作用是什么?

大家都知道比尔·盖茨从小就是个电脑迷,而且很小就有用电脑知识赚钱的意识。上中学时,他就整天在电脑前,而且还为学校的一个项目编程赚钱。他对电脑的狂热和痴迷使他只追求知识和真理,而对权威毫无敬畏之心。他在从哈佛辍学去新墨西哥州的一家电脑公司工作的时候,公司里没有一个人敢与公司的技术老板顶嘴,但只有最年轻的比尔敢。他与保罗·艾伦创办微软之后,思想的争论,敢于向他人的思想挑战的风气就被鼓励并发扬光大,他甚至要求向他汇报工作的人以及所有项目小组都遵循"敢提不同意见"的原则。项目小组有名的"三足鼎立"结构也就这样建立起来:软件设计员、编程员、测试员,三种人员互相给彼此挑刺,刺挑得越多,最后的产品就可能越完善。而项目小组的成员大家都平等,组长也没有特别的权利,主要担任沟通协调的角色,解决任务冲突、人员冲突、时间冲突,使大家愉快配合,按时将产品完成。这样独特的团队合作能够实现,与公司的几个重大环节的把握有十分密切的关系。

资料来源:百度网站,https://zhidao.baidu.com/question/1434196154696386419.html,2017-11-25。

请分析:微软创立初期的团队结构是什么样的?属于何种团队类型?

一、常见的团队类型

如果按照团队存在的目的和形态进行分类,一般可以将团队划分成问题解决型团队、自我管理型团队和多功能型团队。

(一)问题解决型团队

问题解决型团队(Problem-Solving Team),是指团队成员就如何改进工作程序、方法等问题交换看法,对如何提高生产效率和产品质量等问题提出建议(如图2-2所示)。

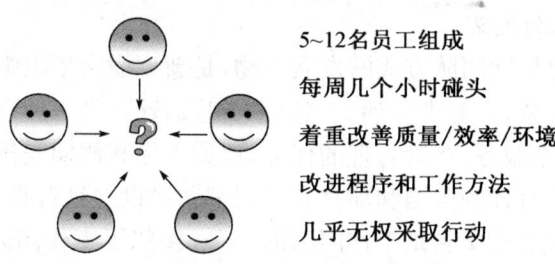

图2-2 问题解决型团队

问题解决型团队的核心点是提高生产质量、提高生产效率、改善企业工作环境等。在这样的团队中,成员就如何改变工作程序和工作方法相互交流,提出一些建议,但成员几乎没有什么实际权利来根据建议采取行动。

20世纪80年代最流行的一种问题解决型团队是质量圈,质量圈分成六个单元,或六个部分。

首先要找到质量方面存在哪些问题,接下来在众多问题中选择一些必须马上解决的,然后进行问题的评估——如果不解决可能会带来什么样的损失,这个问题的等级是重量级的还是轻量级的?第四个部分是推荐的方案,要解决问题采取什么样的方式比较好?第五是评估方案,看看可行不可行,它的成本花费是多少。最后一部分是决策最终是否实施。

通常质量圈由5到12名员工组成,他们每周有几个小时碰头,着重讨论如何改进质量,他们可以对传统的程序和方法提出质疑。在质量圈中问题的确认这一部分是由管理层来最终实施的,团队的成员没有权力来确定问题在哪里,只能提出意见。第二到第四个部分是由质量圈的成员操作,最后两个部分需要管理层和质量圈的成员共同把握。在这6个部分当中权利其实是分解的,并不是所有质量团队的成员都有权力或能力完成这六个任务。

我国国有企业的生产车间、班组等,大致属于问题解决型团队,即职工可以对改进工艺流程以提高劳动生产率和产品质量等问题提出意见和建议,是团队建设的一种初级形式。在江浙一带的乡镇企业中,已形成了一些所谓的"小企业群集",通过任务分解,迅速实现生产。它们因大多地处分散并独立完成任务,故大致属于一种较初级的问题解决型团队。

(二)自我管理型团队

1. 自我管理型团队的产生与发展

自我管理型团队模式最早起源于20世纪50年代的英国和瑞典,比如沃尔沃现在的管理模式非常先进,其位于武德瓦拉的生产基地,完全由自我管理型团队进行整辆轿车的装配。在美国,金佰利、宝洁等少数几家具前瞻意识的公司在20世纪60年代初开始采用自我管理型团队模式,并取得了良好的效果。随后,日本引入并发展成为强调质量、安全和生产力的质量圈运动,到 80 年代后期美国借鉴并创造性地把团队模式发展到了一个新阶段。在这 20 年里,企业所采用的团队类型在不断变化着,以求得到最佳效果,很多公司已逐渐从关注于工作团队,转变为强调员工参与决策和控制决策的实施,其中以团队成员自我管理、自我负责、自我领导、自我学习为特点的自我管理型团队越来越显示出其优越性,也逐渐被主流接受。根据 Law Jeretal 的研究发现,1993 年 68%的《财富》1 000 强公司使用了自我管理型团队。施乐公司、通用汽车、百事可乐、惠普公司等都是推行自我管理型团队的几个代表,据估计,大约 30%的美国企业采用了这种团队形式。

2. 自我管理型团队的定义

自我管理型团队,是早期团队方式的发展产物,是新型横向型组织的基本单位。自我管理型团队,也称自我指导团队,一般由 5 到 15 名员工组成,这些员工拥有不同的技能,轮换工作,生产整个产品或提供整个服务,接管管理的任务,比如工作和假期安排、订购原材料、雇佣新成员等。到目前为止,数以百计的美国和加拿大公司都曾经设立过自我管理型团。

自我管理型团队,顾名思义它是工作团队的一种,保留了工作团队的基本性质,但运行模式方面增加了自我管理、自我负责、自我领导的特征。目前对其的定义主要有二种:

第一种,Hackman 将团队中自我管理行为确定为由以下五个方面构成:

(1) 每个团队成员对自己的工作成果负责;

(2) 每个团队成员监控自己的业绩和持续寻求反馈;

(3) 每个团队成员管理他们自己的业绩并对其进行纠正;

(4) 每个团队成员积极寻求公司的指导、帮助和资源;

(5) 每个团队成员积极地帮助他人改善业绩。

第二种,根据 Wellinetal 所说,一个自我管理型工作团队是由一组具有以下职责的员工构成:

(1) 自我管理(计划、组织、控制、人员、监控);

(2) 给成员分配工作(决定成员在什么时候什么地点做什么工作);

(3) 计划和安排工作日程(开始和完成,工作速度,目标设定);

(4) 制定生产相关的决策(存货,质量控制,工作控制);

(5) 问题的解决(质量问题,客户服务,纪律)。

这两个定义是从不同角度诠释了自我管理型团队的基本内涵,总体来说自我管理型团队由 10~15 名具有必要的专业技能、人际关系技能、发现解决问题的能力和决策能力的成员组成,团队内部实行自我管理、自我负责、自我领导、自我学习的运行机制,共同实现团队目标(如图 2-3 所示)。

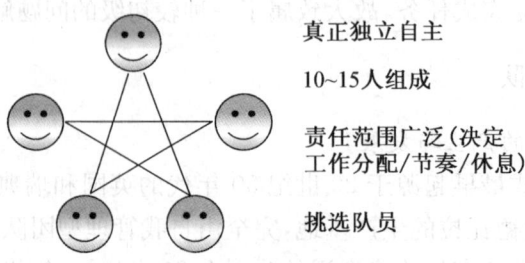

图 2-3 自我管理型团队

3. 自我管理型团队的特征

自我管理型团队具有如下的特征：

（1）目标性。自我管理型团队的每个成员共同负责一个团队目标，并且坚信这一目标包含着重大的意义和价值。这个目标把团队成员紧紧地凝聚在一起，个人的目标被融入团队的目标之中。在这种团队中，大家愿意为团队目标的实现全力以赴。共同的目标是保证团队工作有效性的一个基本条件，是保证个人目标的前提，也是对团队工作考核的依据。

（2）技能性。自我管理型团队在形成和融合的过程中会形成一组有较好能力的人群，他们不仅有全面的专业技能，而且具有良好的人际交往能力，保证了沟通顺畅，更重要的是具有了发现和解决问题的能力，并有了决策的能力，这就更大地发挥了成员的自觉性和责任感。并且，团队成员还通过不断学习和培训，提高团队完成目标的能力和价值。

（3）依赖性。团队通常把整体目标分解成个人的目标，个人目标的实现往往要依靠其他团队成员目标的实现，这样就使团队成员产生强大的依赖感，促进了团队的协作，增强了凝聚力。

（4）自我管理性。自我管理型团队承担了很多以前由主管承担的工作，通常会对整个流程或者产品负责，包括完成目标的计划、组织、领导、控制等各个环节，完全由自己管理，并承担责任。通常他们的责任范围包括：计划和安排工作日程；给各成员分配工作任务；总体把握工作步调；做出操作层面的决策；对出现的问题自行采取措施；直接与顾客沟通等。甚至，完全的自我管理型团队可以自己挑选成员，并进行绩效评估。

（5）自我学习性。团队不断发展的过程就是不断学习的过程，团队成员通过不断学习和培训，弥补成员之间的技能差异，并不断提升各自的技能，使每个成员都达到自我管理的能力，整体提升团队的能力。

（6）自我领导性。对于自我管理型团队来说，已经模糊了领导者的概念，没有明确的领导者，每个成员都是领导者，有更多的自治和决策的权利，但在实际中，这一角色常常在团队融合过程中已经确定。

（7）自我负责性。由于组织对自我管理型团队的干预比较少，给予了其足够大的决策权和管理权，就要求团队对任务或目标的完成担负责任，并分解到每个成员身上。

（8）良好的沟通性。由于自我管理型团队没有上下级别，所有成员都在一个平等、开放的平台上沟通信息，通过沟通消除矛盾、冲突，使团队成员达成一致。特别是在解决问题和方法创新方面，自我管理型团队良好的沟通平台更具优势。

【小看板】

波音公司为了提升和改进项目中的各个团队及团队成员，他们实施了一项名为"团队业务改进"的计划。

这项计划对每个小组提出以下要求：
（1）每周都要确定哪些方面需要改善；
（2）开展团队建设活动，创造良好的团队氛围；
（3）团队成员一起学习新知识和新技能；
（4）团队内部要做到信息共享，相互合作。

第二章　团队的发展历程及类型

> 每个小组要填写团队业务改进表格,用于记录和追踪团队自我发起计划的相关信息。表格内容包括:团队现状描述、团队在项目中所处的阶段、就本团队提出的方案将如何改善团队作业做出说明、业务改进的具体方法和评估方法、团队行动计划、怎样改进团队、成本节省预期、怎样提升客户满意度、该方案是否能够促成制度的改进……
>
> 为保证团队业务改进计划的成效,管理人员采取了一些针对性的措施:
>
> (1) 对各小组或团队开展一系列培训课程,课程内容主要包括:如何提高会议的有效性、内部沟通技巧、团队冲突的处理方法、客户关系维护、技术改进等等。
>
> (2) 帮助各个团队进行 SWOT 分析,帮助团队认清自己的优势、劣势、机会和威胁。还必须帮助团队理清他们的愿景、任务和团队章程,以明确团队的工作范围。
>
> (3) 波音公司开发了基于互联网的团队管理系统。以提高团队管理业务的效率,让团队自行对自己的业务进行追踪和管理。该系统的主要组成内容有:团队名册、纲领、授权赋能计划、团队培训、高效会议管理、精益计划、客户调查、团队业务改进计划等。此外,在这套系统中,每个小组或团队都可以了解到其他团队的工作状况,这让各个小组之间可以提供相互的支持和配合,更让大家对整个项目的进程十分明了。

(三) 多功能型团队

1. 多功能型团队的产生与发展

许多组织采用跨越横向部门界线的形式已有多年。例如,在 20 世纪 60 年代,IBM 公司为了开发卓有成效的 360 系统,组织了一个大型的任务攻坚队,攻坚队成员来自公司的多个部门。任务攻坚队(task force)其实就是一个临时性的多功能团队。同样,由来自多个部门的员工组成的委员(committees)是多功能团队的另一个例子。但多功能团队的兴盛是在 20 世纪 80 年代末,当时所有主要的汽车制造公司——包括丰田、尼桑、本田、宝马、通用、福特、克莱斯勒——都采用了多功能团队来协调完成复杂的项目。

2. 多功能型团队的定义

多功能型团队也叫跨职能团队,由来自同一等级、不同工作领域的员工组成,他们走到一起的目的就是完成某项任务(如图 2-4 所示)。多功能型团队是一种有效的团队管理方式,它能使组织内(甚至组织之间)不同领域员工之间交换信息,激发产生新的观点,解决面临的问题,协调复杂的项目。但是多功能型团队在形成的早期阶段需要耗费大量的时间,因为团队成员需要学会处理复杂多样的工作任务。在成员之间,尤其是那些背景、经历和观点不同的成员之间,建立起信任并能真正的合作也需要一定的时间。

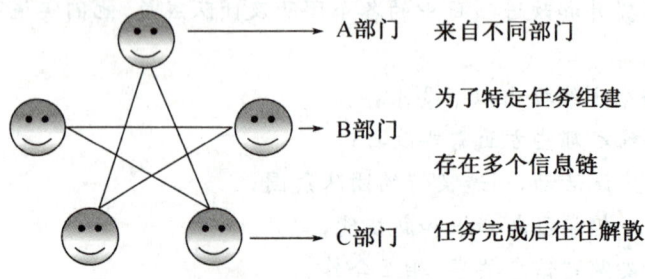

图 2-4　多功能型团队

3. 多功能型团队的作用

多功能型团队在实现隐性知识共享的过程中扮演着核心的角色作用。同样,它也可以使这个团队的每一个成员在进行交流与沟通的同时增长跨专业化的知识。

至于多功能型团队的存在,问题可能不单单出在某个部门内部,同样,解决问题也无法依靠单独部门。需要有多功能型团队对源自不同业务流程中的要素进行统筹安排。来自某具体职能外的团队成员能带来客观的视角和全新的思维,可形成创造性的方案,解决和某具体业务流程相关的问题。团队要按照跨职能的方式来组织,这样可博采众长,集思广益,有效地开展流程变革和改进。

4. 多功能型团队的协调措施

要确保跨职能团队实现预期目标,必须综合运用管理型控制和领导型控制措施。然后进一步分析两种类型的控制与信任培养之间的关系。管理型控制对培养团队成员之间的信任既可能有促进作用,也可能存在消极影响,因而表现为一种复杂的关系。在这方面,团队成员的共享价值观具有调节作用。另一方面,领导型控制与团队成员间信任的形成与深化之间存在着互补关系。另外,在组织该团队上应该注意以下几点:

(1) 注意选拔人员,应该务必保证所挑选的人员具有团队所需的业务和沟通技能;

(2) 明确团队的目标,保证目标对团队成员具有足够的吸引力;

(3) 确保团队成员了解团队的运作方式;

(4) 进行高强度的团队建设,确保团队协调性。

【小看板】

摩托罗拉公司的铱项目论证了为什么如此众多的公司采用多功能团队形式。这个项目是开发一个能够容纳66颗卫星的大型网络。"一开始我们就认识到,要以传统形式来完成规模如此巨大、工程如此复杂的项目,并能准时完成任务是不可能的",项目总经理说。在项目的第一年一直到项目进行到一半时,由20个摩托罗拉员工组成的多功能团队每天早晨聚会一次。后来,这个团队的成员扩展到包括其他十几个公司的专家,如道格拉斯公司的专家、马丁马瑞塔公司的专家、通用电气公司的专家、亚特兰大科技公司的专家、俄罗斯克兰尼切夫公司的专家等等。

麦当劳有一个危机管理队伍,责任就是应对重大的危机,由来自麦当劳营运部、训练部、采购部、政府关系部等部门的一些资深人员组成,他们平时共同接受关于危机管理的训练,甚至模拟当危机到来时怎样快速应对,比如广告牌被风吹倒,砸伤了行人,这时该怎么处理?一些人员考虑是否把被砸伤的人送到医院,如何回答新闻媒体的采访,当家属询问或提出质疑时如何对待?另外一些人要考虑的是如何对这个受伤者负责,保险谁来出,怎样确定保险?所有这些都要求团队成员能够在复杂问题面前做出快速行动,并且进行一些专业化的处理。

虽然这种危机管理的团队在一年当中究竟有多少时候能用得上还是个问题,但对于跨国公司来说是养兵千日,用兵一时,因为一旦问题发生就不是一个小问题。在面临危机的时候,如果做出快速而且专业的反应,危机会变成生机,问题会得到解决,而且还会给顾客及周围的人留下很专业的印象。

二、新团队类型

随着现代经济的进一步发展,特别是网络信息技术的日益更新,团队类型也出现了一些新的形式。

(一)跨部门(组织)团队

1. 跨部门(组织)团队的定义和类型

跨部门团队,是在一个组织内部消除部门分割、实现提高企业内部业务流程效率的组织变革的结果;而跨组织团队,则是对传统组织界限的超越,是对企业外部流程或者市场的重组。

真正的跨组织团队,是组织之间以团结合作、合力创造价值的方法来产生变化的结果。跨组织团队这种新的关系被称为伙伴关系。跨组织团队基于合作而形成的伙伴关系,是对传统交易关系的超越。目前,跨组织团队的合作形式主要有以下几种。

(1)企业与供应商之间的合作。这一方式的合作是指双边跳出组织界限,将各自公司内的流程、甚至公司内部的功能加以整合。

(2)企业与客户之间的合作。这一方式的合作是指通过二者之间的信息沟通实现"消费——生产"的一体化,从而使自身获得市场。

(3)企业与竞争者或其他企业之间的合作。这一方式的合作主要是指双方共同致力于某些项目(技术、市场等)的开发,以类似战略联盟的形式实现互惠互利。

跨部门(组织)团队是和现代企业管理的企业再造理论联系在一起的。随着现代企业内部组织形式逐渐向团队形式的过渡,各种团队的结构和功能的不断调整,团队不断向开放性、灵活性和虚拟性发展,团队已经不再仅仅限于具有某种单独的功能,这时跨部门(组织)团队就成为团队发展的主流。例如,在财富500强的公司中运用着各种不同类型的团队,其应用比率很大以至达到100%,而且这些公司几乎都运用了项目团队制,项目团队一般通过跨职能的人员结合在一起来完成一个项目,是一种典型的跨部门团队。

2. 跨部门(组织)团队的特征

跨部门(组织)团队主要有以下特点。

(1)体现"通才"特征的团队。现代企业的工作非常复杂,涉及的知识面非常广,因此,现代企业的流程工作更多的时候是不可能由个人式的通才来完成的,而只能是以工作团队通才的形式来完成。由此可见,现代企业流程再造的组织基础是跨部门(组织)团队,这种类型的团队从整体上体现了通才的特点。

(2)各项职能齐全的团队。传统的工作部门小组是按职能划分的,它是工序在功能上的放大。在工作部门小组内工作的一群人,实现的功能比较单一,所构成的群体是一个同质的群体;工作部门小组不仅在横向方面分工严密,而且在纵向上存在等级关系。这样,在传统组织中,一个流程往往横跨几个部门,流程的运行效率低,运转周期长。而在跨部门(组织)团队中的工作小组是一个异质结构,其功能比较强,它能实现一个流程的功能,或者至少能完成一个流程中较为完整和复杂的任务。

3. 跨部门(组织)团队的绩效评估

做好跨部门(组织)团队的绩效评估,是跨部门(组织)团队实现其功能的重要方面,可以通过以下几个方面来执行。

（1）打破部门（组织）评估的标准。既然团队是跨部门、跨组织的，对其进行绩效考核自然也应当借助以完成任务的"人"、以团队成员为中心的跨部门评估体系，这样无论团队成员在哪个部门都可以进行追踪评估。

（2）注意评估的全面性。为了避免跨部门（组织）团队的绩效评估因为竞争导致不科学，可以在"业绩评价"的基础上附加"行为评价"。行为评价由团导、团队成员一起来对该团队其他成员的行为打分评价，比如可规定业绩分数占75%、行为分数占25%。除此之外，还可以引入"自我评价"，此评价的结果作为团队成员行为评价的参考，并注意与人力资源管理部门的合作。对于跨部门（组织）团队的绩估，团队领导要参与全过程。

（3）注意与人力资源管理团队的合作。对于跨部门（组织）团队的绩效评估，团队领导要参与全过程。团队领导要与人力资源管理部门一起确定评效标准，设计评估系统，因为评分标准的准确性与公平性对评估的成败影响很大。为此，人力资源管理部门要对团队领导进行培训，以提高评估的准确性与合理性。

（4）做好标准化工作。在进行跨部门（组织）团队绩效考评时，涉及很多部门和人员，要做到对每一名团队成员一视同仁、客观公正，必须做好标准化工作。这项工作的内容具体包括：考评目标标准化；考评程序标准化；考评组织标准化；考评方法和手段标准化。

【小看板】

沃尔玛的新尝试　跨部门团队的评估

在跨部门绩效考核方面，沃尔玛很早就进行了大胆的尝试。2007年，沃尔玛中国区试行了一项名为"心连店"的计划（"My Store" Program）中，沃尔玛尝试邀请公司那些非营运部门的员工们，在到沃尔玛超市购物的过程中，注意对商场的各项工作进行观察，然后提出值得推广的做法和需要改进的问题。

简单地说，就是让不在超市一线工作的那些员工以顾客的视角来观察和评价超市的工作。这些员工大部分来自财务、行政等后勤部门，他们虽然在连锁超市行业工作多年，但说起超市中的种种细致工作，却是不折不扣的门外汉。

但硬币的另一面是，这些员工——大多数是女员工，作为超市顾客的经验却非常丰富，对各家超市的货品、服务好坏自有一套评估方式；而且他们几乎不认识超市营运部门的员工，这就保证了评价的客观。

观察者们会定期将结果提交报告，在顾客服务、产品质量、价格、种类、促销活动、标牌等方面都可提出自己的看法和建议，公司也将从中评选有价值的建议和意见。其中有些正面的看法显然会令超市运营部门的负责人喜出望外，这种意外的认可落到该门店经理的头上时，可能比其他主动申报的评奖项目更令人激动。

比起鼓励和赞扬，由其他部门的同事提出来的批评意见恐怕就没有那么容易被接受了。这些神秘顾客的评估结果将直接影响到门店的工作绩效结果，自然让门店的员工心里十分不舒服。沃尔玛的计划是由公司同事来做这项工作，如果在细节上不妥善处理，很可能让营运和采购部门人员觉得你就是来抓我小辫子的，从而产生抵触情绪，恶化整个公司的工作气氛。

> 　　为了让营运部门更容易接受这项计划,所提意见的质量如何、态度是否积极是关键。为了保证参与评估者有健康的态度,并做到有的放矢,沃尔玛的人力资源部门对参与此项计划的员工都进行了前期培训,让他们对营运部门的工作有一定程度的了解,从而确保他们所提的问题能提在点子上,而不是为了"揪出"错误而去津津乐道于"发现"错误。另外,组织人员也倡导让活动先从比较积极正面的角度入手,先从新商品推荐开始。
>
> 　　比如,有参与者了解到,某种牛肉很好吃,就建议营运部门引进这种产品,结果真的很好卖。这样就使这项跨部门评价的工作产生了直接而实在的绩效,令被评价部门对这种机制产生正面的支持态度。
>
> 　　如果一开始就以"揪错"的形式开展这项工作,就会造成员工像麦当劳员工那样,对负有"监管"之责的"神秘顾客"产生强烈的排斥心理,结果非但批评意见得不到接受,连正面建议也会被以猜疑的眼光对待,落得好事多磨的下场。
>
> 　　提升营运部门的管理水准和业绩,这固然是这项跨部门评估机制所能产生的令人喜闻乐见的直接结果,但在沃尔玛的人力资源部门看来,这并不是活动的唯一目的,甚至都谈不上是最重要的目的。人力资源部门赋予这项活动的最重要的意义,并不只在于激励被评估者,而是在于激励评估者——那些非营运部门的员工。

(二) 虚拟团队

1. 虚拟团队的由来

虚拟团队是为满足组织快速协调各地区成员的迫切需要而产生的,最早产生于军队中。第二次世界大战期间在法国出现了 Jedburgh 团队,这个团队是早期虚拟团队的雏形,由受过高等教育的研究人员组成,受雇于当时的法国。当时的科学技术已允许具有虚拟团队概念的远程军事团队在全球范围内、在不同单元之间完成规划,相互协调,实现智力共享。由于战争的需要,该团队由传统型团队逐渐向虚拟团队转变。二次大战后,Jedbrugh 团队成员开始步入商界,赋予传统团队新的概念。

20 世纪末,以计算机网络通信技术为主的信息技术革命及 Internet 的崛起又将人类社会带入网络时代,并极大地改变整个世界的运行方式:它改变了整个生产经营方式价值链,如改变了商品交易模式、消费模式、生产模式、金融运作方式、政府管理模式。这就是电子商务的核心,即运用现代计算机网络技术进行的一种社会生产经营形态的变革,目的是提高企业生产效率、降低经营成本、优化资源配置,实现社会财富的最大化。它也改变着组织结构和组织行为,如组织结构的扁平化、网络化和虚拟化。计算机、计算机技术和因特网对个体、教育、商业和社会有着重要的影响,个体和团队从各自的背景出发,以某种方式接受、阅读、评价信息并采取相应的行动。通信技术快速发展和因特网的出现,为虚拟团队的形成创造了良好的外部条件。

2. 虚拟团队的定义和特征

Tounsend 等(1998)是这样描述的:虚拟团队是虚拟组织中的一种新型的工作组织形式,是一些人由于具有共同理想、共同目标或共同利益,结合在一起所组成的团队。从狭义上说,虚拟团队仅仅存在于虚拟的网络世界中;广义来说,虚拟团队早已应用在真实的团队建设世界里。虚拟团队只要通过电话、网络、传真或可视图文来沟通、协调,甚至共同讨论、交换文档,便可以分工完成一份事先拟定好的工作。总结来说,虚拟团队就是在虚拟的工作环境下,由进行实际工作的真实的团队人员组成,并在虚拟企业的各成员的相互协作下提供更好的产品和服务。

虚拟团队作为一种新型的组织形态,具有不少优于传统团队的特征:
(1) 团队成员具有共同的目标;
(2) 团队成员地理位置的离散性;
(3) 采用电子沟通方式;
(4) 宽泛型的组织边界。

3. 虚拟团队的类型

虚拟团队可分为以下七种类型:
(1) 网络式虚拟团队(Network Team):团队和组织边界模糊,团队成员具有较高流动性。
(2) 并行式虚拟团队(Parallel Team):团队成员构成明确,团队和组织边界明确,在短期内构建的为改善某一过程或系统而设计方案的临时性组织,任务完成时自动解散。
(3) 项目产品开发团队(Projector Product-development Team):团队界限明确,团队成员具有一定的流动性,团队任务具有长期性、非常规性,团队具有决策权。
(4) 工作团队(Work Production Team):团队界限明确,成员确定,完成常规的、单一功能的任务,通过内部intranet进行沟通、共享信息。
(5) 服务团队(Service Team):由提供网络维护、技术支持的跨地域的技术专家组成,根据不同地区的时差轮流工作。
(6) 管理团队(Management Team):由跨国公司的高层及管理人员组成,利用网络信息技术协同工作以指导公司目标的实现。
(7) 行动团队(Action Team):对紧急情况、突发事件提供快速反应。

4. 虚拟团队的优势

(1) 组织资源的最优整合。虚拟团队大多是跨企业间或企业的子公司,甚至是跨地区、跨国家界限的组织形式。虚拟团队以信息技术为支撑,进行跨地区的实时交流,完成特定任务,因而团队边界非常宽泛。虚拟团队在整合团队的各种资源时,要以同时在团队内部和跨越团队边界的范围来进行,其资源的选择余地和优化程度可能非常高。

(2) 多元文化的最优整合。虚拟团队是由不同国籍、不同文化背景,承担不同经营管理职能的个人构成的跨国界团队。虚拟团队的这种多元文化特征,可以帮助团队成员具有全球化的视野和意识,提高团队成员国际知识水平和跨文化交流的能力、多元文化意识,避免公开和潜在的文化冲突与障碍。

(3) 低成本,高效率。虚拟团队的大部分信息交流活动都是借助于互联网和通信技术等来完成的,从而减少了公务差旅费、办公与会议场地的租用费等一系列费用。IBM公司采用虚拟团队模式减少了世界各地的办公室数量,既能够大幅度节省费用开销,又能够大幅度提高生产率。惠普公司的统计数据表明,以虚拟团队方式工作的销售人员,其利润水平是传统销售人员的2倍。

(4) 满足成员对高品质工作和生活的需求。虚拟团队成员可以实现"在家办公",这有利于帮助成员调整工作和闲暇的时间表,满足组织员工追求高品质工作和生活的双重需要,从而达到提高生产率和提高员工满意度的双重功效。

第二章 团队的发展历程及类型

（5）功能特点专长化。虚拟组织只保留自己的核心专长及相应的功能，比如专于设计的，就只保留设计功能，专于制造的，就只保留制造功能，而将其他非专长的能力及相应的功能去掉。"专长化"可以看作是对实体组织"完整化"的否定。

（6）运作方式合作化。虚拟团队完成一个项目时必须借助于其他能在功能和资源上形成互补关系的企业，通过和其他企业的合作来完成一次运作过程。在虚拟团队运作过程中，通过合作关系形成一个合作网络，在这个合作网络上，每个团队成员都不具有驻留性，即在合作网络上不时有网络中的企业离去和网络外的企业进入，其进进出出均依据项目需要而定。

（7）存在方式离散化。虚拟团队本身在空间上的存在不是连续的，它的资源、功能呈离散状态分散在世界的不同地方，彼此之间通过高效的信息网络连接在一起，高效的信息传递超越了时空障碍。

【知识链接】

虚拟团队的独特管理技巧

目前，全球虚拟团队的数量是有史以来最多的，其成员也在迅速增加。管理虚拟团队的技巧不仅与管理同处一地的团队所需的技巧迥异，有时还常常截然相反，比如：

★ 领导方式不同

对于同处一地的团队而言，如果领导者扮演的角色是协助者，团队成员的获益是最大的，而虚拟团队则需要一名能提供清晰界定的方向的管理者，以消除工作中的任何模棱两可之处。对成员分布全球的虚拟团队而言，高度集中化的协调效果最佳。在同一间办公室工作的团队，在工作职责方面可以松散一些，甚至可以两个人担当同一种角色。在虚拟团队中，这种做法行不通。团队负责人必须明确规定各自的角色和职责，并且以身作则。

★ 决策方式不同

世界各地的团队决策方式并不相同。在美国，管理者主要负责促进团队工作、迅速选择方向并在项目进展中做出调整。这种方法颇为有效，但其他方法也行得通。在瑞典，团队通过长时间开会来树立共识并做出决定，这可能会要求举行多次会议，但成员对决策的接受度高，执行决定迅速。法国笛卡尔式的教育体制则认为，辩论和当面争执是任何决策过程取得进展所需的必要步骤。而在日本，决策往往是正式小组会议前，在非正式的一对一讨论中做出的。

★ 建立互信方式不同

在虚拟团队中，信任被赋予了全新的含义。当你每天在饮水机或复印机旁碰见自己的同事时，你自然会知道谁可以或不可以信任。但是，在一个所处地理位置上分散的团队里，是否值得信任几乎只能通过可靠性进行衡量。因此，虚拟团队的领导者需要专注于创造一个高度明确的流程，使队员能按照该流程多次、连续提供特定的结果。这样可靠性，也即值得信任的程度，就能在两三轮循环后确定。做到这点后，面对面的会见可以减少到一年一次左右。

> ★ 沟通方式不同
>
> 毫无疑问,在全球虚拟团队的领导中最关键的技巧是沟通。实验证明在讲话时移动个体的身体能增强其讲话的效果。但是,虚拟团队的经理常常会端坐在办公桌前,全神贯注地盯着Skype或视频会议的画面,从而失去了人际交往效用,说服力大减。走动或仅仅挥动手臂就属于简单而有效的沟通技巧,管理者们可以应用这些技巧来提高所传达的信息的说服力。
>
> 所有这一切的要点是,管理地理位置分散的团队所需的技巧,要比管理传统、同地工作的团队广泛得多。不仅如此,管理者还需要根据团队成员的不同组成和他们之间的距离选择不同的技巧。

(三) 学习型团队

1. 学习型团队的由来

学习型组织管理方法在全世界范围内的传播是伴随着《第五项修炼—学习型组织的艺术与实务》一书的问世而兴起的。该书作者彼得·圣吉博士整合美国麻省、哈佛著名教授的成果,吸取东西方文化精华,历十年之功提炼而成,因而受到世界企管界的普遍推崇。它通过在组织内开展系统思考、自我超越、心智模式、共同愿景、团体学习五项训练的训练,改善组织内长期制约发展的思维方法和习惯,形成新视野、新思维、新习惯,提升组织文化。

"第五项训练"是解决组织发展中面对的五项基本问题,任何一个组织单位都是一个组织系统,在这个系统中有大小团体,团队的发展要有目标、共同愿景,目标的实现需要团队中的每个人实现自我超越、创造性的工作。自我超越受工作动机的支配,动机受个体的心智模式观念的支配。转变个体的观念,需要理清人生观、价值观、世界观,需要有系统思考和系统整体的观念,使人们跳出局限思考的陷阱,在团队中找到自己的位置,立足本职做好工作,工作中要有全局观念,注重团队的整体配合。学习型组织五项训练方法,通过训练、演练,整体的提升组织文化,使组织进入长期持续发展的轨道。

2. 学习型团队的定义和基本要素

学习型团队是指一个为完成共同目标,共享信息和其他资源,并按一定规则和程序通过充分地沟通和协商开展工作的群体。团队成员能够有意识、系统和持续地不断获取知识、改善行为、优化团队体系,使团队在变化的环境中保持良好生存和健康和谐发展的团队。在学习型团队中,学习已经内化为团队的日常行为,溶入团队的血液之中。主动学习、自觉学习将代替被动学习,制度性学习、系统化学习将代替零星式学习。

学习型团队具有一些基本要素:

(1) 建立共同愿景(Building Shared Vision):愿景可以凝聚公司上下的意志力,透过组织共识,大家努力的方向一致,为同一个目标,个人也乐于奉献,为组织目标奋斗。

(2) 团队学习(Team Learning):团队智慧应大于个人智慧的平均值,以做出正确的组织决策,透过集体思考和分析,找出个人弱点,强化团队向心力。

(3) 改变心智模式(Improve Mental Models):组织的障碍,多来自个人的旧思维,例如固执已见、本位主义,唯有透过团队学习,以及标杆学习,才能改变心智模式,有所创新。

(4) 自我超越(Personal Mastery):个人有意愿投入工作,专精工作技巧的专业,个人与愿景之间有种创造性的张力,正是自我超越的来源。

(5) 系统思考(System Thinking):应透过资讯搜集,掌握事件的全貌,以避免见树不见林,培养纵观全局的思考能力,看清楚问题的本质,有助于清楚了解因果关系。

学习是心灵的正向转换,企业如果能够顺利导入学习型组织,不仅能够达到更高的组织绩效,更能够带动组织的生命力。

3. 学习型团队的特征

学习型团队与其他团队形式相比,具有一些明显的特征。

(1) 较强的目的性。进入21世纪以来,组织希望通过更有效的学习使其成员能够从容应对每天都在发生变化的市场环境和由此带来的前所未有的挑战。更敏捷、更个性化、更及时、更相关的工作方式,使组织更快、更有效地去取得更好的绩效水平,从而与别人拉开距离。因此,学习型团队是以提高工作绩效为前提,是与业务目标紧密相关的。在这样的团队中,学习已成为成员们的自觉习惯,成为团队各项职能中必不可少的一部分,学习被视为团队成功的关键要素。

(2) 较强的认同性。在学习型团队里,学习不是少数成员的特权,而是整个团队开发知识、提升技能、改善态度的转变机会。学习总是和团队所要解决的问题相关联的,每个团队成员都受到提高工作质量、不断进步的团队动机驱使。因此,团队能够从所需解决的问题出发来判断哪些知识应该学习,怎样将其结合到团队的知识体系中;团队的氛围也能鼓励、奖励、帮助和促进个人和团队的学习;团队也清楚地知道,持续不断的学习对团队的生存和成功是必不可少的,从而认同学习型文化,自觉进行创造性的学习。

(3) 较强的当下性。当下,即指现在和现实。学习型团队是团队成员在"当下"(而不是过去或未来)认同并实践的价值观。团队成员不仅进行一般意义上的知识与技术的学习,更主要的是在进行修炼式学习。自己学习、团体学习、专职学习、业余学习、培训学习、实践中学习,每个团队成员都是热情的学习者,每个团队成员都是老师、辅导员和教练。

(4) 较强的引导性。学习在学习型团队内部具有至高无上的地位,各个层次的领导都是学习领导,并充分交流、达成共识。通过提出挑战性的问题或刺激好奇心的办法,来鼓励团队成员学习;用合适的奖励、委托训练和制订发展计划以及建立学习资料中心等办法,使学习制度化;容忍错误、避免指责,以跨学科、跨职能的整合,发展一种从个体学习和团队学习转向团队储存知识和经验的转移机制;倾听团队成员的心声,从而营造一个相互信任的环境;支持持续改进,营造知识共享的良好氛围并以此增强工作绩效。这样,从团队领导到团队成员都能系统地、全局地、动态地思考和认识团队的活动,自觉将学习转化为个人行为习惯、行为方式和行为准则。

(5) 较强的开放性。学习型团队强调知识必须能在整个团队里迅速有效地传播。学习型团队包含三个截然不同但又相互关联的学习层次:

第一个层次是个人学习。通过自学,借助技术的教导和观察,取得技能、洞察力、知识、态度和价值观等方面的改变;

第二个层次是团队学习。通过学习,团队内部完成的在知识、技能和能力等方面的增长;

第三个层次是组织学习。组织内部倡导并推动持续改善而获得智慧、能力和生产效率的提升。在这里,学习型文化的核心价值观是开放的,员工与企业之间是文化共同体,组织鼓励合作,推广团队精神,从而创造了一种对所有人而言都有好处的局面,员工也就能不断与周围同事交流对话,整个组织也就超越了个人学习、团队学习的层次而达到组织学习。学习型组织还是一个流线型的、无边界的扁平状结构,能够最大限度促进组织内外的联系和信息流动,唤起整个价值链上的责任感和紧密协作。

很显然,学习型团队不是一夜之间就建成的,学习型团队的成功来自多种因素。塑造学习型团队时,努力培养团队成员的学习态度、责任感,营造出一种利于学习的环境氛围,形成学习型文化,是学习型团队成功的关键所在。

【小看板】

麦肯锡公司从1980年开始就把知识的学习和积累作为获得和保持竞争优势的一项重要工作,在公司内营造一种平等竞争、激发智慧的环境。在成功地战胜最初来自公司内部的抵制后,一个新的核心理念终于在公司扎下根来,这就是:知识的积累和提高,必须成为公司的中心任务;知识的学习过程必须是持续不断的,而不是与特定咨询项目相联系的暂时性工作;不断的学习过程必须由完善、严格的制度来保证和规范。公司将持续的全员学习任务作为制度被固定下来以后,逐渐深入人心,它逐渐成为麦肯锡公司的一项优良传统,为加强公司的知识储备,提升公司的核心竞争力打下了坚实的基础。

有效的学习机制为麦肯锡带来了两个方面的好处:一是有助于发展一批具有良好知识储备和经验的咨询专家;二是不断充实和更新公司的知识和信息资源,为以后的工作提供便利条件,并与外部环境日新月异的变化相适应。麦肯锡公司不但建立了科学的制度促进学习,而且还通过专门的组织机构加以保证:从公司内选拔若干名在各个领域有突出贡献的专家作为在每个部门推进学习机制的负责人,并由他们再负责从部门里挑选六七个在实践领域和知识管理等方面都有丰富经验和热情的人员组成核心团队。

麦肯锡的领导人还意识到,公司里最成功的员工往往都拥有庞大的个人关系网络。因此,对原先公司内部这种建立在非正式人际关系基础上的知识传递方式并不能简单加以取缔,而是应该很好地加以利用,以作为对正式学习机制的有益补充。由核心的学习领导小组在每个地区的分支机构里发掘并利用这种内部的关系网络作为信息和知识传播的渠道,实现全公司范围内的知识共享。

为了进一步促进知识和信息在组织内的充分流通,麦肯锡公司还打破了以往建立在客户规模和重要性基础上的内部科层组织体系,取而代之的是以知识贡献率为衡量标准的评价体系。这样组织内的每一个部门和每一个成员都受到知识贡献的压力,而不是仅仅将工作重点放在发展客户方面。

本章小结

本章内容结构如下所示：

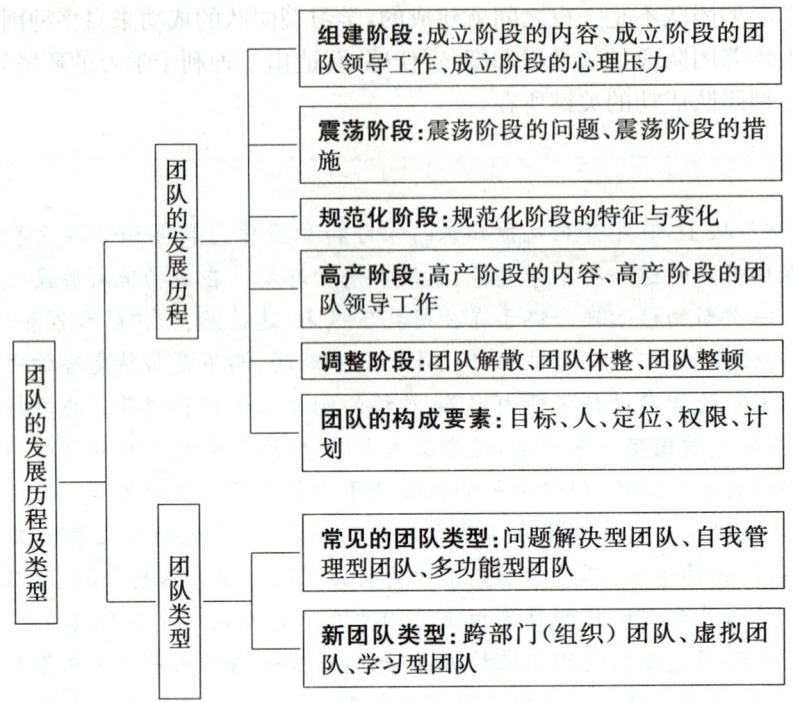

复习思考题

1. 团队要经历几个发展阶段？每个阶段的内容和特点是什么？
2. 有哪些常见的团队类型？
3. 常见团队类型的内容和特征分别是什么？
4. 随着现代经济的进一步发展，团队出现了哪些新的类型？
5. 新型团队类型的内容和特征分别是什么？

案例讨论

中国光纤接入第一人徐珺

餐巾纸、自行车闸、橡胶管……都是我们生活中很常见的物品，你或许很难想象，这些几元、几十元的东西竟可以创造出几十万元的价值，成为解决通信末梢光纤入户技术难题的"大功臣"，而一切都源于徐珺的奇思妙想。

徐珺，中国电信上海西区电信局线务员，在通信业，他被誉为"中国光纤接入第一人"，他发明的"四小工具"使光网普及中的入户瓶颈得到技术性突破，使电信上海公司暗线穿通率从

10%提高到了51.6%,隐形光缆布放方法改进工艺使在暗管无法穿通的情况下,光纤也能美观隐蔽入户。

出于对工作的热爱,为了学习更多业务技术、知识,给用户带来最优服务,徐珺经年累月间竟养成了"职业病",每当朋友出国旅游、出差,他总会请求朋友帮忙拍摄一些当地通信线路布线的照片,走到哪里都会留意当地的线缆布线和箱体设备状况。他喜欢收集与工作相关的各种接入终端设备、通讯线务员书籍。他也喜欢骑着非机动车走街串巷,他说:"因为这样才能最接近中国通讯线务员的实际工作状态。"不仅如此,徐珺还创建了一个名为"线务员之家"的网站,与全国各地的线务员、技术人员、用户、爱好者进行业务上的方法、经验交流。正是由于当时的"网络一线牵","徐珺工作室"也在日后得以诞生。

中国电信上海东区电信局的史晴是徐珺创新工作室的成员之一,他与徐珺就是结缘于网络,"他就一直是网络上怼我的那个人。"徐珺回忆道。最初,由于彼此的不了解,史晴对于各种荣誉傍身的徐珺并没太多好感,总觉得徐珺提出的一些业务标准不接地气,然而经过长时间的交流与了解,两人发现彼此身上竟有很多共同点,于是由"怼"逐渐转为"惺惺相惜"。徐珺说,两个人都很聚焦于本身的岗位和工作,性格和脾气互补,在平时的工作中史晴总会给自己提出很多建议和补充。

据徐珺介绍,工作室由9人和一名编外人员组成,包含来自中国电信上海五个区局单位的同行和两个农民工代表以及一名编外的极客网友。徐珺说,他们每个人身上都有自己的特点和特长,他们都在通讯线务岗位上从事十年或二十年,有丰富的施工经验。大家一起探讨业务、解决疑难、创新技术,工作室里总会有争论,甚至争吵,就是在这样的过程中诞生了包括"四小工具""隐形电缆""彩色标签"等很多实用的创意,解决了很多昂贵进口设备都不能解决的业务难题,更为用户带去了良好的服务。徐珺说,"我们彼此都是很好的朋友,工作室的成员走到一起源于志同道合。"

讨论:
1. 徐珺工作室是怎样成立的?
2. 徐珺工作室属于哪种团队类型?
3. 这种团队类型有哪些特点?

实训游戏

游戏名称: 系在一起
游戏时间: 10~15分钟
游戏目的: 打破人际交往坚冰、培养团队精神
游戏人数: 通常情况下每个小组不超过24人
游戏规则:

(1) 让队员们紧密地围成一圈。

(2) 让大家都举起左手,右手指向圆心。等每个队员都摆好了这个姿势以后,让他们用自己的左手抓住同伴的右手,一旦抓住后就不许松开。

(3) 现在要大家在不松手的情况下,把自己从"链子"中解开。解开后仍要保持大家站成一个圆圈,面向哪个方向不限。有时会出现这样的情况:大家都把自己解开了,但是却形成了

几个小圆圈,而不是仍保持原来的大圆圈。如果你不希望这种情况发生,可以在完成步骤2之后做一个闭环测试。随意在圈中选出一个学生,让他用自己的右手捏一下同伴的左手;左手被捏的人接着用自己的右手去捏下一个队友的左手;这样继续下去,直到"捏手信号"返回到第一个人的左手上。如果捏手信号传不回来,你就需要重新开始了。你可以根据实际情况,决定是否需要进行闭环测试。

问题讨论:
(1) 游戏中遇到了什么困难?是如何克服这些困难的?
(2) 每个人的任务是什么?
(3) 如何将这个团队游戏和我们日常的学习、工作联系起来?

第二篇 团队构建篇

第三章 构建团队

> 一朵鲜花打扮不出美丽的春天,一个人先进总是单枪匹马,众人先进才能移山填海。
>
> ——雷锋

本章学习目标

学习本章节后,应该能够:
- 掌握团队构建的方法;
- 掌握如何确定团队目标;
- 掌握如何组建团队人员;
- 了解如何整合团队内部和外部资源;
- 了解如何进行团队的发展规划。

组织为实现特定的目标而调集部分个体组成一个团队,这个过程就是团队的构建阶段。在这个过程中,组织不仅从可以从内部抽调人员,而且可以从社会招聘外部人员,最终把部分人员组成一个团队。

在构建团队的过程中,组织需要明确几个基本问题:

(1) 团队目标:为什么创建团队?
(2) 团队类型:创建什么类型的团队?
(3) 团队角色:分析团队的角色?
(4) 团队成员构成:由谁来构成团队?
(5) 团队资源整合:如何整合团队内部和外部资源?
(6) 团队发展规划:如何规划团队的发展?

对这六个问题的思考,导出创建团队的六个步骤:确定团队目标、确定团队类型、分析团队角色、配置团队人员、整合团队资源、规划团队发展。

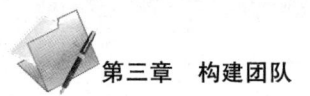

第三章 构建团队

第一节 确立团队目标

本节案例 问题提出

给员工一个激动人心的目标

一个农夫有一匹马和一头驴。一次外出,他让驴驮的货物多一些,让马驮的货物少一些。在途中,驴累得筋疲力尽,就对马说:"老马,你能帮我分担点货物吗?我累得受不了啦!"马说:"凭什么帮你驮,我不帮。"没过多久,驴因为超负荷累倒了,主人见状,只好把驴身上的货物全部放在马背上。这一下,轮到马受尽苦头了,当马累到时才后悔之前没帮驴分担货物。

这个故事充分说明一点:团队成员不能自私自利,各自为政,而应该为了实现共同的目标,为了共同的利益,紧密团结在一起,互帮互助,互相支援。只有这样,团队才是一个有效整体,才能攻克难关,赢得更大的胜利。

杰克韦尔奇曾说过:"鉴别一个团队是平凡还是一流,就看他有没有一个明确的目标,而且这个目标还要让大家都兴奋。"关于这一点,知名足球教练希丁克已经用实际行动证实了。希丁克被韩国聘请为国家足球队的主教练。当时韩国足球队的情况非常糟糕,虽然他们是以东道主的身份进入世界杯的,但是国外同行都嘲笑韩国队,说它只会在最底线竞争,说它第一轮就会出局。这是韩国第一次参加世界杯,世界杯上的表现关乎国家尊严,关乎韩国足球队的荣誉。希丁克临危受命,他决心把韩国足球队从危机中拯救出来。他知道韩国足球队的实力和韩国人民的主观期望有一定的差距,要缩短这个差距,就必须充分激发每个球员的潜能,制定一个令大家兴奋的目标。同时,还要对常规的足球战术进行大胆的改革。

希丁克给韩国足球队定下的目标是进入 16 强,为此,他引进了"全攻全守"的足球观念,并强调必须这样做。他果断地说,过去韩国队球员打不起精神,是因为没有明确的团队目标,没有把球队利益与个人利益结合起来,才导致球员激情不够。因此,他要求全体球员振作起来,为进入 16 强而努力。

希丁克知道,要想带领韩国足球队走出困境,仅仅设定远大的目标是不够的,还必须在这个过程中付出艰辛的努力。因此,在训练中希丁克不断采用目标激励的策略,充分调动了球员的比赛激情和自信。在那届世界杯上,韩国队不仅进入了 16 强,更是进入了 4 强。世界杯结束后,希丁克表示,韩国队之所以能进入 4 强,是因为树立了具有挑战性的目标。他说:"领导者应该是一个把自己目标变成整个团队目标的人,同时又是一个把团队目标转化成个人目标的人。"

目标对团队的团结作用,对团队成员的激励作用是不可估量的,充满挑战性的目标可以激励人去努力。这一点在韩国足球队身上得到了充分的证明。作为企业的老板,也应该成为希丁克那样的领导者,把自己的目标转化成企业的目标、团队的目标。当团队实现这一目标时,意味着团队的利益得到了满足,这样大家的利益也得到了保障,团队荣誉也会很好地激发出来。

资料来源:百度新闻,http://baijiahao.baidu.com/s?id=1583013140011795531&wfr=

spider&for=pc,2017-11-7。

请分析： 如果您是企业老板，您的团队目标是什么呢？明确清晰吗？期限具体吗？计划细化吗？

建立高绩效团队首要的任务就是确立目标，目标是团队存在的理由，也是团队运作的核心动力。目标是团队决策的前提，团队是一个动态的过程，领导者需要随时进行决策，没有目标的团队只会走一步看一步，处于投机和侥幸的不确定状态中，风险系数加大，就像汪洋中的一条船，不仅会迷失方向，也难免触礁。目标是发展团队合作的一面旗帜，团队目标的实现关系到全体成员的利益，自然也是鼓舞大家斗志、协调大家行动的关键因素。

一、团队目标的来源

首先，目标来自团队的愿景，人因梦想而伟大，团队亦然。愿景是勾勒团队未来的一幅蓝图，是明日的美梦与机会。它告诉团队"将来会怎么样"。具有挑战性的愿景可能永远也无法实现，但它会激励团队成员勇往直前的斗志。再重要的任务只能维系团队数日、数月的合作，而愿景则持续不断。好的愿景能振奋人心，启发智慧。但如果没有目标配合完成，愿景只能是一堆空话。目标是根据愿景制定的行动纲领，也是达成愿景的手段。

二、制定团队目标的原则

（一）确定团队目标原则的步骤

（1）了解是谁确定团队目标。团队目标的确定需要几方面成员的参与：首先领导者必须参加；其次是团队的核心成员，也可能团队的全体成员参与。

（2）团队目标必须跟团队愿景相连接。目标是与愿景的方向一致的，它是达成愿景的一部分，所以目标必须跟团队的愿景，也可能就是团队发展的目的相连接。

（3）必须发展一套目标运行的程序来随时纠偏或修正目标。目标确定下来以后不一定就一定准确，还需要根据监督、检查的情形随时往正确的路上引导。

（4）实施有效目标的分解。目标来自愿景，愿景又来源于组织的大目标，而个人的目标来自团队的目标，它对团队目标起支持性的作用。

（5）必须有效地把目标传达给所有的成员和相关的人。相关的人可能是团队外部的成员，比方说相关的团队、有业务关系的团队、也可能是团队的领导者。

（二）SMART 原则

制定团队目标有一个"黄金准则"——SMART 原则。SMART 是英文 5 个单词的第一个字母的汇总，好的团队目标应该能够符合 SMART 原则。

（1）S(Specific)——明确性

所谓明确就是要用具体的语言清楚地说明要达成的行为标准。明确的团队目标几乎是所有成功团队的一致特点。往往有很多团队不成功的重要原因之一就因为目标定得模棱两可，或没有将目标有效地传达给相关成员。

示例：

目标："增强客户的意识"。这种对目标的描述就很不明确，因为增强客户意识有许多具体

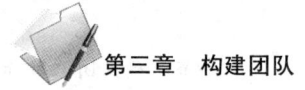

做法,如:
- 减少客户投诉,过去客户投诉率是3%,现在把它减低到1.5%或者1%。
- 提升服务的速度,也是客户意识的一个方面。
- 使用规范礼貌的用语。
- 采用规范的服务流程。

有以上这么多增强客户意识的做法,我们所说的"增强客户意识"到底指哪一块?不明确就没有办法评判、衡量。因此,建议这样修改,比方说:我们将在月底前把前台收银的速度提升至正常的标准,这个正常的标准可能是两分钟,也可能是一分钟,或分时段来确定标准。

(2) M(Measurable)——衡量性

衡量性就是指目标应该是明确的,而不是模棱两可的。应该有一组明确的数据,作为衡量是否达成目标的依据。

如果制定的目标没有办法衡量,就无法判断这个目标是否实现。当然可能领导有一天问"这个目标离实现大概有多远?"团队成员的回答是"我们早实现了"。这就是领导和下属对团队目标所产生的一种分歧,原因就在于没给它一个定量的可以衡量的分析数据。但并不是所有的目标都可以衡量,有时也会有例外,比如说大方向性质的目标就难以衡量。

示例:

目标:"为所有的老员工安排进一步的管理培训"。进一步是一个既不明确也不容易衡量的概念,到底指什么?是不是只要安排了这个培训,不管谁讲,也不管效果好坏都叫进一步?

改进一下:准确地说,在什么时间前完成对所有老员工关于某个主题的培训,并且在这个课程结束后,学员的评分在85分以上,低于85分就认为效果不理想,高于85分就是所期待的一个结果。这样一改进就变得可以衡量,按照最终参加的人数多少、是不是解决问题、学员最后的满意度是不是达到85分以上。有这样的指标来衡量,这个目标在衡量性特征上就符合标准了。

(3) A(Acceptable)——可接受性

确定目标时,总希望越高越好,领导也有这种期待。但是目标是要能够被执行人所接受的,如果领导利用一些行政手段,利用权力性的影响力一厢情愿地把自己所制定的目标强压给下属,那么下属典型的反映是一种心理和行为上的抗拒:我可以接受,但是否完成这个目标,有没有最终的把握,这个可不好说。一旦有一天这个目标真完成不了的时候,下属有一百个理由可以推卸责任:你看我早就说了,这个目标肯定完成不了,但你坚持要压给我。

确定目标通常有三种途经:

第一种,自上而下,由上司确定目标,确定好后下属接受。

第二种,自下而上,下属确定,确定好后让领导批准。

第三种,双方共同制定。

无论是哪一种方法都必须通过沟通来达成共识,没有这个过程就谈不上可接受性。无论何种途径,领导内心应该有一个自己所希望的目标,然后象征性地征求一下下属的意见。

"控制式"的领导喜欢自己确定目标,然后交给下属去完成,他们不在乎下属的意见和反映,但这种做法越来越没有市场。当今员工的知识层次、学历、自己本身的素质,以及他们主张的个性张扬的程度都远远超出从前。面对这种情形,领导者应该更多地召集下属来参与目标制定的过程,即便是团队整体的目标。

(4) R(Realistic)——实际性

目标的实际性是指在现实的条件下是否可行、可操作。可能有两种情形,一方面领导者乐观地估计了当前的形势,低估了达成目标所需要的条件,这些条件包括人力资源、硬件条件、技术条件、系统信息的条件、团队的环境因素等,以至于下达了一个高于实际能力的指标。另一方面,可能花了大量的时间、资源,甚至人力成本,最后确定的目标根本没有多大的实际意义。

示例:

一位餐厅的经理定的目标是:早餐时段的销售在上月早餐销售额的基础上提升15%。计算一下便知道,这可能是一个几千块钱的概念,如果把它换算成利润则可能是一个相当低的数字。但是为完成这个目标要花费多大投入?这个投入有可能比可能获得的利润还要高。这就是一个不太实际的目标,因为它花了大量的钱,最后还没有得到所投入的这些资本,因此这不是一个好目标。

团队目标的实际性要从两个方面看:第一,是不是高不可攀;第二,是否符合团队对于这个目标的投入产出期望值。

有时,实际性需要团队领导衡量。因为有时可能领导说投入这么多资金,目的就是打败竞争对手,所以尽管获得的可能并不那么多,但打败竞争对手是主要目标,在这种情形下的目标就是实际的。

(5) T(Timed)——时限性

目标特性的时限性是指目标是有时间限制的。没有时间限制的目标没有办法考核,或带来考核的不公。上下级之间对目标轻重缓急的认识程度完全不同,上司着急,但下属可能不知道。结果上司可能暴跳如雷,而下属却觉得委屈。这种没有明确时间限定的方式也会带来考核的不公正,影响工作关系,打击下属的工作热情。

示例:

我将在2018年6月30号之前完成某事,6月30号前就是一个确定的时间限制,6月30号之后的任何一天都可以检定这个目标是否完成。

三、团队目标管理

传统的目标管理中,目标由最高管理者设定,然后分解成子目标落实到组织的各个层面,是一种由上级给下级规定目标的单向过程。在很大程度上,这样设定的目标可操作性往往较差,因为下级只是被动地接受目标。由于缺乏沟通,在每个层面上管理者都会加上一些自己的理解,甚至是错误的解释。结果是目标在自上而下的分解过程中丧失了它的清晰性与一致性,目标的接受者经常怨声载道,直接导致执行力不足。

为克服这一难题,团队可以针对特定环境特点,形成一套有自己特点的、下级与上司共同决定具体绩效目标,并且控制检查目标完成情况的目标管理体系。它可以概括为三个阶段、四个环节和九项主要工作:

三个阶段:计划(含总结)、执行、检查。

四个环节:目标确定、目标分解、目标实施和目标评估。

九项工作:计划阶段的论证决策、协商分解、定责授权;执行阶段的监督咨询、反馈指导、调节平衡;检查阶段的考评结果、实施奖惩、总结经验。

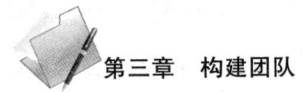

第三章 构建团队

(一) 目标分解

1. 准备阶段充分沟通

在每一期末,团队队员做上期工作总结,总结的内容主要是根据上期的销量目标及单项产品达成状况、竞品信息反馈、市场状况等做一个综述。关键是找出工作中的问题,总结取得的成就,初步计划下期的工作内容及工作重点。同时,团队主管就整个团队的业绩达成情况做类似的报告,并对全公司的销售情况加以说明。

通过充分的交流,公司上下层均能对环境有更充分的了解,在最大程度上消除信息不对称,这是上下级之间相互理解、相互协调的前提条件。

总结之后,团队主管与其他有关领导共同协商,选择和确定自己团队的业绩目标。管理层在制定目标时,根据所掌握的信息并考虑其他因素,如以往数据、行业趋势、竞争、特殊事件等内外部环境因素,运用 SWOT 分析、BCG 矩阵、回归分析等科学方法和工具进行分析,最后制定期望水平适度的、可行性较高的团队目标。

与此同时,每个团队成员结合个人总结与团队、公司的总结,重新分析自己负责的区域市场的机会点与威胁点。其意义在于,让员工在理解团队和公司经营目标和经营状况的基础上,将自我目标与团队发展规划协调一致,在以后的工作中有明确的方向。

2. 目标的初步分解

目标的分解过程遵循"参与决策"的方式,"由上而下"结合"由下而上",共同参与目标的选择,并对如何实现目标达成一致意见。

假设团队的本期目标比上期增加了 20%,在团队会议上,每个成员首先将自己上期目标乘以 120% 作为基准目标,然后适当增加或减少业绩量来确定自己的目标。在目标分解的过程中,有时主管事先不公布目标,运用投标的方式自定目标,得到的个人目标总和往往比指定的团队目标还高。

每个成员必须论证增减业绩的原因:要求减少的,要提出自己区域市场的困难,并就此提出解决办法;要求增加的,要与大家分享自己是如何来寻找新的业绩支撑点的。目标制定的过程,也是相互学习与经验交流的过程,优秀的成员可针对"困难户"的问题提出一些切实可行的方案以供参考,这些"困难户"也可学习优秀成员的操作手法和思路。

参与决策的主要优点是能够诱导个人设立更高的目标,使个人发挥出他的潜能。员工参与决策,很大程度上可以鼓舞员工的士气,使他们普遍对自己选择的目标满意,也充满信心,因为他们是在主动挑战自我设定的目标,这为目标的实现打下了良好的基础。

3. 建立与之适应的企业文化

如何保证参与决策的效果?建立与之适应的企业文化,从文化氛围和制度上来保证目标分解效果是不可或缺的一环。

首先,力争在团队内部甚至全企业形成一种敢于挑战、勇于拼搏、追求卓越的文化氛围。企业以精神奖励为主采取了许多举措,比如:每期评出"金牌业务员""优秀员工"并张榜公布,在内部刊物上宣传。在评比时,坚持多层次、高覆盖率的原则,让每位员工都有机会榜上有名。另外,多从定性的方面奖励那些表现出色、进步显著的员工,更甚于绩效达成最好的,以此鼓舞团队士气。

其次,为形成互帮互助的工作氛围,每期末每个人投票给最热心帮助自己的三个人,然后按积分评出"最热心"员工,给予一定的精神和物质奖励,这一活动旨在形成更强的团队凝聚力。企业将这些举措制度化以增强权威性,并将员工的表彰记录作为升迁的主要考核项目之一,以形成对员工行为约束与引导的力量。

最后,硬性淘汰一些消极、能力差或不适合业务岗位的员工。采用末位淘汰制必然会给员工带来一种紧迫感,形成一种竞争气氛,使员工不断努力提高工作绩效。但末位淘汰制是把双刃剑,所以,公司可以将连续两期团队内排名最差的一名强行撤离业务岗位,之后对其加强培训,帮助其早日找到合适自己的位置,体现出公司"人性化"的管理理念。

4. 目标的深度分解

在目标深度分解的过程中,最重要的是从产品组合的角度出发。每个区域的产品组合、产品梯队与公司整体往往有所不同,这说明区域在某些产品上还有很大发展空间,需要与公司达成协调。此外,在保证整体销量完成的同时,要兼顾对"明星"产品的培养,以期迅速形成"金牛"产品,获得新的业绩支撑点。从长期看,形成完整的产品梯队更具战略意义。团队成员要结合自己的销售目标,分析公司工作方向与竞争策略,找出自己的思路与公司经营思路的差异和分歧,并且分析其原因。在理解公司的经营目标后,保持工作中正确和清晰的方向感,兼顾短期利益和公司长期战略,并据此重新拟订下期工作计划。

每个成员先将总业绩目标分解到每个产品上,再将每个单项产品的目标分解到每一个客户身上。在产品品项与客户数目较多时,依据 80/20 法则进行目标分解,赋予 20% 的重要客户和重要产品最高的优先级,将目标的大部分先分解下去。条件允许的话,目标分解越精细,执行效率与效果就会越好。

5. 拟订工作计划

目标分解的过程,也就是团队成员思考每一个指标如何完成的过程。目标分解完之后,团队成员对下期的工作细节也就基本胸有成竹了,然后,根据每个细节的重要性与紧急性安排好自己的工作计划,并形成文字和表格,在执行时记载进度情况。团队成员就是从这里开始,走出"精细化营销"和"深度营销"的第一步。

最后,是工作计划确定的团队会议。每个团队成员就自己的计划与其他成员以及主管研讨,博采众长再次修正计划,增加计划的可操作性与执行效率,同时让主管对工作有明确的了解,以便执行阶段进行监督与控制。

企业通过加强沟通和反复论证,让团队成员既能站在战略高度,从全局把握区域市场与公司的发展方向,又能深入实践操作的每个细节,提高了目标的一致性与清晰性,在执行过程中有的放矢。

(二)目标实施

由于每个人都有了具体的、明确的目标,所以在目标实施过程中,团队成员会自觉地对照目标进行自我检查、控制和管理,这种"自我管理"能充分调动各部门及每个人的能动性和工作热情,充分挖掘自己的潜力。

为了进行有效的控制,必须建立科学的控制系统。企业需要努力提高团队个人的自我控制、自我管理的能力,从前馈控制抓起,再由监督、反馈两条线来完善控制系统,保证目标执行。

1. 自我管理

目标管理的最大优点,就是能用自我控制的管理来代替上级的管理,自我控制意味着更强

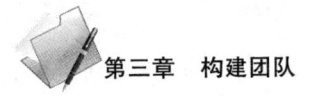

的激励：一种要做得最好而不是敷衍了事的愿望。

在进行目标管理的过程中，最重要的要素是将团队成员实现目标的进展情况不断反馈给个人。企业可以每天将员工的业绩情况排序后公布出来，反馈到每个人，以激励优秀者，鞭策落后者。团队成员也会经常从自己的业绩追踪表上分析、检讨，找出自己工作的问题，及时调整或争取公司支持。同时，上下级之间通过这种方式就绩效考核进行双向互动，有效排除了领导和团队成员之间的对立情绪。

2. 监督与咨询

在目标实施阶段，团队领导的监督、控制坚持"重结果更甚于手段"的原则，充分授权并明确其责任，给团队成员更大的施展空间以激发其热情与能动性。团队领导抓住关键的销量与重点产品的业绩进度，以及计划工作的执行进度，以它们作为预警指标。对于偏离计划轨道的团队成员做出及时沟通和调查、找出问题、提供咨询；对于表现优秀的员工采取"无为而治"的态度。

3. 反馈与指导

反馈和指导有正式的和非正式的。正式的反馈有定期召开的小组会，团队领导与成员共同讨论他们的工作和目标完成情况，出现问题时根据团队成员的要求进行专门性研讨；此外，还有定期的书面报告来往。非正式的反馈和指导可以存在于任何时候，如团队领导采取"走动管理"，下到基层了解情况、同团队成员沟通、提出对工作进展的看法等等。

反馈和指导能培养团队成员的能力。实践表明，及时的、具有建设性的反馈和指导，往往是帮助团队成员达成目标最有效的方式。因为大部分管理者曾经是这一行业最出色的人员，他们也是整个目标项目的规划者之一，对外界环境变化掌握得更全面，能够通过阶段性的评价反馈，帮助接受者了解什么是好的，以及需要做出什么改进。同时，平等、开放、活跃的反馈性讨论也有助于激发团队成员的内在潜力和灵感。

（三）绩效评估

1. 目标的激励与考核

团队采取多元目标体系，引导和约束个体行为与团队的发展协调一致，并与奖金直接挂钩。团队成员通过目标管理来自我控制，因此，这些目标必须明确规定成员应该达到的业绩，规定其在实现自己的目标时能期望企业和团队给予什么配合，每位成员的目标应该规定自己对实现团队总目标做出的贡献。

2. 目标的检查和调节

把实现的成果同原来制定的目标相比较，检查目标实施的进度、质量、均衡情况，目标对策（措施）的落实情况，及时发现问题、解决问题。检查中注意按照目标管理计划要求，及时防止偏差出现，比如不宜过分强调定量指标而忽视定性内容，根据多变的环境及时调整目标等。

部分团队目标管理的成功之处在于，在目标分解的过程中，不是简单地直接将压力分解下去，而是将压力转化为动力而后分解下去，目标成为激励而非负担。它能使团队成员发现工作的兴趣和价值，在工作中实行自我控制，通过努力工作，在自我实现的同时，团队的目标也随之实现。

第二节 团队人员的组建

> **本节案例** 问题提出

由西天取经团队引发的思考——如何组建团队

一、故事情景

唐太宗为了节约成本,在西天取经团队中,必须裁掉一个人。

二、故事背景

为了完成西天取经任务,组成取经团队,成员有唐僧、孙悟空、猪八戒、沙和尚、白龙马。其中,唐僧是项目经理;孙悟空是技术核心;猪八戒和沙和尚是普通团员;白龙马是老板座驾。这个团队的高层领导是观音。

三、故事成员

1. 唐僧

唐僧作为项目经理PM,有很坚韧的品性和极高的原则性,不达目的不罢休,又很得上司支持和赏识。直接得到唐太宗的任命,既给袈裟,又给金碗;又得到以观音为首的各路神仙的广泛支持和帮助。

2. 沙和尚

沙和尚言语不多,任劳任怨,承担了项目中挑担这项粗笨无聊的工作。

3. 猪八戒

猪八戒这个成员,看起来好吃懒做,贪财好色,又不肯干活,最多牵下马,好像留在团队里没有什么用处。其实,他的存在还是有很大用处的。因为他性格开朗,能够接受任何批评,而毫无负担压力,在项目组中,承担了润滑油的作用。

4. 孙悟空

孙悟空是这个取经团队里的核心,但是他的性格有点极端,回想他那大闹天宫的历史,恐怕作为普通人来说,没有人会让这种人待在团队里。

5. 白龙马

白龙马是唐僧办公用的座驾,身份地位的象征。

请分析:该裁掉谁呢?先别看下文,大家思考一下,你个人觉得应该裁掉谁?并说明你的理由。

一、什么是团队组建

团队组建是指聚集具有不同需要、背景和专业的个人,把他们变成一个整体、有效的工作单元的一个过程。

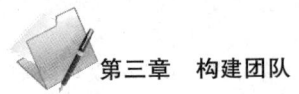

第三章　构建团队

二、团队组建的原则

1. 经济效益原则

团队人员的组建要以团队需要为依据,以保证经济效益的提高为前提。它既不是盲目地扩大团队人员队伍,也不是单纯为了解决当前业务,而是为了保证团队整体效益的提高。

2. 互补原则

团队与一般群体的重要差别在于团队能更好地实现技能互补,提高团队合力效果。为此,团队应当遵循技能差异化互补原则来甄选、培训其成员,从而构建更为健全、综合能力更强的高效团队。

3. 任人唯贤原则

在人员选聘方面,应大公无私、实事求是地发现人才、爱护人才,本着求贤若渴的精神,重视和选用确有真才实学的人。这是团队不断发展壮大、走向成功的关键。

4. 因事择人原则

因事择人是指员工的选聘应以职位的空缺和实际工作的要求为出发点,以职位对人员的实际要求为标准,选拔、录用各类人员。

5. 量才适用原则

量才适用是根据每个人的能力大小而安排合适的岗位,人员之间的差异是客观存在的,一个人只有处在最能发挥其才能的岗位上,才能干得最好。

6. 程序化和规范化原则

团队人员的选拔必须遵循一定的标准和程序。科学合理地确定团队人员的选拔标准和聘任程序,是团队能够聘任优秀成员的重要保证。只有严格按照规定的程序和标准办事,才能选聘出真正愿为团队的发展做出贡献的人才。

想一想

按照您的理解,应该如何组建团队?

三、团队组建的过程

工作团队的组建包括以下四个阶段:

1. 准备工作

本阶段首要的任务是决定团队是否为完成任务所必需,这要看任务的性质。应当明白,有些任务由个体独自完成效率可能更高。此外,本阶段还要明确团队的目标与职权。

2. 创造条件

本阶段组织管理者应保证为团队提供完成任务所需要的各种资源,如物资资源、人力资源、财务资源等。如果没有足够的相关资源,团队不可能成功。

3. 形成团队

本阶段的任务是让团队开始运作。此时,须做三件事:管理者确立谁是团队成员、谁不是团队成员;让成员接受团队的使命与目标;管理者公开宣布团队的职责与权力。

4. 提供持续支持

团队开始运行后,尽管可以自我管理、自我指导,但也离不开上级领导者的大力支持,以帮助团队克服困难、战胜危机、消除障碍。

【小看板】

寻找人才,是很多创业公司都会遇到的难题。特别是早期核心人才,更是需要创始人下大功夫寻找。对此,创业者至少需要解决两点:人才在何处?如何说服其加入?雷军因上市公司金山董事长和小米创始人的身份而为人熟知,他在小米初期找到7个极强合伙人的故事一度被传为佳话。也正因为雷军在找人阶段的"正确投入",让小米在6年后的今天仍然保持强大的生命力。

雷军回忆到:当第一部安卓手机出现时,我强烈感觉到安卓机会重现当年pc击败苹果机的场景。于是我决定做手机,尽管之前没有从事过硬件产业,但不想错过中国下一个十年的机会。年过四十,我再次回到创业的路上。2010年4月6日,在银谷大厦807室,14个人一起喝了碗小米粥,小米就此踏上旅程。但就像一个在手机行业门外观察了很久的人,真正踏入这条河流,才知道跟过去的荣光不能完全融入,仍会遇到很多创业者难以跨越的"痛苦"。首要的一个,就是找人。无论什么样的企业,找优秀的人都很困难。解决这个问题只有两种办法:一、花足够的时间找人;二、把现有的产品和业务做好,展示未来的发展空间和机会,筑巢引凤!小米创立初期,规模小,甚至连产品都没有,如何组建极强的团队,如何获得对方的信任?所以在最开始的半年,我花的80%的时间都在找人上。我虽然是连续创业者,但没有玩过硬件,最难搞定的,就是优秀的硬件工程师。我的做法其实挺"笨"的,就是用韧劲。我用excel表列了很长的名单,然后一个个去谈。我有个观点,要用最好的人,在核心人才上面,一定要不惜血本去找。这些优秀的人大多有所成,你要让他们自己去发现答案,为何要舍去目前的一切和你一起做看似"疯狂的事情"?那时候每天见很多人,跟每个人介绍我是谁谁谁,我做了什么事,我想找什么人,能不能给我一个机会见面谈谈。结果失败的比例很高,我每天恨不得从早上谈到晚上一两点,仍迟迟找不到志同道合的人,巨大的煎熬。但我相信事在人为,创业者招不到人才,只是因为投入的精力还不够多。为了找到一个非常资深和出色的硬件工程师,我连续打了90多个电话。为了说服他加入小米,我们几个合伙人轮流和他交流,整整12个小时。当时他没有创业的决心,始终不相信小米模式能盈利,后来我开玩笑问他,"你觉得你钱多还是我钱多?"他说当然是您钱多,我就对他说"那就说明我比你会挣钱,不如我们俩分工,你就负责产品,我来负责挣钱。"最后他"折服"了。为了找硬件负责人,我们几个合伙人和候选人谈了有两个月,进展非常慢,有的人还找了"经纪人"来和我们谈条件,不仅要高期权而且还要比现在的大公司还好的福利待遇,有次谈至凌晨,我们一度接近崩溃。中间倒是有一个理想人选,一个星期谈五次,每次平均10个小时,前后谈了3个月,一共谈了十七八次,最后一刻,这个人对于股份"无所谓",我还是比较失望,发现他没有创业精神,不是那种我想要的人。

雷军认为找人有两个要素:一要最专业。小米的合伙人都是各管一块,这样能保证整个决策非常快。我要放心把业务交给你,你要能实打实做出成绩来。二要最合适。主要

第三章 构建团队

是指要有创业心态,对所做的事要极度喜欢,有共同的愿景,这样就会有很强的驱动力。三个月的时间里,我见了超过100位做硬件的人选,终于找到了负责硬件的联合创始人周光平博士。第一次见面的时候,我们本来打算谈两个小时,从中午12点到下午2点,但一见如故,一直谈到了晚上12点。后来,他告诉我,愿意加入小米的最后一锤子推力,是我跟他说,必要的时候,我可以去站柜台卖手机。所以,创始人到底有多想做成一件事情,在聊的过程中对方也在判断。如果你没有我那么多名单可以聊,你可以先问问自己,你最希望自己的合伙人是哪个公司的人,然后就去那个公司楼下咖啡厅等着,看到人就拉进来聊,总能找到你想要的人。我以前还用到过一个"笨办法",到处请教"你认为谁最棒",问了一圈下来,就有名单了。

找人是天底下最难的事情,十有八九都是不顺的。但不能因为怕浪费时间,就不竭尽所能去找。我每天都要花费一半以上的时间用来招募人才,前100名入职的员工都是我亲自见面并沟通的。这样招进来的人,都是真正干活的人,想做成一件事情,所以非常有热情,会有一种真刀实枪的行动和执行。

第三节 团队资源的整合

本节案例 问题提出

苹果整合 Siri 与机器学习 Core ML 团队

苹果公司正在将 Core ML 和 Siri 团队整合在一起,形成一个新的 AI/ML 团队,由 John Giannandrea 统一管理。苹果今天早上证实,运营 Siri 的人工智能和机器学习团队将由 John Giannandrea 领导,他是苹果最近才聘用的新员工,曾在谷歌工作了八年,在那里他领导了机器智能、研究和搜索团队。更早以前,他创立了 Metaweb Technologies 和 Tellme。

Siri 和 Core ML 团队的内部结构将保持不变,只是团队的领导者变为 Giannandrea。苹果的内部结构意味着团队与整个组织密切联系、综合运营,因为他们已经融入了各种项目,包括开发者工具包、映射、核心操作系统等。基本上可以说,ML 无处不在。

John 曾经是 General Magic 的高级工程师,这是一家由苹果团队成员于 1989 年创立的传奇公司,创始人包括 Andy Hertzfeld、Marc Porat 和 Bill Atkinson。该公司虽然以失败告终,但是对多项技术做出了突破性的贡献,包括微型触摸屏和软件调制解调器。General Magic 还吸引过很多杰出的人,Susan Kare、Tony Fadell、Andy Rubin、Megan Smith 和现任苹果技术副总裁 Kevin Lynch 都曾在那里工作过。

苹果公司的 Siri 和 ML 团队虽然有许多一致的目标,却是分开独立成长的。总的来说,鉴于 AI 是苹果公司一系列计划的核心,众多尝试和发展都围绕其展开,因此让一个有经验的人来领导是有道理的。如果苹果公司打算按照 Maps 的经验来进行大刀阔斧的改进,那么需要采取一种平稳的方式推进 Siri 的发展。在某种程度上,在保护用户数据隐私的情况下足以运行 AI/ML 的工作,而不必为其 ML 工具维护几个不同的堆栈。像 Create ML 这样的最新版本是 ML 团队内部工作的成果,但这项工作仍然过于分散。创建新组织会发出一条明确的消息,即每个人都应该受到统一管理。

与 Maps 一样,苹果将继续建立其 AI/ML 团队,专注于一般计算,包括云端和设备本地的个性化、敏感数据。苹果拥有超过 10 亿台能够完成这项工作的设备,正在构建有史以来最大的人工智能边缘计算网络之一。这看起来像是 Giannandrea 会感兴趣的挑战。

资料来源:百度网站,https://baijiahao.baidu.com/s?id=16056849366275491112&wfr=spider&for=pc,2018-7-11。

请分析:您如何评价苹果整合 Siri 与机器学习 Core ML 团队?您认为在整合团队资源的过程中会出现一些什么问题?该如何解决这些问题?

一、团队资源分类

所谓资源,是指对某一主体或组织具有支持作用的各种要素的总和。对于团队来说,只要是对团队组建和团队发展有所帮助的各种要素,都可以纳入团队资源的范畴。团队最基本的资源是人员、资金和团队项目,除此之外还包含了技术支持、咨询机构、潜在公众甚至政府机构等各种各样的资源。

(一)"归属权"角度

从"归属权"的角度来看,团队资源可以分为内部资源和外部资源。

1. 内部资源

内部资源是团队自己所"拥有"的,能够自由配置和使用的各种资源,如土地、厂房、机器设备、材料、资金、技术等,也可以包括团队领导及成员。

2. 外部资源

外部资源是团队自己并不具有"归属权",但通过某些利益共同点而可能在一定程度上加以配置和利用的各种资源。常见的外部资源有技术支持者、咨询机构、潜在公众、相关政府部门等。

(二)"认知度"角度

从"认知度"的角度来看,团队资源可分为现实资源、潜力资源和潜在资源。

1. 现实资源

现实资源是已经完全被成员们认识到其作用的团队资源,如机器设备、原材料、厂房、资金等。

2. 潜力资源

潜力资源是已经被团队所关注,但成员可能还没有完全认识其作用的团队资源,如新加入的人员就是一种典型的潜力资源。

3. 潜在资源

潜在资源是团队成员可以利用但却还没有发现的团队资源。从某种意义上说,这种资源所占的比例可能是最大的,但其作用的不确定性往往也是很大的。

(三)"支撑点"角度

从"支撑点"的角度来看,团队资源可分为效益型资源、声誉型资源和决策型资源。

1. 效益型资源

效益型资源是能够直接影响团队经济效益的资源,即通过配置和利用这些货源,能够达到降低成本或者增加团队效益的目的。

2. 声誉型资源

声誉型资源是能够为团队带来知名度等无形资产的团队资源。

3. 决策型资源

决策型资源是能够为团队的各种决策提供相关信息的团队资源。因为决策型资源是通过团队领导或者决策者来起作用的,所以也可以称之为间接型团队资源。

(四)"有效性"角度

从"有效性"的角度来看,团队资源可分为有利要素和负资源。前面所阐述的团队资源都是对团队发展有利的要素。而现实当中,还存在许多对团队发展不利的要素,从资源"有效性"的角度可以将这些要素称为"负资源"。从某种角度说,"负资源"的有效处理也是非常重要的,因为避免损失也可以看作是一种收益的方式。

二、团队资源整合

团队资源整合就是寻找并有效利用各种团队资源的过程。这一过程应当具备两个基本点:一是尽量多地发现有利的团队资源,二是以效率最高的方式来配置、开发和使用这些团队资源。

(一)团队资源整合流程

团队资源整合流程如图3-1所示。

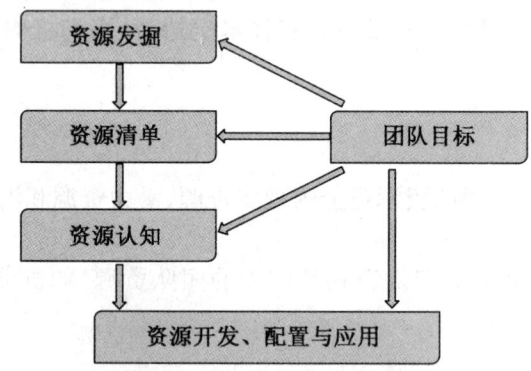

图3-1 团队资源整合流程图

(二)团队资源整合原则

1. 渐进原则

对于任何一个团队来说,有利的团队资源有时候是很难完全发掘、配置和利用的。因此,团队必须遵循渐进原则,需要综合考虑团队对资源的需求程度、资源开发和利用的成本收益以及不确定性,逐步寻找和利用各种团队资源。也就是说,对于每一种团队资源,都应当选择一个适当的整合时机,以降低资源的维护成本。

2. 双赢原则

实际上,我们所发掘和应用的每一种团队资源往往也是一个相对独立的利益体。因此,在开发和使用这些资源的时候,就不能仅仅考虑团队自身的利益,而是要坚持双赢原则。尤其是需要长期使用的团队资源,更要重视对方的既得利益。

3. 量力原则

团队不仅是对不同的资源需要渐进地开发和使用,即使对于同一种团队资源,也需要逐步开发。尤其在团队组建初期,资源开发的能力和经验都相对较弱,因此,就更需要坚持量力而行的原则,逐步开发和使用团队资源。

三、内部资源整合

团队的内部资源基本上可以概括为人、财、物和技术四种资源,其清单如表3-1所示。

表3-1 团队内部资源清单

团队内部资源类别	对资源的认知
团队领导	素质与能力、社会关系网络、需求特征
团队员工	素质与能力、社会关系网络、需求特征
团队固定资产	寿命周期、使用成本、有效配置
团队流动资产	使用成本、有效配置
团队资金	使用成本、有效配置
团队技术支持	后继研发、拓展应用

(一) 目标和原则

与团队外部资源相比,团队内部资源具有很强的明确性,因此,内部资源整合的最根本目标就是要能够有效地配置和使用这些资源。基于团队内部资源的特点,在其整合的过程中应遵循以下基本原则。

1. 公平原则

对于具有相对独立的利益主体特征的资源,在整合过程中要体现不同资源主体之间的公平原则,尤其是对于内部的"人"的资源。由于团队成员间有着频繁的业务往来,也存在一定竞争,内部不公平现象很容易产生,所以需要建立保障公平的机制来整合内部资源。

2. 长远利益原则

团队资源整合的根本目的是实现团队利益的最大化,在团队内部资源整合的过程中要充分协调好当前利益与长远利益之间的冲突。任何基于当前利益而对团队资源的过度开发,都会给团队的长远发展带来隐患,因此,要基于长远利益原则开发团队内部资源。

3. 缓冲原则

遭遇困难和挫折是团队常有的事情,而应对这些困难和挫折通常需要依靠团队的自有资源,因为任何一个利益主体都不会愿意冒太大的风险去帮助外部团队。因此,在对内部资源整合的过程中一定要留有余地,以备不时之需。比如在资金方面,适当的储备资金是十分必要

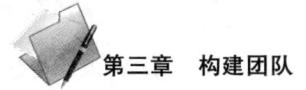

第三章　构建团队

的,因为团队在处于困境情况下的二次融资是非常困难的。

(二)基本思路和方法

1. 对内部"人"的资源整合

在团队中,成员作为相互独立的利益主体能够集合在一起是因为大家拥有一些共同的目标和需求。但不可忽视的是,团队中的每个人又有着一些自身的独特需求和目标。这种独特的需求和目标既为整合提供了可能,同时也对整合提出了挑战。

基于个体的趋利性,对人的整合就必须与激励机制结合起来,在适度控制成本的前提下使得所有成员的利益(不一定是经济利益)总和最大化是对内部"人"的资源整合的根本要求。除了经济利益以外,团队及成员的发展前景和团队文化的渲染也都是整合资源的有效措施。此外,给成员以展示的机会和场合,也是实现对"人"的资源整合的有效方式。

2. 对内部资产性资源的整合

资产性资源是团队内部的固定资产、流动资产和资金等。与"人"的资源不同,资产性资源不具备利益主体的特性,且具有很强的可度量性。因此,强化财务管理是实现对资产性资源有效整合的重要工具。具体来说,就是要建立起完善的财务管理和决策的体系与制度,对资产性资源的配置和使用进行财务核算。

3. 注重时间对资源整合的影响

时间也可以看作是一种重要的团队内部资源。时间的效益主要是通过影响其他资源的配置来实现的。以机器设备为例,很多技术含量较高的生产设备,其报废可能不是因为物理磨损,而是技术磨损。也就是说,这些机器设备尽管还可以运转,但由于其技术水平已经落后,最终被新的机器设备所取代。团队可以通过加强这些机器设备的连续运转来尽量降低技术进步带来的风险,这也体现了时间对资源整合的影响。

四、外部资源整合

与内部资源相比,外部资源就更为复杂。外部资源是相对独立的利益主体,与团队的关系更加复杂,团队对这些资源开发、配置和使用的难度也就更大;同时,很多外部资源不是现成的,而是需要去寻找、发掘或选择的,因此,具有相当的不确定性。团队外部资源清单如表3-2所示。

表3-2　团队外部资源清单

团队外部资源类别	具体资源	对资源的认知
相关政府机构	管理委员会、工商行政部门、税务管理部门等	相对规范的外部资源
商业化的服务组织	银行、技术市场、管理咨询公司、会计师事务所、律师事务所、投资机构、广告公司等	实际上是把团队作为"买方"的各种营利机构
非营利性的服务组织	慈善基金会、公益组织等	为团队提供服务,并有利于塑造团队良好的社会责任形象

(续表)

团队外部资源类别	具体资源	对资源的认知
产业链相关组织	原材料供应商、机器设备供应商、潜在顾客、批发商、零售商等	为团队提供全产业链的外部资源
可能的合作伙伴	高校、科研院所等研究机构	提供人才、技术支持
竞争者(竞合)	竞争者	既是竞争者,又是互相学习与合作的伙伴

(一) 目标和原则

由于团队对外部资源缺乏控制权和支配权,所以团队外部资源整合要难于内部资源的整合。换句话说,对内部资源进行整合的目的是为了提高效率,不存在是否可以使用的问题;而在外部资源整合方面,基本的目标则是确保团队可以使用这些外部资源。团队在进行外部资源整合时应当遵循以下三个基本原则。

1. 比选原则

外部资源具有多样性,因此某一团队的外部资源可能会有多个,使用每个外部资源都将会有不同的收益、成本和不确定性。因此,团队领导者要根据团队目标发展的需要、自身实力以及外部资源的特点,选择最适合团队目前发展阶段的外部资源。

2. 信用原则

与外部团队资源打交道,实际上就是在与人打交道。因此,在外部资源的整合过程中,团队的信用和信誉是决定能否长期利用这些外部资源的关键。

3. 提前原则

由于外部资源整合的难度较大、进展相对较慢,并且外部资源的发掘也需要一定的时间和过程,所以团队不能等到需要的时候再去考虑外部资源的整合,而应当具有前瞻性,提前规划外部资源,提前启动外部资源的整合。

(二) 基本思路和方法

1. 重视信息对资源的引流作用

由于外部资源的不可控性,团队应充分利用信息的作用,及时、有效地寻找到外部资源。这一方面需要团队尽快明确对外部资源的需求,并对需求进行分解,以形成有效、清晰的资源清单;另一方面,团队要借助资源清单,及时搜寻对应的资源。

2. 强化团队外部资源关系网络

有价值资源的稀缺是一种常态,团队要想及时获取有价值的外部资源,就要建立广泛、多结点的外部资源关系网络。外部资源关系网络的建设要做到多维度、多主体:多维度是关系维度的多样性,即要寻求不同方面的资源,以实现互补;多主体是参与决策主体的多样性,以确保资源的丰富性。

3. 注重成本分析和不确定性分析

外部资源的整合无论在效果上,还是在成本上都存在着很强的不确定性。如何看待和处理这些不确定性将是影响外部资源整合的重要因素。

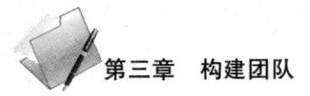
第三章 构建团队

第四节 团队发展规划

本节案例 问题提出

前端 Leader 如何做好团队规划？

"行成于思,毁于随"——韩愈

一位前端团队领导感言:在阿里从一线前端工程师到技术 TL(Team Leader)也三年有余了,最重要最难的就是做规划,你可能会遇到如下几个问题:

业务压力巨大,前端是瓶颈,如何做合适的规划？如何提高规划的成功率？规划的雷区是什么？如何寻找规划的线索？

"TL 的核心素质是判断力与前瞻性",这个阶段就很考验这两个能力。

1. 长期规划

价值聚焦完发现可做的事很多,如何办呢？这是好事,就可以试图做下长期规划,可以是三年规划、二年规划,并不是说非得一年建设完所有体系,罗马不是一天建成的,画张三年大图,给自己以指引。

明确团队技术体系的演进方向,穷尽所有高价值的事,每个季度复盘调整这张大图,让团队有共同的目标,建议技术规划以一年为最小单位,每季度做详细复盘,就不怕跟丢。

2. 勇气与吸引力法则

有时你认为最有价值也是团队最重要的事会受到其他人的挑战,比如有人坚持认为现在资源紧张,不应该额外投入资源去做这件事。

这时就是很考验人的勇气的时候,选择接受,那么这件事就从你的规划移除,人员轻松了,产品满意了,但技术体系、体验没发生变化;选择坚持,那么人员工作强度变很大,协作方说不定会投诉。你肯定也有面临这种选择的时候,无关对错,但我们需要有勇气面对挑战。

吸引力法则(你关注什么,就会将什么吸引进你的生活)告诉我们,有勇气去要求,笃定你的判断,有策略的执行,周围自然会发生你所希望的变化。因此,关注于对的事,别被困难吓倒。

资料来源:百度网站,https://baijiahao.baidu.com/s?id=1600512700879195177&wfr=spider&for=pc,2018-5-15。

请分析:作为一名前端团队的管理者,如何做好团队规划？

一、团队发展规划的概念

团队发展规划是团队在激烈的市场竞争中,为了求得生存和发展所制订的总体谋略及具体规划。进行团队发展规划的过程,就是团队的最高决策者根据团队发展的宗旨,分析团队内部条件和外部环境,确定发展目标和方向,制订、实施和评价总体谋划的全过程。

如果一个团队没有发展规划,无异于盲人骑瞎马。联想集团创始人柳传志曾经提出发展团队的"三要素":一是搭班子,二是定战略,三是带队伍。这是柳传志先生在市场经济的惊涛骇浪中总结出的经验之谈。其中的第二条就是定战略。中国有60%～70%的企业团队,特别是中小企业团队,没有自己的发展战略规划,这是中国企业的一种尴尬现实。现在,越来越多的企业团队领导者开始认识到团队发展规划的重要意义。

二、团队发展规划要求

1. 环境适应性

环境适应性是指制订发展规划的时候要考虑团队与外界环境的关系。外界环境对团队有很大影响,要解决团队与外界环境对接和适应的问题。首先要对环境进行分析,了解当前外界环境的特点;再研究外界环境给团队所带来的影响,团队可以根据这些影响来决定其发展规划将如何适应外界环境。

2. 资源适应性

资源适应性是指团队在做发展规划的时候要清晰识别出团队的外部资源,如投资分配、人员招聘和选用、资金规模等,并实现团队发展规划与内外部资源的科学匹配,提高发展规划对资源的适应性。

3. 全局性

发展规划涉及团队的全局,影响着团队各成员及团队整体的发展。从团队目标、团队方向再到团队内部结构、人员配置、团队活动、活动规模、人员组织方式、管理人员、日常决策等,都与团队发展规划息息相关。

4. 长远性

团队发展规划涉及团队的长远发展问题,因此,团队发展规划设计要具有前瞻性和弹性。前瞻性要求团队发展规划设计中尽可能预见未来发展的各项问题,提早谋划各项计划;弹性则要求团队的规划设计不能过于死板,而需要有一些替代方案,以应对未来发展的不确定性。

三、团队发展规划阶段

(一)规划阶段

规划发展是团队未来发展的总体设计阶段,涉及团队使命、团队发展总目标、团队发展阶段性目标、团队发展执行体系、团队发展保障体系等内容。规划阶段分为环境分析和规划制定两个具体阶段。

1. 环境分析

(1)外部及行业环境分析。

(2)团队内部环境分析。

2. 规划制订

(1)确定团队使命,确定团队的核心价值观、团队的发展愿景,以体现团队终极价值,形成一种精神导向,这些都影响着团队的其他规划。

(2)明确团队发展目标,包括团队发展总目标和阶段性目标,这是团队愿景的具体化和阶段性成果。

(3)设计团队发展执行体系,即实现团队目标、完成团队使命的具体执行方案,包括目标

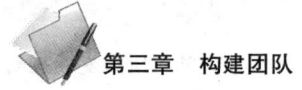

执行主体、执行路径、执行方式等。

（4）设计团队发展保障体系，即确保团队发展规划执行的保障条件，如团队内外部资源、条件等。

除此之外，团队也要制订出备选方案，以做临时应变规划。

（二）实施阶段

第二个阶段是实施阶段，是在建立团队结构、开展团队活动、监控团队成员行为等方面做出决策并予以执行。

1. 树立年度目标

按照团队发展规划确定年度目标，比如：团队规划在第五年实现一个目标，那么第一年完成需达到五分之一，第二年完成需达到五分之二，第三年完成需达到五分之三，第四年完成需达到五分之四，即把整体目标分解成年度目标。

2. 调整团队结构

在实施团队规划的过程中，要按照团队发展方向和团队所处阶段不断调整团队结构，以实现团队内部结构与发展规划的匹配。

3. 制定配套规章制度

规章制度是实施规划的一种保障，调整好团队结构后，为确定流程和管理标准，就需要按照规范化体系，制定一系列配套的规章制度。

4. 培育团队文化

团队文化是团队内在的精神元素，体现了团队的核心价值观，是驱动团队发展的重要因素。为此，团队可以通过团队项目的开展，通过有效的团队合作，提高团队凝聚力和战斗力，培育良好的团队文化，为团队规划的有效实施提供支撑。

（三）评估阶段

第三个阶段是评估阶段。在发展规划经过一段时间的推动和实施以后，团队需要总结在实施过程中出现的各种问题和不足，从而及时纠正团队错误，以便调整团队偏差行为，确保团队实施好发展规划。

1. 检查发展规划基础

在实施规划的过程中要不断地检查原来的分析是否正确，如果原本的计划或目标没有发生变化则说明发展规划是相对正确的。

2. 检查团队绩效

发展规划正确与否的唯一检验标准是团队的绩效，绩效是评估发展最重要的措施。

3. 采取纠正措施

根据绩效检查的结果，团队需要对局部的一些问题采取相应的纠正措施。比如，五年发展规划在实施了一年后，若发现有问题，在第二年就要及时进行修正。

本章小结

本章内容结构如下所示：

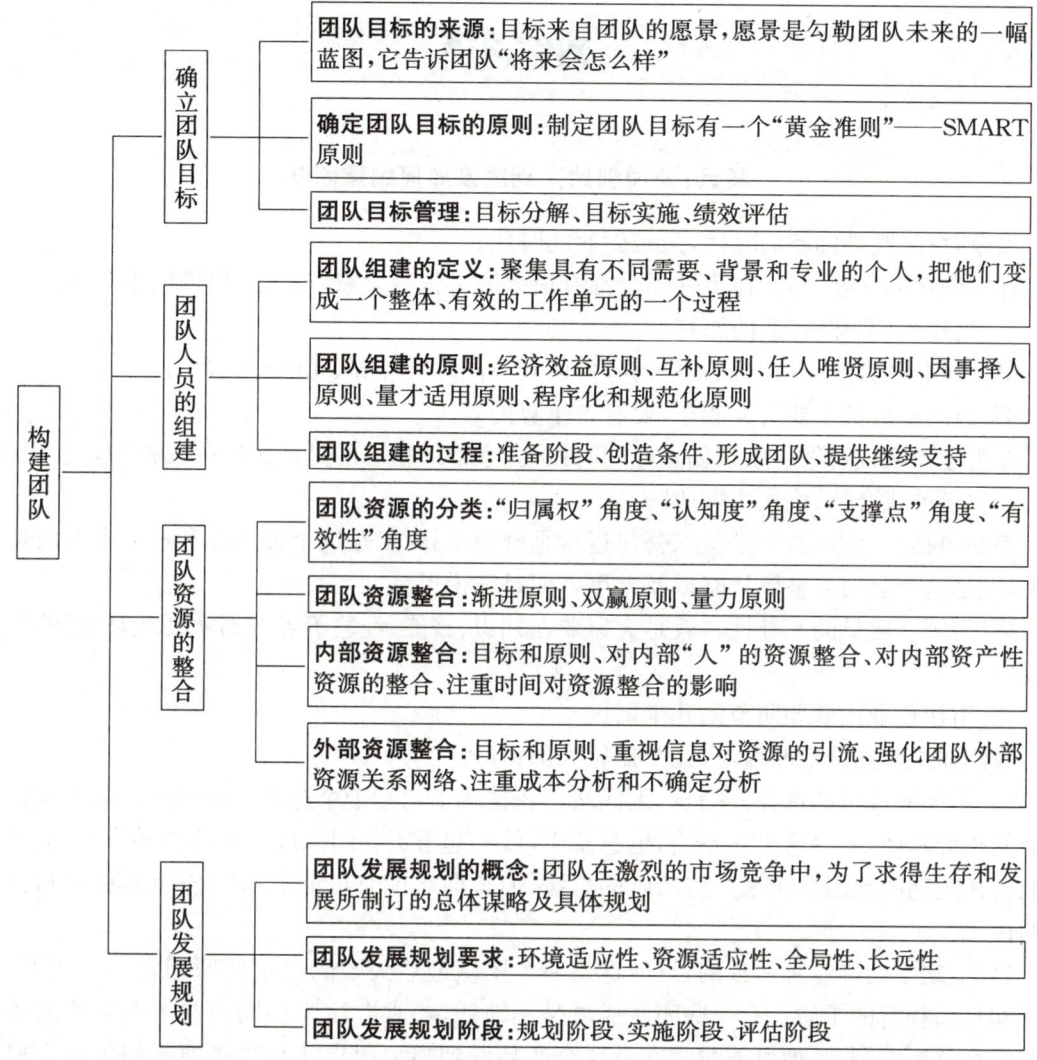

复习思考题

1. 团队目标的来源是什么？
2. 团队在制定目标时，应该遵循哪些原则？
3. 团队目标管理的步骤和过程是怎样的？
4. 什么是团队组建？
5. 团队组建的原则是什么？团队组建的过程是怎样的？
6. 按照不同的视角，团队可以有哪些分类？
7. 团队在进行资源整合时，应该遵循哪些原则？

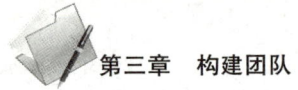

第三章 构建团队

8. 团队如何进行内部资源和外部资源的整合？
9. 什么是团队发展规划？
10. 团队在制定发展规划时具有哪些要求？
11. 团队发展规划有哪几个阶段？

案例讨论

马云：公司创始人到底该如何组建团队

当今时代，既是创新的时代，又是创业的时代。

针对创业的话题，马云在多种场合都有很多演讲告诫大家，现总结提炼以下几点：

一、组建初创团队打造的原则

第一：相同的价值观。目标不一样，价值观不同，这个团队无法形成合力。

第二：团队成员中要有大股东，要有说了算的人。

在组建团队或者做一家新创企业的时候，大家都最担心的是什么？失去控制，大家互相不服，最终"兄弟式合伙、仇人式散伙"。

控制包括三个方面：一是这家公司运营是谁说了算，二是这个公司在利益分配方面是谁说了算，三是这个公司的整体战略以及人事方面是谁说了算。

第三：团队成员的互补性。就是大家要在知识、技能、经验等各方面实现互补，能够产生协同效应。

二、组建创业团队要防范的几个雷区

我们在组建团队的时候，有几个比较大的雷区。

第一：团队成员的选择太随意，太偶然。我接触了二三十个这种小的团队。我发现他们好像随便跟谁聊聊，觉得这个人不错，也愿意干，就一起干了。团队成员的这种随意性、偶然性有可能会在短期内给团队带来一些新鲜的想法，但长期来说有可能会影响公司的稳定和公司文化的传承。

第二：缺乏明确并且一致的目标，这是一个团队最后失败的最重要原因之一。比如，短期利益和长期利益的矛盾。有一些团队成员是不缺钱，非常专注于长期利益。但有些团队成员就非常在意短期利益，他可能非常在意这个产品做到多少用户就赶紧卖掉。如果这个想法不一致，即使在初期能有一点点成功的苗头，最后也是很难做成的。

第三：激励机制的不明确，利益分配的不公平，尤其是利润分配方式的不完善。激励首先要靠个人魅力，这在初创团队里面是很重要的，一个没有个人魅力的初创人是不可能把事情做好的；其次就是奖金分配、利润分红方案。

讨论：

1. 越来越多的年轻人辞职去创业。但是创业要有自己的创始团队，如何选择合伙人？
2. 如何组建创始团队？如何激励团队、调动团队成员的积极性？

实训游戏

游戏名称：找同伴
游戏时间：15～20分钟
游戏目的：增强凝聚力、培养沟通观察能力
游戏规则：

（1）教师首先根据学生数给每位学生发放一小块拼图，教师可以根据希望分成的组数，每组有多少学生来设置可以拼在一起的块数；

（2）教师告诉学生每个人根据自己手上的小拼图去寻找其他同伴。例如：每个小图案是由四块拼图组成的，大家如果找到自己的同伴就请围成一圈坐好，看看哪组最快；

（3）分好组后，教师可以让大家根据所拼的图案起队名、设计队徽等。

问题讨论：

（1）在寻找同伴的过程中，如何能最快地找齐自己的同伴？

（2）你是主动寻找还是被动等待？这两种方法各自有什么优缺点？

第四章　培养团队精神

> 人们在一起可以做出单独一个人所不能做出的事业；智慧、双手、力量结合在一起，几乎就是万能的。
>
> ——韦伯斯特

本章学习目标

学习本章节后，应该能够：
- 掌握养成团队品质的四大任务是什么？
- 掌握团队精神的内涵和主要内容？
- 了解凝聚力可以分析为哪三种心理要素？
- 掌握如何培养团队精神？

第一节　团队精神

本节案例　问题提出

蚂蚁过火的故事

一位老农上山开荒，山上长满了茂密的杂草和荆棘。砍到一丛荆棘时，老农发现荆条上有一个箩筐大的蚂蚁窝。荆条倒，蚁窝破，无数蚂蚁蜂拥窜出。老农立刻将砍下的杂草和荆棘围成一圈，点燃了火。风吹火旺，蚂蚁四散逃命，但无论逃到哪方，都被火墙挡住。蚂蚁占据的空间在火焰的吞噬下越缩越小，灭顶之灾即将到来。可是，奇迹发生了。火墙中突然冒出一个黑球，先是拳头大，不断有蚂蚁粘上去，渐渐地变得篮球般大，地上的蚂蚁已全部抱成一团，向烈火滚去。外层的蚂蚁被烧得噼里啪啦，烧焦烧爆，但缩小后的蚁球竟越过火墙滚下山去，躲过了全体灰飞烟灭的灾难。

老农捧起蚂蚁焦黑的尸体，久久不愿放下，他被深深地感动了。

如果每一个蚂蚁都只顾自己的逃生，结果如何？蚂蚁为什么会有这种让人类都自叹不如的团队精神？

其实，在地球上，除了南北两极和终年积雪不化的山峰外，陆地上几乎都有蚂蚁的生存足迹，蚂蚁是生存已久的远古生物。蚂蚁在世界各个角落之所以都能存活，就在于它们在一个非常有组织、有纪律、有分工的群体中生活。蚁后负责繁衍后代，蚁后产的卵，大部分发育成雌性，它们被称为工蚁，它们负责建筑并保卫巢穴，日常还负责觅食储存，每一类都有其专门的职责。

蚂蚁团结协作的精神使人类敬佩，我们可以看到七八只蚂蚁捕获一只苍蝇，齐心协力地把它拖进巢穴里，一个窝的蚂蚁从来不打架。它们有类似人类的组织，拥有强大的战斗力，就像人类最初发展的部落一样，慢慢地发展壮大。蚂蚁也是最为勤劳的生物之一。它整天东奔西跑，忙忙碌碌，从不疲倦。蚂蚁只要出了洞口，便从不休息，除非死亡。蚂蚁的勤劳是自觉主动的，是本能的。只要它还活着，就会愉快地工作，工作是它们的生存方式。

蚂蚁给人类的启示，就是团队价值所在。那么，我们该如何把蚂蚁的团队精神运用到企业管理中去呢？

有很多世界500强企业已经把蚂蚁精神奉为企业学习的典范。通用电气公司CEO杰克·韦尔奇曾多次强调："我们不仅要学习蚂蚁分工协作的精神，还要学习蚂蚁团结拼搏、共同奋斗的精神，唯有这样，我们才能营造核心竞争力和长期竞争优势；唯有这样，我们才能确保在行业里第一的位置。"IBM公司也把蚂蚁精神作为对员工进行思想教育的重点内容。公司要求员工们不仅要有奉献意识，更要能够团结协作，共同享用"觅食利益"。同样，飞利浦公司也把蚂蚁精神视为对员工考核的重要内容，强调员工要有忘我的奉献意识，要在团结协作中成就卓越。

资料来源：搜狐网站，https://www.sohu.com/a/167281609_278265，2017-8-25。

请分析：从上述蚂蚁团队的案例中，我们可以得到什么启示？您认为在现代互联网＋的情境下，蚂蚁团队精神能为企业团队运营带来何种启示？

一、团队精神的定义及构成

（一）团队精神的定义

精神是个体的意识、思维活动和一般心理状态。团队精神是大局意识、协作精神和服务精神的集中体现，核心是协同合作，反映的是个体利益和整体利益的统一，并进而保证组织的高效率运转。

团队精神的形成并不要求团队成员牺牲自我，相反，挥洒个性、表现特长保证了成员共同完成任务目标，而明确的协作意愿和协作方式则产生了真正的内心动力。团队精神是组织文化的一部分，良好的管理可以通过合适的组织形态将每个人安排至合适的岗位，充分发挥集体的潜能。如果没有正确的管理文化，没有良好的从业心态和奉献精神，就不会有团队精神。

（二）团队精神的构成

人们习惯说"团队精神"，而团队精神其实就是对"团队"这个事物的一种积极态度。团队精神实际上就是由对团队及其相关事物的特定认识、情感和行为意向构成的。

态度是个体对特定对象（人、观念、情感或者事件等）所持有的稳定的心理倾向。这种心理倾向蕴含着个体的主观评价以及由此产生的行为倾向性。

态度的结构涉及三个维度：认知、情感和行为意向。

（1）认知成分。认知因素是个体对态度对象带有评价意义的叙述。叙述的内容包括个人对态度对象的认识、理解、相信、怀疑以及赞成或反对等。

（2）情感成分。情感因素是个人对态度对象的情感体验，如尊敬——蔑视，同情——冷漠，喜欢——厌恶等。

（3）行为意向成分。意向因素是个人对态度对象的反应倾向或行为的准备状态，也就是个体准备对态度对象做出何种反映。

因此，团队精神是对团队的一种正面的、积极的态度，包括认知、情感和行为意向三种心理成分（如图4-1所示）。

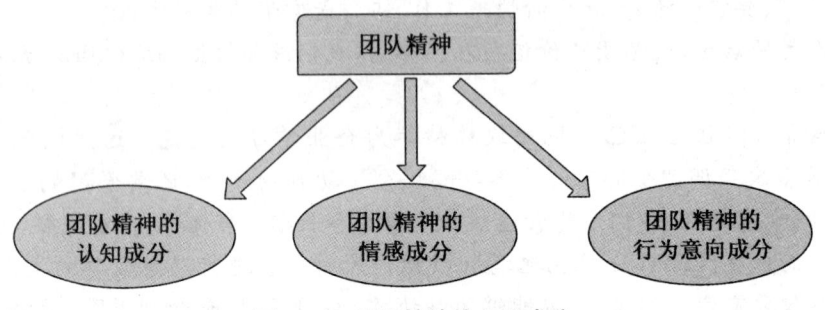

图4-1 团队精神的心理成分

在认知成分层面上，团队精神包含对团队的目标认识、对团队核心价值观的认识、对为团队做贡献的意义感的认识、对团队合作的意义感的认识，以及对团队成员的认识等。在情感成分层面上，团队精神包含对团队、团队相关因素的积极情感，即赞同和支持的情感反应。比如：当团队成员想到团队目标时，会体验到一种积极的情绪和情感，会清楚地认识到自己是支持团队目标的。在行为意向成分层面上，具有团队精神的团队成员会在心理上对团队产生积极支持的行为意向，同时对团队其他成员也会有积极支持的行为意向。这些行为意向在其他条件具备时会转化为实际的行动，推动团队事务的开展，促进团队目标的实现。

二、团队精神的功能和重要性

（一）团队精神的功能

1. 目标导向功能

团队精神能够使团队成员齐心协力，拧成一股绳，朝着一个目标努力，对团队的个人来说，团队要实现的目标即是自己必须努力的方向，从而使团队的整体目标分解成各个小目标，在每个队员身上都得到落实。

2. 团结凝聚功能

任何组织群体都需要一种凝聚力，传统的管理方法是通过组织系统自上而下的行政指令，这样其实会淡化个人感情和社会心理等方面的需求。而团队精神则是通过对群体意识的培养，通过队员在长期的实践中形成的习惯、信仰、动机、兴趣等文化心理，来沟通人们的思想，引导人们产生共同的使命感、归属感和认同感，逐渐强化团队精神，产生一种强大的凝聚力。

3. 促进激励功能

团队精神要靠每一个队员自觉地向团队中最优秀的成员看齐，通过队员之间正常的竞争达到实现激励功能的目的。这种激励不是单纯停留在物质的基础上,而是要能得到团队的认可,获得团队中其他队员的认可。

4. 实现控制功能

在团队里,不仅队员的个体行为需要控制,群体行为也需要协调。团队精神所产生的控制功能,是通过团队内部所形成的一种观念的力量、氛围的影响,去约束、规范、控制团队的个体行为。这种控制不是自上而下的硬性强制力量,而是由硬性控制向软性内化控制;由控制个人行为,转向控制个人的意识;由控制个人的短期行为,转向对其价值观和长期目标的控制。因此,这种控制更为持久且更有意义,而且容易深入人心。

(二) 团队精神的重要性

1. 团队精神能推动团队运作和发展

在团队精神的作用下,团队成员产生了互相关心、互相帮助的交互行为,显示出关心团队的主人翁责任感,并努力自觉地维护团队的集体荣誉,自觉地以团队的整体声誉为重来约束自己的行为,从而使团队精神成为公司自由而全面发展的动力。

2. 团队精神培养团队成员之间的亲和力

一个具有团队精神的团队,能使每个团队成员显示高涨的士气,有利于激发成员工作的主动性,由此而形成集体意识、共同的价值观、高涨的士气、团结友爱的精神,团队成员才会自愿地将自己的聪明才智贡献给团队,同时也使自己得到更全面的发展。

3. 团队精神有利于提高组织整体效能

通过发扬团队精神,加强建设能进一步节省内耗。如果总是把时间花在怎样界定责任,应该找谁处理,让客户、员工团团转,这样就会减少企业成员的亲和力,损伤企业的凝聚力。

三、团队精神的影响因素

1. 团队精神的基础——挥洒个性

团队业绩从根本上说,首先来自团队成员个人的成果,其次来自集体成果。团队所依赖的是个体成员的共同贡献而得到实实在在的集体成果。这里恰恰不要求团队成员都牺牲自我去完成同一件事情,而要求团队成员都发挥自我去做好这一件事情。也就是说,团队效率的培养,团队精神的形成,其基础是尊重个人的兴趣和成就。设置不同的岗位,选拔不同的人才,给予不同的待遇、培养和肯定,让每一个成员都拥有特长,都表现特长,这样的氛围越浓厚越好。

2. 团队精神的核心——协同合作

社会学实验表明,两个人以团队的方式相互协作、优势互补,其工作绩效明显优于两个人单干时绩效的总和。团队精神强调的不仅仅是一般意义上的合作与齐心协力,它要求发挥团队的优势,其核心在于大家在工作中加强沟通,利用个性和能力差异,在团结协作中实现优势互补,发挥积极协同效应,带来"1+1>2"的绩效。因此,共同完成目标任务的保证,就在于团队成员才能上的互补,在于发挥每个人的特长,并注重流程,使之产生协同效应。

3. 团队精神的最高境界——团结一致

全体成员的向心力、凝聚力是从松散的个人集合走向团队最重要的标志。在这里,有一个共同的目标并鼓励所有成员为之奋斗固然是重要的。但是,向心力、凝聚力来自团队成员自觉的内心动力,来自共同的价值观,很难想象在没有展示自我机会的团队里能形成真正的向心

第四章　培养团队精神

力;同样也很难想象,在没有明确的协作意愿和协作方式下能形成真正的凝聚力。

4. 团队精神的外在形式——奉献精神

团队总是有着明确的目标,实现这些目标不可能总是一帆风顺的。因此,具有团队精神的人,总是以一种强烈的责任感,充满活力和热情,为了确保完成团队赋予的使命,和同事一起,努力奋斗、积极进取、创造性地工作。在团队成员对团队事务的态度上,团队精神表现为团队成员在自己的岗位上"尽心尽力","主动"为了整体的和谐而甘当配角,"自愿"为团队的利益放弃自己的私利。

四、养成团队精神的方法

团队精神日益成为一个重要的团队文化因素,它要求团队分工合理,将每个成员放在适合的位置上,使其能够最大限度地发挥自己的才能,并通过完善的制度、配套的措施,使所有成员形成一个有机的整体,为实现团队的目标而奋斗。团队精神的养成需要从以下几个方面入手:

1. 明确提出团队目标

目标是把人们凝聚在一起的力量,是鼓舞人们团结奋斗的动力,也是督促团队成员的标尺。要注意用切合实际的目标凝聚人、团结人,调动人的积极性。

2. 健全团队管理制度

管理工作使人们的行为制度化、规范化。好的团队都应该有健全完善的制度规范,如果缺乏有效的制度,就无法形成纪律严明、作风过硬的团队。

3. 创造良好的沟通环境

有效的沟通能及时消除和化解领导与成员之间、各部门之间、成员之间的分歧与矛盾。因此,必须建立良好的沟通环境,以增强团队凝聚力,减少"内耗"。

4. 尊重每一个人

尊重是调动人的积极性的重要前提。尊重团队中的每一个人,人人都感受到团队的温馨。关心成员的工作与生活,将会极大地激发成员献身事业的决心。

5. 引导成员参与管理

每个成员都有参与管理的欲望和要求。正确引导和鼓励这种愿望,就会使团队成员积极为团队发展出谋划策,贡献自己的力量与智慧。

6. 增强成员全局观念

团队成员不能计较个人利益和局部利益,要将个人、部门的追求融入团队的总体目标中去,就能达到团队的最佳整体效益。团队中成员之间的关系,一定要做到风雨同行、同舟共济,没有团队合作的精神,仅凭一个人的力量无论如何也达不到理想的工作效果,只有通过集体的力量,充分发挥团队精神才能使工作做得更出色。

第二节 团队凝聚力

> **本节案例 问题提出**

招聘小故事

一家外企招聘白领职员,吸引了不少人前去应聘。应聘者中有本科生,也有研究生,他们头脑聪明、博学多才,是同龄人中的佼佼者。聪明的董事长知道,这些学生都有渊博的知识做后盾,书本上的知识是难不倒他们的。于是,公司人力资源部就策划了一个别开生面的招聘会。

招聘开始了,董事长让前六名应聘者一起进来,然后发了15元钱,让他们去街上吃饭。并且要求:必须保证每个人都要吃到饭,不能有一个人挨饿。饭的价格不高,但是每份最低也得3元。他们一合计,按照这样的价格,六个人一共需要18元。可是现在手里只有15元,无法保证每人一份。于是,他们垂头丧气地走出了餐厅。回到公司,董事长问明情况后摇了摇头说:"真的对不起,你们虽然都很有学问,但是都不适合在我们公司工作。"

其中一人不服气地问道:"15元怎么能保证六个人全都吃上饭呢?"

董事长笑了笑说:"我已经去过那家餐厅了,如果五个或五个以上的人去吃饭,餐厅就会免费加送一份。而你们是六个人,如果一起去吃的话,可以得到一份免费的午餐。可是,你们每个人只想到自己,从没有想到凝聚起来,成为一个团队。这只能说明一个问题,你们都是以自我为中心、没有一点团队合作精神的人。而缺少团队凝聚力的公司,又有什么发展前途呢?"

听闻此话,六名大学生顿时哑口无言。

请分析: 一个团队想要取得成功,必须具备强大的团队凝聚力,实现"1+1>2"的效果。没有凝聚力的团队是一盘散沙,最终只能是"1+1<2"。如何去提升团队凝聚力呢?

一、团队凝聚力的定义及构成

(一)团队凝聚力的定义

团队凝聚力是团队对成员的吸引力,成员对团队的向心力,以及团队成员之间的相互吸引。团队凝聚力不仅是维持团队存在的必要条件,而且对团队潜能的发挥有很重要的作用。一个团队如果失去了凝聚力,就不可能完成组织赋予的任务,本身也就失去了存在的条件。

美国社会心理学家L·费期汀格认为凝聚力是使团体成员停留在团体内的合力,也就是一种人际吸引力。这种吸引力具有力学的一些相同之处,比如一个人在玩"流星球"时,流星球就是围绕手这个中心转,不会丢失,手就是中心点。那么,凝聚力的中心点是什么?就是团队对所有成员的吸引力。这主要表现在三个方面:

1. 团队本身对成员的吸引力

如果团队的目标方向、组织形态、行业精神、社会位置等适合成员,吸引力就大;反之吸引力就会降低,甚至会厌倦、反感,从而脱离团队。

2. 满足所有成员多种需要的吸引力

团队满足成员个人的各种物质和心理需要,是增强团体吸引力的最重要条件。

3. 团队内部成员间的吸引力

如果团队成员利益一致,关系和谐,互相关心、爱护和帮助,吸引力就大;反之,吸引力就小,甚至反感,相互排斥。

(二)团队凝聚力的构成

根据不同的内容,团队凝聚力可以划分为不同的内容,其构成图如图4-2所示。

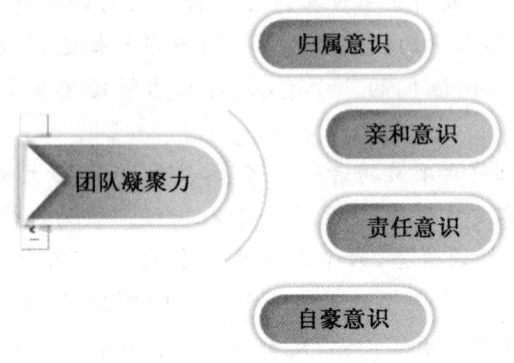

图4-2 团队凝聚力的内容

1. 归属意识

归属意识是个体希望自身在某个组织中有一定的位置,以获得物质上和精神上的满足。

团队成员将自己在社会中的位置具体定位于所在团队,认识到团队为自己提供了工作,个人发展与团队是息息相关的。

2. 亲和意识

亲和意识是个体具有个人愿意与他人建立友好关系和相互协作的心理倾向。团队成员在工作中互相依赖、互相支持、密切配合,建立了平等互信、相互尊重的关系,如同处在一个大家庭中。

3. 责任意识

责任意识是团队成员有着为团队的兴盛而尽职尽责的意识,具体包括恪尽职守、完成任务、勇于创新、遵守团队规则等。

4. 自豪意识

自豪意识是团队成员认为自己所在的团队有令他人羡慕的声誉、社会地位和经济收入等的荣耀心理。自豪意识可以增强团队成员的自信心和归属感,从而更好地投入到团队建设中去。

二、团队凝聚力的影响因素

1. 团队成员的组成

(1)团队的规模。团队的规模越大,团队的凝聚力就越低。由于团队规模增大,团队成员间互动的机会和可能性就减小,从而难以形成凝聚力;反之,团队规模越小(一般认为5~12人比较合适），团队成员间互动的机会增大，团队成员就越容易融为一体，从而形成更强的凝聚力。

（2）成员的相似性。所谓成员的相似性，是根据个人档案记录归纳总结的比较明显的个体特征，也包括一些难以观察、却对人的行为模式更具决定性影响的深层次因素，如个性、态度、价值观及其他心理因素等，还包括个体内在特性动态集合所产生的总体特征。

（3）成员的相吸性。如果团队成员A从团队成员B身上发现了自己喜欢的某种品质特征，比如名声和社会地位、愉悦、支持性以及其他令人喜欢的个性特点等，那么，成员A会对成员B表示赞美、钦佩，成员之间的这种相互吸引，会使得他们愿意在一起共同完成某项任务。

2. 团队任务

（1）任务目标的一致性。目标一致是形成凝聚力的前提条件。首先，如果团队目标与个体目标是一致的，那么个体就会被团队所吸引。其次，团队建立共同目标的过程往往意味着确立竞争对手或"共同敌人"的过程。有研究表明，"共同敌人"的出现会加强团队内部的认同，也会使团队成员的身份显得更加重要。

（2）目标任务实现过程中的相互依赖程度。如果要实现团队目标需要每个团队成员的共同努力且密切协作完成，则团队成员在行为、情绪和心理上就会与其他成员融为一体，形成合力。于是，团队实现目标的过程也是凝聚力形成的过程；相反，如果目标实现过程中所必需的相互信赖程度低，则不易形成团队凝聚力。

（3）团队任务对成员的吸引力。完成团队任务的活动内容、形式、频率适合团队成员，吸引力就大；反之，活动不受成员的欢迎，吸引力就会降低，甚至会令成员产生厌倦、反感心理，从而脱离团队。

（4）任务的难度。重复和烦冗的常规任务会带来倦怠并影响团队凝聚力，而以团队为进行单位，具有一定挑战性并经过努力可以达到的任务，这样的任务能够为整个团队带来共同面对压力的经验。完成这类任务，必须要团队成员保持高度一致，齐心协力，这样一个完成任务的过程，也就促进更高凝聚力的形成。

3. 团队内部管理

（1）领导方式。勒温等人的经典实验比较了在"民主""专制"和"放任"这三种领导方式下各实验小组的凝聚力和团队气氛。结果发现，民主型领导方式组比其他组成员之间更友爱，成员相互之间情感更积极，思想更活跃，凝聚力更强。

（2）激励方式。不同的激励因素和激励水平，对成员产生的吸引力也不同。能够促进团队凝聚力的激励因素，主要指能够强化归属感的各种情感因素。每个团队成员都有自己的心理需求，每个人的心理需求各不相同，有些个体有归属于某一团队的需求，有些人则对权利有很高的要求，有些个体有沟通与身份地位的需求，而有些人有自我评价的需求等。团队是否能够持续为其成员提供其所期望的激励，会对团队凝聚力产生重要影响，同时团队领导者可以在很大程度上影响和控制这类影响团队成员需求的因素。

（3）沟通。成员之间的沟通有利于对团队任务的理解，和即时了解对方的进展情况，从而对自己的工作进行适当调整，以便更好地完成团队任务。在有效沟通的基础上，个体与团队才能维持相互信任，增强对团队的归属感。

（4）规范。团队有无一定的规范，也会影响到团队凝聚力的形成与发展。如果制定有效合宜的团队规范，会在一定程度上约束成员的行为，使成员行为最大限度地指向团队任务。另

外,高凝聚力的团队一般较易产生共认规范;相反,低凝聚力的团队一般难以形成共认规范。

另外,团队的外部因素也会影响到团队的凝聚力,一个团队总是与外界环境不断地发生着交互作用,积极进取的外部环境必然会对团队凝聚力的增强起到正面的促进作用;相反,消极的外部环境则会对团队凝聚力产生负面影响。比如团队间的合理竞争会增强团队凝聚力,当团队之间开展竞争时,各自的团体内部就会产生压力和威胁,迫使所有的成员自觉地团结起来,减少内部分歧。团队成员能够忠于自己的团队,维护团队的利益,一致对外,以避免自己的团队受挫、受损。这样,团队成员间的关系就变得密切起来,大家同舟共济,共赴使命,团队的凝聚力也就得以提高与加强。

三、团队凝聚力的培育方法

上述对团队凝聚力的影响因素的介绍为其培育提供了依据,据此,提出如下几点团队凝聚力培育的具体措施。

1. 明确一致的目标

管理者与团队成员共同建立目标,融团队目标与个人目标于一体,使个人目标与团队目标高度一致,这样可以大大提高团队的生产效率。有效目标的建立一般有如下原则:

(1) 目标的具体化、可测量化。

(2) 清楚地确定时间限制。良好的目标应该是适时的,它不仅需要确定的时间限制,而且还要对完成任务的时间进行合理的规定。

(3) 运用中等难度的目标。除了上述三个方面以外,定期检查目标进展情况;运用过程目标、表现目标以及成绩目标的组合;利用短期的目标实现长期的目标;设立团队与个人的表现目标等都有利于团队凝聚力的培育。

2. 良好的团队内部管理

(1) 领导。在领导方式上,根据前面提到勒温的经典实验,要增强团队凝聚力,应较多地采取民主型领导方式。因此,在团队决策上应共商共议,力求最大限度反映民意,切忌独断专行,这样可以使成员之间更友爱,成员相互之间情感更积极,思想更活跃,凝聚力更强。

(2) 沟通。团队成员者的沟通与交流既能增强人际凝聚力,又能增强任务凝聚力,因此,在团队内部应该保证足够的沟通时间、适宜的空间或渠道、良好的沟通氛围。

① 在沟通时间上,可以根据任务的需要安排每天或每周的某个固定时间或其他合宜时间,各成员汇报最近的任务进展情况、新的想法、新发现的问题等,以便能即时调整,避免不必要的人力、物力浪费;

② 要保证有沟通的空间与渠道,沟通的场所可以选择在办公室、会议室、休息室、餐厅等,渠道可以有面对面交流、电话、网络等,场所与渠道的多样性与优质性可以方便成员间进行快捷、有效的沟通,以保证信息在团队内部的畅通以及知识和信息的共享;

③ 营造良好的沟通氛围就是要让各成员敢于表达、愿意表达、能够表达自己的思想,来集思广益。营造良好沟通氛围应注意成员之间应相互信任(信任的四个要素,即获得成效、一致性、诚实和表现关注)、相互尊重彼此的想法、把交流的中心集中在任务上,对事不对人,避免伤及他人感情。团队中的领导或权威人物对成员发言进行评价时要慎重,避免伤害发言者或欲发言者的积极性,为了让成员打开思路,可以对其发言进行追问,不要急于评定其想法的优劣,另外,也可考虑延迟评价。

（3）制定有效的团队规范

团队规范，是团队成员认可的并普遍接受的规章和行为模式，它可以具体化为团队成员对某种特定行为的认同或反对，区分出某种行为是有益的或是有害的，并以此来规范团队成员的行为，鼓励有益的行为，纠正有害的行为，帮助成员了解什么是被期望的行为，提高团队的自我管理、自我控制的能力，促进团队凝聚力的成长。

另外，根据成员的需要不同，合理、恰当地应用激励方式可以增强团队凝聚力；多开展一些积极的团队竞赛活动，通过参与竞争来增强团队凝聚力；开展一些团队拓展培训，使成员在团队活动中体会到团队的重要性和团队凝聚力。

第三节　团队合作

本节案例　问题提出

吃苹果的故事

在一个天气晴朗的日子，小刺猬一边哼着美妙的歌曲，一边漫不经心地散步，走着、走着，突然，一个东西砸在他的头上。

"哎哟！谁这么缺德？"他狠狠地骂了一句。仔细一看：原来是一个又大又圆的红苹果从树上掉了下来，他赶紧捡起地上的苹果，用衣服擦了擦，狠狠地咬上一大口，苹果又甜又脆，煞是好吃。

小刺猬吃完这个苹果，还不满足，又拿起一块石头，向苹果树投去，可是它个子特小，本身没有那么大力气，石子还没有投到苹果，便落了地，它又爬到树上去摘，可是，自己的手臂太短，苹果枝条太细，小刺猬无可奈何只好放弃。小刺猬刚要走，猛一抬头，往远处一看，看见一只小山羊，站立在山头，它便高兴地跑了过去。

小山羊看到小刺猬着急地问："出了什么事？"

小刺猬首先用手指了指，喘着粗气，又在小山羊耳旁悄悄地说了几句，小山羊如同得到了"圣旨"，高兴得手舞足蹈。

小刺猬牵着小山羊的手，飞快地向苹果树跑去，很快，它们就来到苹果树下。

小山羊开始用头撞苹果树，每撞一下，树上就掉好几个苹果，就这样，它俩一个撞，一个拾，不一会儿，就收获了很多苹果。

它俩无比兴奋,坐在地上,一边吃香甜丰盛的苹果,一边交谈着团结合作,助人为乐的道理。

资料来源:百度网站,https://baijiahao.baidu.com/s? id=15775861865518690368&wfr=spider&for=pc,2017-9-4。

请分析:动物之间需要团队合作,同样团队合作也是公司成功与否的关键,那么,团队成员应该如何进行团队合作呢?

一、团队合作的定义

团队合作是指一群有能力、有信念的个体在特定的团队中,为了一个共同的目标相互支持合作奋斗的过程。它可以调动团队成员的所有资源和才智,并且会自动地驱除所有不和谐和不公正现象,同时会给予那些诚心、大公无私的奉献者适当的回报。如果团队合作是出于自觉自愿时,它必将会产生一股强大而且持久的力量。

二、团队合作的前提

要建设一个具有凝聚力并且高效的团队,第一个且最为重要的一个步骤,就是建立信任。这不是任何种类的信任,而是坚实地以人性脆弱为基础的信任。这意味着一个有凝聚力的、高效的团队成员必须学会自如地、迅速地、心平气和地承认自己的错误、弱点、失败、求助。他们还要乐于认可别人的长处,即使这些长处超过了自己。

(一)团队信任的构成要素

团队信任有五个构成要素,如图 4-3 所示。

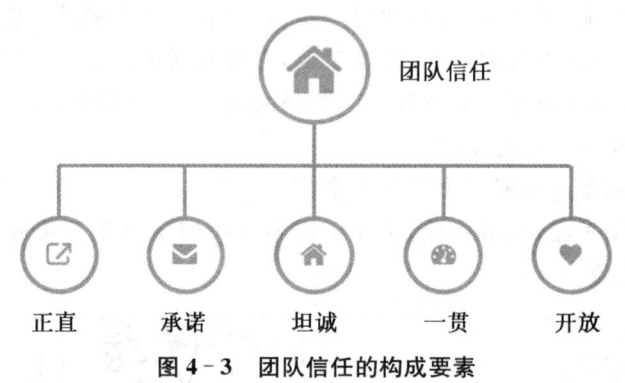

图 4-3 团队信任的构成要素

1. 正直

正直就是要不畏强势,敢作敢为,要能够坚持正道,要勇于承认错误。正直意味着有勇气坚持自己的信念,这点包括有能力去坚持自己认为是正确的东西,在需要的时候义无反顾,并能公开反对自己坚信是错误的东西。团队中的正直主要体现于团队领导者的正直,只有领导者拥有正直的品质,团队才能形成正直的氛围,团队成员才能对领导者产生信赖,对团队产生信任。

2. 承诺

承诺即为"应允同意",表示沟通中的一方答应另一方的某个要求或事项。承诺的重要意义并不仅仅在于结果上的真正兑现,也在于承诺履行过程中的承诺效应及心理契约。承诺是对个体的一种约束,它鼓励人们战胜困难,实现自己既定的目标,提醒人们退却和逃避的危害,告诫人们要对自己的决定负责任,这就是承诺效应。心理契约则是指被承诺方对承诺方产生无形的、内隐的、难以书面化的期待,这种期待由对方给出的承诺所引发。在团队中,团队领导者如果能做到"一诺千金",团队就会逐渐形成承诺的正能量,提高成员间的相互依赖及信任。

3. 坦诚

从辞源学上,"坦"强调平而直,"诚"指真诚和真实。"坦诚"是指不隐瞒、不修饰本相,与人、与己、与天地坦诚相见。团队成员间需要有坦诚,才会有信任,因为坦诚能够维持成员在交往过程中的心理平衡。如果成员在交往过程中,发现一方不够坦诚,就不能维持心理平衡,成员关系就会产生裂痕。而且当心理处于不平衡状态时,成员需要花费相当的精力去调整,时间一长,则会因耗费太多精力而感到疲惫,团队信任也会随之弱化。

4. 一贯

一贯是一种行为方式的可预测性,即团队成员在交往过程中,逐渐形成可预测的行为倾向,从而有助于其他成员采取适宜的行为。一贯性能够提高团队成员交往的舒适度,也能够提高团队的信任感。如果团队或团队成员缺乏一贯性,其行为将变得扑朔迷离,势必影响团队成员间的相互依赖。

5. 开放

开放,即愿意与别人自由地分享观点和信息。

(二)团队信任的种类

> 【知识链接】
>
> #### 信任的种类
>
> 信任是对另一个人或一群人有信心地表示,即相信自己不会被他人行为伤害、迫害或置于危险境地。人际关系的信任主要有三种类型,分别是威慑性信任、认知性信任和认同性信任。

1. 威慑性信任

这是以前后一致的行为为基础的,就是通过惩罚、制裁、激励还有奖赏甚至是法律程序的手段让人们说话算话。因此,运用这种威慑性的信任就需要有合同、监控等能发挥惩罚的东西。而且正如老话中说的,丑话要说到前面,惩罚也好、激励也好要说在前面才能构成威慑性信任,最好也要落在纸面上,不要不好意思,要不然以后出了问题更加尴尬、很难解决。

2. 认知性信任

这种信任其实是建立在对个体行为的可预见性的基础之上,当一个人掌握了有关他人足够多的信息,从而能够理解他们并且准确地预见其行为的时候,这种信任就出现了。

3. 认同性信任

这是建立在他人的期望和目标完全共鸣的基础之上的。在认同性的关系中,双方信任的存在是由于每个人理解并赞同对方,同情对方,接受对方的价值观,而产生这些的原因是他们之间在情感上相互联系,高度匹配。他们可以互相代表对方,认同性信任意味着别人已经接受了你的偏好。因此,我们可以通过赞同对方的想法、理解对方的选择,分享类似的经历来赢得对方的信任。

(三) 培养团队信任的方法

想一想

按照您的理解,如何培养团队信任?

1. 明确团队目标

明确、共享的团队目标是团队信任形成的重要原因。项目团队目标的建立,即为整个团队成员绘制了一幅愿景,有了团队目标,团队的存在才有意义。反之,如果目标、愿景不明确,则整个团队可能会陷入一种混乱状态。要明确团队目标,一是要明确团队的最终目标、工作范围、进度计划;二是要明确每个成员在团队中的角色、位置、权力、职责、任务;三是要明确各个成员之间的相互关系。

2. 促进团队成员的有效沟通

沟通,尤其是社会沟通,推动了团队信任的早期建立。相比低信任团队,高信任团队的成员对于团队有着更大的热情。随着项目的展开,团队会推动信任由低到高逐步发展,加强沟通可以减少成员之间的互相猜忌,促进合作,并可以使成员对任务目标更加认同。

实现团队成员的有效沟通:

(1) 构建多渠道的双向信息交流平台,以提高信息的透明度。要充分运用现代信息技术手段,在组织内部进行充分有效的沟通和交流,包括横向、纵向(自上而下及自下而上)的沟通及反馈等,以提高团队成员间的信任。

(2) 实施有效的激励措施,激发员工对沟通的热情。

(3) 加强团队管理者的管理素养,以提高团队管理可信度。项目团队管理者的可信度在很大程度上影响着团队可信度,因此,管理者需要加强自身的管理素养和德识修养,以身作则,并积极协调成员之间的行为,以不断增强自身的可信任度。

3. 建立角色管理机制

团队信任与团队角色管理密切相关。加强对团队成员角色管理的一项重要内容,就是要建立团队成员之间的心理契约,即团队与成员双方对于相互之间责任和义务的期望。尽管心理契约的内容无法明确地衡量,但角色管理只有与建立员工心理契约相结合,才可能真正建立团队与成员间的信任关系。

具体的方法包括:

(1) 科学进行团队成员的角色定位。角色定位应根据各成员的个性特质,更易于人们接受与适应,充分地发挥出自身的能力和潜能,这也会进一步强化团队的柔性。

(2) 注重角色分工互补,形成一个有机整体。

(3) 帮助团队成员认清各自角色,了解团队对角色的要求和员工对自己的角色定位,使其尽快适应角色要求,助其快速成长。

(4) 根据外部竞争性、内部公平性,基于个人业绩和能力,对成员的角色贡献进行客观的评价和奖励。

4. 建设知识共享的团队文化氛围

影响团队绩效的一个重要原因是团队的知识共享程度,这需要加强团队文化建设,建立团队成员的知识共享机制:

(1) 努力塑造诚信文化,与团队成员建立真诚合作关系,相信并尊重员工个人,最大程度地发挥成员的作用。

(2) 加强团队的信息网络建设,提高知识管理水平。要充分发挥计算机信息网络的作用,以网络为纽带,将人、知识与工作任务整合起来,为团队成员创造一个全新的知识获取、组织与共享平台,构建柔性化的组织结构和扁平化的信息传递渠道。

(3) 建立知识共享的激励制度。积极开展目标激励,健全指导服务机制,促使团队成员尽快形成利益共同体,增强团队成员之间的可依赖性和信任感,实现知识和信息的共享。在团队内部建立起合理的激励机制,激发共享意愿,提高成员间的认同感,促进组织和谐,提高临时团队的凝聚力和运营绩效。

三、团队合作的重要性

对于企业而言,团队合作的重要性主要体现在以下三个方面:

1. 团队合作有利于提高企业的整体效能

通过发扬团队合作精神,加强团队合作建设能进一步节省内耗。如果总是把时间花在怎样界定责任,应该找谁处理,让客户、员工团团转,这样就会减弱企业成员的亲和力,损伤企业的凝聚力。

2. 团队合作有助于企业目标的实现

企业目标的实现需要每一个员工的努力,具有团队合作精神的团队十分尊重成员的个性,重视成员的不同想法,激发企业员工的潜能,真正使每一个成员参与到团队工作中,风险共担,利益共享,相互配合,完成团队工作目标。

3. 团队协作是企业创新的巨大动力

人是各种资源中唯一具有能动性的资源。企业的发展必须合理配置人、财、物,而调动人的积极性和创造性是资源配置的核心,团队合作就是将人的智慧、力量、经验等资源进行合理的调动,使之产生最大的规模效益,用经济学的公式表述即为:$1+1>2$ 模式。

四、团队合作的方法

1. 建立美好的团队愿景

团队愿景是经其内部成员共同讨论,形成成员们一致认可的、愿意全力以赴的未来方向,一般包括团队核心理念和团队未来展望两部分。团队愿景融合了整个团队对未来的美好希望,是一种对团队的美好寄托,能够很好地起到推动成员共同奋进、激发成员斗志的作用,有着重要意义。

在建立美好的团队愿景过程中,需要注意以下五个方面:

(1) 要在准确把握个人愿景的基础上,将个人愿景作为共同愿景的基础。

(2) 要按照先自下而上,后自上而下的顺序提出团队愿景。

(3) 团队要反复酝酿,不断提炼和充实愿景。

(4) 团队愿景应当简单易懂,即让成员在知道共同愿景后,能够很快地领会它的意思,并且不用十分费力就能记住主要内容。

(5) 团队愿景应当有吸引力,即当成员在读到或听到愿景规划后,能够对自己说:"听上去还不错,我喜欢它,要是我们真像那样就好了!"

2. 设定科学的团队目标

团队愿景是团队对未来所做的长远的规划和蓝图,往往缺乏具体的执行体系。为此,团队需要建立与愿景相匹配的团队目标,分阶段地朝着团队愿景努力。团队目标是团队在一段时期内要完成的具体任务,是团队成员团结互助、共同努力的方向和执行标准,能有效整合团队各成员优势,减少团队摩擦,提高团队成员的合作性,有着重要意义。

在设定团队目标过程中,要注意以下四方面:

(1) 团队目标设置要与团队愿景相匹配,即团队要按照愿景来具体设计团队目标。

(2) 团队目标要采用滚动计划法,时间越近,目标应当越清晰。

(3) 团队目标要在成员个人目标的基础上形成,推进个人目标与团队目标的融合。

(4) 团队目标既要有挑战性又要有可执行性,以此激励团队成员为实现团队目标而相互合作。

3. 构建合理的团队合作规则

团队合作规则是团队成员在工作中与他人合作、相处时必须遵守的标准。每个团队都应该形成自己的规则,最好是同时制订出书面的、有益的团队行为和有害的团队行为列表,并向全体成员公布,以此来规范团队成员的合作行为。团队规则是团队合作的行为指南,鼓励有益的合作行为,纠正不良的合作行为,帮助成员了解什么是团队所期望的行为,从而提高团队成员的自我管理能力和自我控制能力,促进团队的成长,使之尽早进入规范期。

团队合作规则共有五个方面:

(1) 支持规则,即要建立团队成员之间寻求和提供协助与支持的规则,鼓励团队成员相互支持。

(2) 沟通规则,即团队成员要能准确、及时地交换信息,减少沟通发送者、沟通渠道、沟通接收者之间的障碍。

(3) 协调规则,即团队成员要根据团队绩效的要求来规范个人行动,从而协调好个人与团队整体行为。

(4) 反馈规则,即团队成员之间对他人的绩效提供、寻求并接受建议和反馈信息,提高团队合作成效。

(5) 监控规则,即团队成员需观察他人的行为,在必要时提供反馈和支持。

【小看板】

"个性"是团队的天敌？

对于多数管理专家而言，《西游记》中的唐僧师徒组合不能算是一个合格的团队：其团队成员要么个性鲜明，优点或缺点过于突出，难以管理；要么缺乏主见，默默无闻，过于平庸。但就是这么一群团队精神意识较弱，"个性"突出的典型人物组合在一起，克服了常人难以想象的种种困难，最终却完成任务取回了真经。

其实，换个角度来看，"个性"也并不是那么可怕：

作为团队领导人和协调者的唐僧，虽然处事缺乏果断和精明，但对于团队目标抱有坚定信念，以博爱和仁慈之心在取经途中不断地教诲和感化着众位徒弟。

队中明星员工孙悟空是一个不稳定因素：虽然能力较强，交际广阔，疾恶如仇，但桀骜不驯，喜欢单打独斗。最重要的一点是他对团队成员有着难以割舍的深厚感情，同时有一颗不屈不挠的心，为达成取经的目标愿意付出任何代价。

也许很少有人会意识到，猪八戒对于团队内部承上启下起着多么重要的作用，他的个性随和健谈，是唐僧和孙悟空这对固执师徒之间最好的"润滑剂"和沟通桥梁，虽然好吃懒做的性格经常使他成为挨骂的对象，但他从不会因此心怀怨恨。

至于沙僧，每个团队都不能缺少这类员工，脏活累活全包，并且任劳任怨，还从不争功，是领导的忠实追随者，起着保持团队稳定的基石作用。

每个团队成员都会有个性，这是无法也无须改变的，而团队的艺术就在于如何发掘组织成员的优缺点，根据其个性和特长合理安排工作岗位，使其达到互补的效果。

GE公司前执行总裁杰克·韦尔奇曾经提出过一个"运动团队"的概念，其中很重要的一点就是团队的每一个成员都干着与别的成员不同的事情，团队要区别对待每一个成员，通过精心设计和相应的培训使每一个成员的个性特长能够不断地得到发展并发挥出来。高效的团队是由一群有能力的成员所组成的，他们具备实现理想目标所必需的技术和能力，而且有相互之间能够良好合作的个性品质，从而出色地完成任务。

但遗憾的是，多数团队的管理者并不乐于鼓励其成员彰显个性；相反，他们会要求属下削弱自我意识，尽量与团队达成一致，在个体适应团队的过程中所丧失的不仅仅是个体的独立性，同时也失去了创造力，许多天才和有创意的想法就这样被抹杀，而这恰恰是企业是否能够获得成功的关键所在。

如果仔细研究那些成功的创业团队，我们会发现这些团队的个体无一例外都具有非常鲜明的人格个性，他们各自发挥自己的才华，相互结合，从而有力地推动着创业进程。

第四章　培养团队精神

第四节　团队士气

本节案例　问题提出

员工士气不高，如何激励下属？

提起如何鼓舞下属士气，不少经理人特别是中层经理人经常抱怨说："我一没有给下属提职晋升的权，二没有给下属加薪发赏的钱，你让我怎么激励下属？光耍嘴皮子怎么行？"就在一些经理人仍然抱着传统激励手段不放的时候，也有一些有作为的经理人却在实践中，创造性地总结了不少行之有效的低成本甚至零成本的软性激励士气的方法。

1. 不断认可

杰克·韦奇说："我的经营理论是要让每个人都能感觉到自己的贡献，这种贡献看得见，摸得着，还能数得清。"当员工完成了某项工作时，最需要得到的是上司对其工作的肯定。上司的认可就是对其工作成绩的最大肯定。经理主管人员的认可是一个秘密武器，但认可的时效性最为关键。如果用得太多，价值将会减少，如果只在某些特殊场合和少有的成就时使用，价值就会增加。采用的方法可以诸如发一封邮件给员工，或是打一个私人电话祝贺员工取得的成绩或在公众面前跟他握手并表达对他/她的赏识。

2. 竞争策略

① 让员工参与决策，尤其是那些对其有影响的决定；

② 肯定、奖励及升迁等，都应以个人工作表现及工作环境为基础；

③ 加强员工对于工作及工作环境的归属感；

④ 提供员工学习新知识及成长的机会，告诉员工在公司的目标下，管理者如何帮助其完成个人目标，建立与每位员工的伙伴关系；

⑤ 庆祝成功——无论是公司、部门或个人的优秀表现，都应举办士气激励大会或相关活动。

尼尔森特别强调，赞美员工需符合"即时"的原则。管理者应能做到在每天结束前，花短短几分钟写个便条纸对表现好的员工表示称赞；透过走动式管理的方式看看员工，及时鼓励员工；抽空与员工吃个午餐、喝杯咖啡；公开表扬、私下指责等，管理者只要多花一些心力，员工就能受到莫大的鼓舞，使工作成效大幅提升。

3. 荣誉和头衔

为工作成绩突出的员工颁发荣誉称号，强调公司对其工作的认可，让员工知道自己是出类拔萃的，更能激发他们工作的热情。

员工感觉自己在公司里是否被重视是工作态度和员工士气的关键因素。经理人在使用各种工作头衔时，要有创意一些。可以考虑让员工提出建议，让他们接受这些头衔并融入其中。最基本的讲，这是在成就一种荣誉感，荣誉产生积极的态度，而积极的态度则是成功的关键。比如，你可以在自己的团队设立诸如"创意天使""智慧大师""霹雳冲锋""完美佳人"等各种荣誉称号，每月、每季、每年都要评选一次，当选出合适人选后，要举行适当隆重的颁发荣誉的仪式,让所有团队人员为荣誉而欢庆。

4. 给予一对一的指导

指导意味着员工的发展,而主管人员花费的仅仅是时间。但这一花费的时间传递给员工的信息却是你非常在乎他们!而且,对于员工来说,并不在乎上级能教给他多少工作技巧,而在乎你究竟有多关注他。无论何时,重点是肯定的反馈,在公众面前的指导更是如此。在公共场合要认可并鼓励员工,这对附近看得见、听得清所发生的事的其他人来说会起到一个自然的激励作用。

*韦尔奇的便条

读过《杰克·韦尔奇自传》的人,肯定对韦尔奇的便条式管理记忆犹新。1998年韦尔奇对杰夫写道:"……我非常赏识你一年来的工作……你准确的表达能力以及学习和付出精神非常出众。需要我扮演什么角色都可以——无论什么事,给我打电话就行。"在这本书的后面有韦尔奇从1998年至2000年写给杰夫的便条。这些便条在完善韦尔奇管理理念的过程中所产生的作用是十分巨大的。这些充满人情味的便条对下级或者是朋友的激励是多么让人感动,这种尊重付出,肯定成果的胸怀令多少人自叹不如。

5. 榜样

标杆学习是经理人团队领导的一个重要武器。榜样的力量是无穷的,通过树立榜样,可以促进群体的每位成员的学习积极性。虽然这个办法有些陈旧,但实用性很强。一个坏员工可以让大家学坏,一位优秀的榜样也可以改善群体的工作风气。树立榜样的方法很多,有日榜、周榜、月榜、季榜、年榜,还可以设立单项榜样或综合榜样,如创新榜、总经理特别奖等。

*麦当劳的全明星大赛

麦当劳公司每年都要在最繁忙的季节进行全明星大赛。

首先每个店要选出自己店中岗位的第一名,麦当劳员工的工作站大约分成十几个,在这些工作站中挑选出其中的10个,每个店的第一名将参加区域比赛,区域中的第一名再参加公司的比赛。整个比赛都是严格按照麦当劳每个岗位的工作程序来评定的,公司中最资深的管理层成员作为裁判,他们秉公执法,代表整个公司站在前景的角度进行评估。

竞赛期间,员工们都是早到晚走,积极训练,因为如果能够通过全明星大赛脱颖而出,那么他的个人成长会有一个基本的保障,也奠定了他今后职业发展的基础。

到发奖那一天,公司中最重量级的人物都要参加颁奖大会,所有的店长都期盼奇迹能出现在自己的店中。很多员工在得到这个奖励后,非常激动,其实奖金也就相当于一个月的工资,但由此而获得的荣誉非常大。

当然举行这样的比赛需要把程序化、标准化的工作做在前面,也就是说这岗位要有可以衡量的程序和标准,才能进行竞赛。

6. 传递激情

"激情分子"杰克·韦尔奇登上了通用电气总裁宝座时说:"我很激情。通过我的激情来感染我的团队,让我的团队也有激情,这才是我真正的激情所在。"杰克·韦尔奇清楚记得,在刚来到通用电气时,在由数十个总经理组成的管理团队当中,没有一个是他选拔的。要让这些经理们一下子就接受他的想法,当然是很难。杰克·韦尔奇为把自己的激情感染给通用的团队,很注重沟通,而他最爱演讲。他每次出差到分公司,就抽出一个晚上的时间,给分公司所有员工讲个话,讲话除了工作专业知识以外,还告诉他们如何看待他们的职业生涯,在职业生涯里,应具备什么样的态度,如何把自己准备好,提升他们的信心。每一次演讲总能让听者热血沸腾,备受鼓舞。

7. 零成本或低成本激励下属的 N 个菜单
(1) 真诚地说一声"您辛苦了!"
(2) 真诚地说一声"谢谢您!"
(3) 真诚地说一声"你真棒!"
(4) 由衷地说一声"这个主意太好了!"
(5) 有力地拍一拍下属的肩膀(女性注意)
(6) 一个认可与信任的眼神
(7) 一次祝贺时忘情的拥抱
(8) 一阵为分享下属成功的开怀大笑
(9) 写一张鼓励下属的便条或感谢信
(10) 及时回复一封下属的邮件
(11) 下属纪念日的一个电话、一件小小的礼物

资料来源:搜狐网站,http://www.sohu.com/a/204202595_99933175,2017-11-14。

请分析:如何才能鼓舞团队成员的士气?

一、团队士气的内涵

(一) 团队士气的定义

团队士气是团队成员对自身所在的团队感到满意,愿意成为该团队的一员,并协助实现团队目标的一种态度。在心理学上,士气是个体维持意志行为的具有积极主动性的动机。士气在心理活动中表现为很多方面,但无论哪种表现,都必须具备心理活动的积极主动性(即心理活动的整体长远性)和意志性(即行为的坚强果断性)两个特征。士气的作用在于能激发出个体进行意志行为的潜在精力、体力与能力。

(二) 团队士气的特征

士气高的团队会表现出以下七个特征:
(1) 团队的团结来自内部的凝聚力,而非外部的压力。
(2) 团队本身具有适应外部变化的能力以及处理内部冲突的能力。
(3) 团队成员对团队具有强烈的归属感,且团队成员之间具有强烈的认同感。
(4) 团队成员没有分裂为相敌对的小团体的倾向。
(5) 团队中每个成员都明确地认识到团队的目标。
(6) 团队成员对团队的目标及领导者持肯定和支持态度。
(7) 团队成员承认团队存在的价值,并且有维护其团队存在和发展的意向。

二、影响团队士气的因素

影响团队士气的因素很多,主要有以下几个方面:

1. 对团队目标的认同

士气是一种群体意识,是团队成员对团队的集体态度,它代表一种个体成败与群体成就休戚相关的心理。个体目标与团队目标一致,团队目标与组织目标一致,个体赞同团队的目标,有较强的认同感,愿意为完成团队目标而努力,则团队士气高涨。

2. 合理公平的经济报酬

金钱不是个体所追求的唯一目标,但它可以满足归因的许多需求,有时它还代表个体在团队中的成就和贡献。同工同酬、合理公平,就能提高团队成员工作的积极性;反之,就会引起团队成员的不满而降低士气。

3. 对工作的满足感

个体对从事的工作热爱、感兴趣,工作适合个体的能力与专长、对个体有挑战性,个体能施展自己的抱负,这些能够使个体获得各种满足感(工作满足感、成就满足感、内在满足感、外在满足感等)。具备以上条件的组织,个体士气必然高涨。相反,个体对自己从事的工作厌烦,不能胜任本职工作或学非所用不能施展抱负,其士气必然会降低。因此,安排工作时要尽可能符合团队成员的智力、兴趣、教育程度和特殊的专长,这样就能施展其长处,鼓励士气。

4. 领导者的特质

凡是士气高的团队,其领导者都比较民主、能广开言路、乐于接纳意见;遇事能同大家商量,善于体谅和关心下级。

5. 团队内部的和谐程度

团队成员之间人际关系和谐,心理相容性较强,相互团结协调,吸引力、凝聚力强,很少有敌对冲突现象,则士气较高。反之,相容性差,凝聚力弱,则士气低。

6. 良好的意见与信息沟通

团队中领导与下级、下级与上级,以及同事之间的沟通受阻,上级意图不能下传或被扭曲,下级的意见无法上达,同事之间没有自由沟通的机会,会引起团队成员的不满情绪而影响团队士气。相关研究发现,单项的沟通、没有反馈信息,容易使个体陷入不安的情绪状态,并产生抗拒心理,从而降低团队士气。而参与决策、团体讨论、双向沟通等有利于提高团队成员的工作精神。

7. 奖励方式得当

团队的奖酬体系应该以鼓励团队成员共同合作,团队中的晋升、加薪和其他形式的认可,应该给予善于在团队中与其他成员合作共事的成员,从而有助于提高全体成员的士气。

8. 良好的工作环境

改善工作中的物理和心理环境可减少焦虑和挫折,促进心理健康,形成自信、自尊的工作关系,有利于提高团队成员的士气。

三、提升团队士气的方法

1. 设置科学的团队目标

团队要根据 SMART 原则设置科学的目标,S(Specific)代表具体的,即目标设定要切中特定的工作指标;M(Measurable)代表可度量的,即团队目标是可数量化或者行为化的,验证团队目标落实程度的数据或信息是可以获得的;A(Attainable)代表可实现的,即团队目标在付出努力的情况下可以实现,避免设立过高或过低的目标;R(Relevant)代表相关性,即实现此目

标与其他目标的关联情况;T(Time-based)代表时限性,即注重完成团队目标的特定期限只有按照这个标准设置的团队目标,才能更好地发挥团队引领作用,从而更好地激发团队士气。

2. 建立合理的奖励机制

海豚在训练时,每完成一个动作,就会获得一份自己喜欢的食物作为奖励,给予正面肯定的方式是海豚训练的诀窍所在,这种做法就是行为强化。强化理论同样适用于团队管理,如果成员因完成某个目标而得到肯定和奖励,就会更加努力地重复这种行为。因此,团队要建立合理的奖励机制,让有出色表现的成员及时获得团队的奖励和肯定。同时,团队应当想办法增加奖励的透明度,从而避免利益不均衡对团队士气的负面影响。

3. 关心并鼓励员工发展

每一个团队成员除了拥有团队中的身份以外,还拥有多个身份角色,因此,成员在团队工作以外的生活、学习等都可能会影响其情绪,进而影响其在团队中的表现。为此,团队领导者应该多关心成员,帮助员工解决生活中的各种问题,从而实现情感融入。除此之外,团队也应该注重成员的发展,发展是团队成员的基本需求,并且这种发展需求是多元化的,比如职位晋升、就业能力提升等。因此,团队要鼓励成员实现多元化发展,并建立相关的机制使成员感受到工作的成就感、满足感,从而增强团队对成员的黏性,提升团队士气。

4. 塑造优秀的团队领导者

团队领导者是团队的精神象征,塑造优秀的团队领导者是提升团队士气的重要因素。因此,一方面团队要建立领导者的科学甄选机制,让有才能、有品德、有感染力的个体成为团队领导者;另一方面,也要建立起团队领导者的合理退出机制,让不适合担当领导者的个体及时退出领导职位。除此之外,团队也要建立起团队领导者的培养机制,不断提升领导者的领导水平和魅力,从而提升团队整体士气。

5. 构建和谐的团队文化

文化是一种生产力,和谐的团队文化能够实现团队融合。和谐的团队文化包括精神文化、制度文化、行为文化及物质文化四个层面。和谐的精神文化要求团队成员有着共同的价值观;和谐的制度文化要求团队有着开放、开明、科学的运行机制;和谐的行为文化要求团队成员能够互帮互助、相互支持;和谐的物质文化要求团队的办公场所、生活场所和学校场所能满足成员发展及团队和谐运作的需要,从而在团队内部形成强大的凝聚力和向心力,增强成员对团队的归属感和荣誉感。

6. 建立通畅的建言机制

要想提高团队士气,对于团队内部问题不能"堵",而只能通过建立通畅的渠道进行"疏",并且要避免形式主义。一方面,团队领导者要真正建立"开门政策",即团队成员有建议、有想法,能得到及时聆听或解决;另一方面,团队要建立激励成员建言的机制,鼓励成员多提建议。除此之外,团队对于成员所提的建议,要科学对待、及时解决。只有充分、有效、及时地进行信息沟通,才能减少团队内耗,提高团队士气。

7. 扩大激励的正面效果

团队激励对于团队士气的形成也有着重要影响。因此,团队要擅用表扬等激励方法,并将这种激励的正面效果扩大,形成更强的激励效应。一方面,团队要建立多元化的激励机制,根据成员的不同需求进行奖励;另一方面,团队可以通过一些管理手段,将激励效果扩大,形成正向激励的扩散效应,进一步引导成员的优秀行为,提高团队士气。

除此之外,创造并共享团队资源、实行柔性化管理等方法也是提高团队士气的有效方式。

本章小结

本章内容结构如下所示:

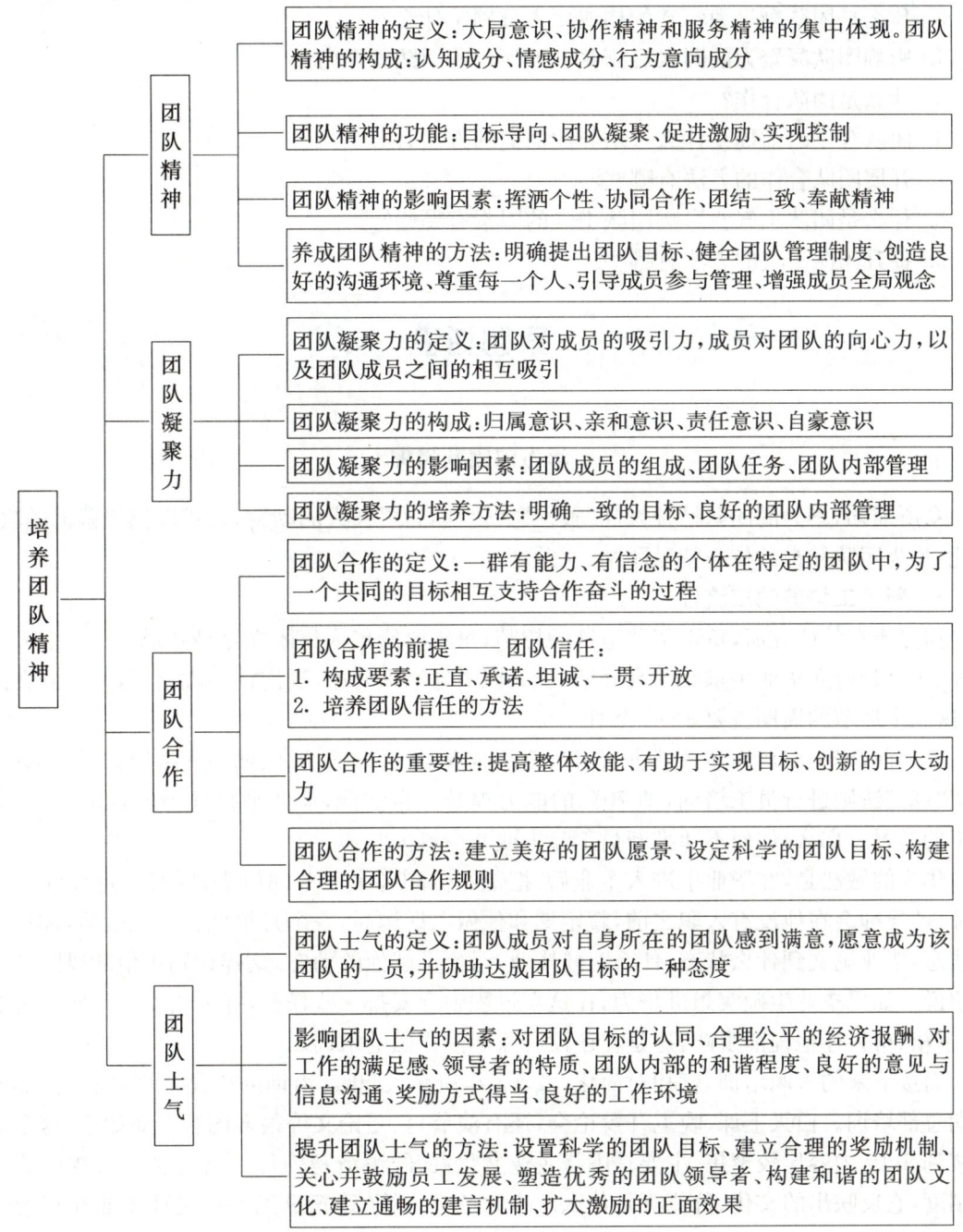

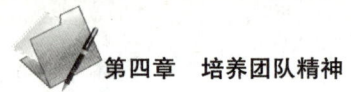
第四章 培养团队精神

复习思考题

1. 什么是团队精神？它的主要功能有哪些？
2. 团队精神有哪些影响因素？养成团队精神的方法是什么？
3. 什么是团队凝聚力？它的构成要素分别是什么？
4. 影响团队凝聚力的因素有哪些？如何培养团队凝聚力？
5. 什么是团队合作？
6. 团队合作的前提是什么？培养此前提的方法有哪些？
7. 开展团队合作的方法有哪些？
8. 什么是团队士气？影响团队士气的因素有哪些？
9. 提升团队士气的方法有哪些？

案例讨论

华为的团队精神

众所周知，华为的团队精神崇尚"狼性"文化，因为再强大的动物，也难以招架狼群的攻击。因此，华为团队精神的核心就是团结、互助。

一、新员工培养的三流程

钮嘉所在的研究所，负责华北地区的招聘，每年要给华为集团在全球招聘1 600余人。每年3～8月是应届毕业生求职的高峰期，从入职引导培训开始，到岗前实践培训，最终到在岗培训，这三个环节的周期就要3～6个月。

三年前，华为对培训体系就进行了颠覆性改变，将授课式培训、网络化授课方式全部取消，采用"721"法则进行员工培训，即70%的能力提升来自实践，20%来自导师的帮助，10%来自真正的学习。那么，如何不让准新员工流失或减少流失？

华为的做法是，在毕业生进入企业后，把他们分到各个业务部门去，同时一定提前指定好导师。"导师会在他没有入职之前，就定期和他做电话沟通，一个月给他打一次电话，你现在什么状态，毕业论文到什么状态，什么时候毕业，时刻了解他的动态，这样识别出他的风险。"钮嘉介绍说。如果毕业生确实想进华为，在这个过程中会安排一些任务，提前给安排一些岗位的知识、书籍、材料让他提前了解，这是在还没有入职前要做的培训。

而接下来的入职培训，就相对简化。2003年钮嘉入职时，培训周期是两周，而且全部要到深圳总部培训。白天上课、晚上开辩论会，还有演节目、写论文等很多内容。而如今，这个培训缩减到5天，内容比较聚焦，主要是围绕企业文化展开，讲清楚为什么公司会出台相应的政策和制度，它反映出的文化、价值观是什么。华为还有一篇《致新员工书》，是任正非在华为创业之初写的文章，把华为的文化和对新员工的要求全部融入其中。还有一部新员工必看的电影——《那山，那狗，那人》，讲的是一个山区邮递员的故事，影片倡导的敬业精神，正是华为追求的价值观。

二、因"狼"施教的培训

在五天的文化培训后,公司会针对不同职位进行工作实践。

目前,华为有70%的业绩来自海外,但新进的营销类员工,不可能立刻派去海外实践,必须在国内锻炼一下。公司会安排他们在国内实习半年到一年,通过这些实践掌握公司的流程、掌握工作的方式方法、熟悉业务,过一段时间再派到海外去。

对于技术类员工,公司会首先带他们参观生产线,参观产品。尤其是编代码的员工,并不知道代码最终用在什么地方,最终成型的产品是什么样。公司曾经调查过,发现华为很多员工不知道基站是什么样子。所以,要让他们对接产品,让他们参观展厅和生产线上组装的机器,让他们看到实实在在的产品。同时,研发人员在上岗前,还会做很多模拟项目,以快速掌握一门工具或一些工作流程。

最后,对于专业类员工的培训,也遵循"70-20-10"法则,在能力提升中锻炼"7"的部分。新员工全部在导师的带领下,在一线实践,在实战中掌握知识。"即使是清华、北大、北邮的高才生,对华为的研发流程或研发规范也完全不了解,这是学校里不教的东西。"钮嘉说。在入职之前,华为会组织导师和新人奔赴各地,做软件训练营。而训练营设计的内容仍是遵循"721"法则,公司会将研发流程、研发规范、培训材料发给他们先自学两天,训练开始时会由专业讲师进行案例教学,帮助员工了解这些流程规范。之后,再用大约3天的时间去演练,这就是"7"的部分,并且会拿真实的场景和项目,让学生在机房里提前做编程。三天结束后,最后一天会针对之前培训的内容进行考核,检验他的成果。

检验完之后,还要让学员在一起交流:你在这个过程中掌握了什么知识,还有哪些不足,让他们提前知道自己与岗位的差距。"华为内常说明确期望比提升技能更重要,知道自己的差距是什么,就可以利用这段时间主动学习。"钮嘉特别强调这一点。

三、思想导师:让"老狼"送一程

培训做完之后就要上岗,而最关键的动作就是"思想导师"的安排。华为设立"思想导师"非常早,也很规范。首先,华为对思想导师的选拔有明确要求,第一绩效必须好;第二充分认可华为文化。同时,一个导师名下不能超过两个学生,以保证传承的质量。

思想导师在带学生期间,公司会单独给他发一笔钱,连续发半年,这笔钱做什么用?首先是导师定期请员工吃饭、喝茶,增加沟通;帮助外地员工解决吃住安排,甚至解决情感等问题。总之,思想导师要在员工入职之初,给予他工作和生活上全方位的辅导和帮助。同时,公司也会额外给导师付一笔酬劳。

公司对导师的激励,也有相应政策。比如:如果你没有带过新员工是不允许晋升的。所以,这一方面保证了导师不吃亏,也会使员工踊跃地承担这件事,去带出合格的新员工。在每年公司年会上,还有"一对红"(导师和员工都出色)评选,这也是一种企业文化的宣传。

除此之外,华为内部的学习平台iLearning,全部转换为LCE(是一种面向对象的中间件平台)多媒体的方式,全部在线化了。甚至,还有音乐与审美、心理学、如何处理婆媳关系、亲子关系等课程,内容很丰富。而这些学习,不再是强制性的,而是可以自主选择,能在任何时间、地点去学习。

2016年,公司还针对研发人员,开发了一个OA(办公自动化系统)平台。研发软件员工会在上面做一些测试编程练习,比如C语言、数据库等,里面会有很强大的题库,完全是自动化测试,把你的代码编好之后提交上去,它会告诉你哪儿做错了,哪儿测试有问题。新员工很喜

欢这种方式,他们会利用这种课余的时间在上面去练去测,提升自己的技能,这也能快速帮助他们提升工作上需要提升的技能。

讨论:

1. 华为是如何让大多数为独生子女、自我意识较强的90后员工,快速融入"狼群"的团队文化的?

2. 华为是如何通过打造系统的入职培训、岗前培训和在岗培训平台,解决新人的团队融入问题的?

实训游戏

游戏名称:信任圆环
游戏时间:15~20分钟
游戏目的:培养团队凝聚力和团队信任
游戏规则:

(1) 由8~12人肩并肩围成一个紧密的圆圈。每个人都摆出正确的保护姿势:两腿微微弯曲,双手齐胸,两腿一前一后分开。一个人站在圆圈的中间,两臂交叉、双膝绷紧,看着周围的队友,大声地问他们是否准备好了接住他。

(2) 在得到大家坚定的回答后,中间的那个人闭上眼睛大声说"我倒了!",然后身体笔直地倒向人们伸出的手上。温柔地将这个人沿着圆圈转一圈。

(3) 当中间的人信任大家并允许大家这样做的时候,脸上必定会洋溢出幸福的微笑。一分钟后,中间的人会被大家扶起站正,然后回到圆圈中。

(4) 当遇到以下情况时,应该立即叫停:动作过于粗鲁、置中间人于不顾的过分玩笑、转地太快、注意力不够集中。

问题讨论:

(1) 是否每个团队成员都觉得足够安全?
(2) 团队成员有没有为此提出什么要求或希望别人怎样对待自己?
(3) 大家是否相互关心、是否相互信任?

第三篇

团队管理篇

第五章　团队沟通

> 如果希望成为一个善于谈话的人，那就先做一个愿意倾听的人。
>
> ——卡耐基

本章学习目标

学习本章节后，应该能够：
- 掌握团队沟通的含义；
- 理解团队沟通的基本条件和类型；
- 掌握团队沟通的方式；
- 理解团队沟通产生障碍的原因和排除障碍的方法；
- 掌握团队沟通的技巧。

第一节　团队沟通概述

本节案例　问题提出

知名企业团队沟通的技巧

虽然本质上团队围绕共同目标而建立，但并不等于有了共同目标成员便能够自动朝着目标来工作。首先，在极简单的环境中结合而成的团队往往容易找到共同和清晰的目标，但在略为复杂一点的情况下，目标的明确性已很不相同。比如"两个和尚抬水吃、三个和尚没水吃"的故事。两个和尚的目标明确，就是找水并生存下去，换到三个和尚则大家怀有私心、互相推卸责任、无法达到目标明确。那么，团队沟通有哪些技巧呢？

1. 讲故事法

美国的波音公司在 1994 年以前遇到一些困难，总裁康迪上任后，经常邀请高级经理们到自己的家里共进晚餐，然后在屋外围着个大火炉，讲述有关波音的故事。康迪请这些经理们把不好的故事写下来扔到火里烧掉，用来埋葬波音历史上的"阴暗"面，只保留那些振奋人心的故事,极大地鼓舞了士气。

2. 聊天法

奥田是丰田公司第一位家族成员之外的总裁,在长期的职业生涯中,奥田赢得了公司内部许多人士的爱戴。他有1/3的时间是在丰田公司里度过,常常和公司里的多名工程师聊天,聊最近的工作,聊生活上的困难。另外有1/3的时间,用来走访5 000名经销商,和他们聊业务,听取他们的意见。

3. 制订计划法

爱立信是一个"百年老店",员工每年都会有一次与人力资源经理或主管经理面谈的时间,员工在上级的帮助下制订个人的发展计划,以跟上公司的业务发展,甚至超越公司的发展步伐。

4. 越级报告法

在惠普公司,总裁的办公室从来没有门,员工受到顶头上司的不公正待遇,或者看到公司的什么问题,都可以直接提出,还可以越级反映。这种企业文化使得人与人之间相处时,彼此之间都能做到互相尊重,消除了对抗和内讧。

5. 参与决策法

美国的福特公司,每年都要制订一个全年的"员工参与计划",动员员工参与企业管理。这个举动引发了职工对企业的"知遇之恩",使得员工的投入感和合作性不断提高,合理化建议也越来越多,生产成本大大减少。兰吉尔载重汽车和布朗2轿车的成功就是很好的例子。在投产前,公司大胆打破了那种"工人只能按图施工"的常规,把设计方案摆出来,请工人们"评头论足"提意见。工人们提出的各种合理化建议一共有749项,经过筛选,采纳了542项,其中有两项意见的效果非常显著。

以前装配车架和车身,工人得站在一个槽沟里,手拿沉重的扳手,低着头把螺栓拧上螺母。由于工作十分吃力,因而往往干得马马虎虎,影响了汽车质量,工人格莱姆说:"为什么不能把螺母先装在车架上,让工人站在地上就能拧螺母呢?"这个建议被采纳以后,既减轻了劳动强度,又使质量和效率大为提高;另一位工人建议,在把车身放到底盘上去时,可使装配线先暂停片刻,这样既可以使车身和底盘两部分的工作容易做好,又能避免发生意外伤害。此建议被采纳后果然达到了预期效果。

6. 培养自豪感

美国的思科公司,在创业时,员工的工资并不高,但员工都很自豪。该公司经常购进一些小物品如帽子,给参与某些项目的员工每人发一顶,使他们觉得工作有附加值。当外人问公司的员工,你在思科公司的工作怎么样时,员工都会自豪地说,工资很低,但经常会发些东西。

7. 口头表扬法

表扬不但被认为是当今企业中最有效的激励办法,事实上也是企业团队中的一种有效的沟通方法。日本松下集团,很注意表扬人,创始人松下幸之助如果当面碰上进步快或表现好的员工,他会立即给予口头表扬,如果不在现场,松下还会亲自打电话表扬下属。

资料来源:百度网站,https://www.hrloo.com/rz/14240396.html,2017-8-25。

请分析:其实在大型公司和团队中,也由于太多个人或小组的利益冲突,成员表面上说有共同目标,但是团队往往面临更多危机。从上述知名企业的沟通方法中您得到了哪些启示?

一、沟通的定义

沟通是不同的行为主体,通过各种载体实现信息的双向流动,形成行为主体的感知,以达到特定目标的行为过程。

行为主体:是指人与人、人与人群、人群与人群。随着科技和社会的发展,沟通的主体会逐渐打破人的范畴,动物、超级计算机、机器人很可能被纳入。行为主体中通常包括信息的发送者和接受者,一个完整的沟通过程中,同一个主体会扮演信息发送者和接受者的双重角色。

信息载体:对于人来说,包括本有和外有两大类。本有载体是指人不需借助外物的沟通媒介,包括语言、肢体动作、表情、眼神等;外有载体是指需要借助外物的沟通媒介,包括文字、书信、电话、电子邮件,以及新媒体等。通常一次沟通过程中,存在着几种信息载体同时存在的情况。

特定目标:对于人来说,至少包括意识、行为和组织三个层面。意识层面通常包含情感、知识、思想等;行为层面通常包含动作、活动、习惯等;组织层面通常包含绩效目标、行动计划、团队氛围等。通常情况下,沟通是为了实现积极的目标。

在沟通的过程中,行为主体、信息载体和沟通环境都会影响沟通目标的达成。通常情况下,行为主体的状态、知识和经验结构、准备的充分性等因素会影响沟通的效果;信息载体的稳定性、识别度等因素会影响沟通的效果;沟通环境的噪音、氛围等因素也会影响沟通的效果。

二、沟通的组成

人与人的沟通过程包括输出者、接受者、信息和渠道四个主要因素,如图 5-1 所示。

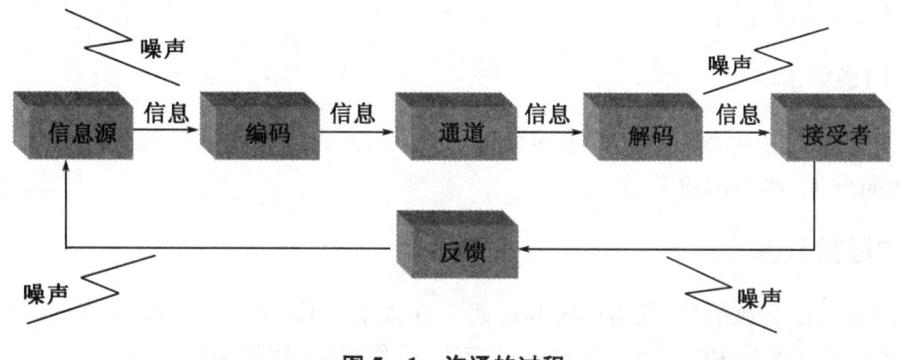

图 5-1 沟通的过程

(一) 输出者

信息的输出者就是信息的来源,他必须充分了解接受者的情况,以选择合适的沟通渠道以利于接受者的理解。要顺利地完成信息的输出,必须对编码(Encoding)和解码(Decoding)两个概念有一个基本的了解。编码是指将想法、认识及感觉转化成信息的过程。解码是指信息的接受者将信息转换为自己的想法或感觉。

在从事编码的过程中,注意以下几个方面有利于提高编码的正确性:

1. 相关性

信息必须与接受者所知道的范围相关联,如此才可能使信息为接受者所了解。所有信息

第五章　团队沟通

必须以一种对接受者有意义或有价值的方式传送出去。

2. 简明性

尽量将信息转变为最简明的形式,因为越是简明的方式,越可能为接受者所了解。

3. 组织性

将信息组织成有条理的若干重点,可以方便接受者了解及避免接受者承担过多的负担。

4. 重复性

主要是在口语的沟通中,重复强调重点有利于接受者的了解和记忆。

5. 集中性

将焦点集中在信息的几个重要层次上,以避免接受者迷失在一堆杂乱无章的信息之中。在口语沟通中,可凭借特别的语调、举止、手势或面部表情来表达这些重点。若以文字沟通方式,则可采用划线或强调语气突出内容的重要性。

(二) 接受者

接受者是指获得信息的人。接受者必须从事信息解码的工作,即将信息转化为其所能了解的想法和感受。这一过程要受到接受者的经验、知识、才能、个人素质以及对信息输出者的期望等因素的影响。

(三) 信息

信息是指在沟通过程中传给接受者(包括口语和非口语)的消息,同样的信息,输出者和接受者可能有着不同的理解,这可能是输出者和接受者的差异造成的,也可能是由于输出者传送了过多的不必要信息。

(四) 沟通渠道

组织的沟通渠道是信息得以传送的载体,可分为正式或非正式的沟通渠道、向下沟通渠道、向上沟通渠道、水平沟通渠道。

三、沟通的作用

通过沟通可以交流信息、获得感情与思想。在人们工作、娱乐、居家、买卖时,或者希望和一些人的关系更加稳固和持久时,都要通过交流、合作、达成协议来达到目的。

总体而言,沟通的主要作用有两个:

1. 传递和获得信息

信息的采集、传送、整理、交换,无一不是沟通的过程。通过沟通,交换有意义、有价值的各种信息,生活中的大小事务才得以开展。

掌握低成本的沟通技巧、了解如何有效地传递信息能够提高个体的办事效率,而积极地获得信息更会提高个体的竞争优势。好的沟通者可以一直保持注意力,随时抓住内容重点,找出所需要的重要信息。他们能更透彻了解信息的内容,拥有最佳的工作效率,并节省时间与精力,获得更高的生产力。

2. 改善人际关系

社会是由人们互相沟通所维持的关系组成的网,人们相互交流是因为需要同周围的社会环境相联系。

沟通与人际关系两者相互促进、相互影响。有效的沟通可以赢得和谐的人际关系,而和谐的人际关系又使沟通更加顺畅。相反,人际关系不良会使沟通难以开展,而不恰当的沟通又会使人际关系变得更坏。

四、团队沟通

(一) 团队沟通的类型

1. 按照信息传递的方向划分,团队沟通可分为下行、上行、平行和斜向沟通,如图5-2所示。

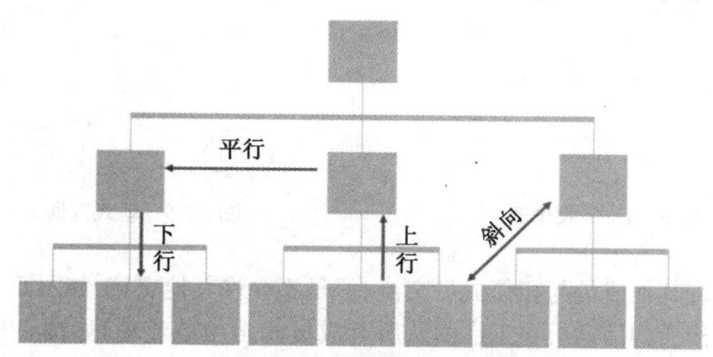

图5-2 团队沟通的方向

(1) 下行沟通。下行沟通是自上而下的信息沟通,比如团队领导把团队战略目标、管理制度、政策、工作命令、有关决定、工作程序及要求等传递给团队成员。下行沟通顺畅可以帮助团队成员明确工作任务、目标及要求,增强其责任感和归属感。

(2) 上行沟通。上行沟通是自下而上的信息沟通,比如团队成员向团队领导反映意见、汇报工作情况、提出建议和要求等。上行沟通是团队管理者了解团队成员意见及想法的重要途径。只有保证上行沟通畅通无阻,团队管理者才能及时了解团队工作进展的真实情况,团队成员的需求、不满和意见,以及团队工作中存在的问题,从而有针对性地做出相应的决策。

(3) 平行沟通。平行沟通是团队内部平行机构之间或同层级人员之间的信息交流,比如团队内部各职能部门之间、车间之间、班组之间、员工之间的信息交流。平行沟道是加强各部门之间的联系了解、协作与团结,减少各部门之间的矛盾和冲突,改善人际关系和群际关系的重要手段。

(4) 斜向沟通。斜向沟通是处于不同层次、没有直接隶属关系的成员之间的沟通,这种沟通方式有利于加速信息的流动并促进理解,并能够为实现团队目标而协调各方面的努力。

2. 按照沟通途径与组织结构关系,团队沟通可以分为正式沟通和非正式沟通两种类型。

(1) 正式沟通。这种沟通的网络一般是垂直的,它遵循于行政指挥系统,并只进行与工作相关的信息沟通。正式沟通可分为链式、轮式、Y式和全通道式等多种形式,主要在正式组织之中进行。

链式沟通:沟通信息按照正式的指挥链流动,既可以上行,也可以下行,如图5-3所示。

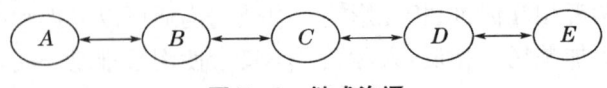

图5-3 链式沟通

Y式沟通:在沟通中,两位领导者通过一个或一个部门进行沟通,如图5-4所示。

轮式沟通:一个管理者与四个下级沟通,而四个下级之间没有相互沟通的现象。在明确认定的强有力的领导者和工作小组或团队其他成员间的沟通,该领导者成为所有沟通信息通过的中心,如图5-5所示。

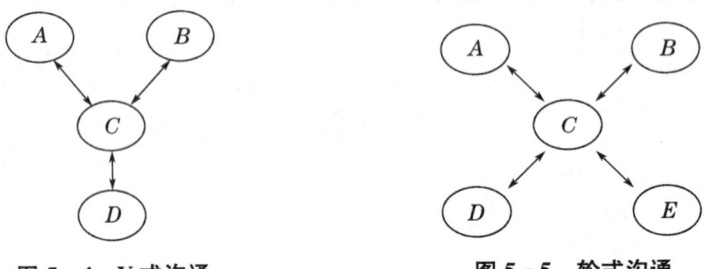

图5-4 Y式沟通　　　　　　　　图5-5 轮式沟通

环式沟通:允许其他成员与相邻成员交流,但是不允许其他交流,如图5-6所示。

全通道沟通:沟通的信息会在工作团队所有成员间自由地流动,如图5-7所示。在团队内部,沟通方式更多的是以全通道式沟通的形式进行的。它允许团队成员相互之间进行积极、平等的交流,成员的满意度也最高。这种沟通方式传播信息的速度快,没有任何结构上的障碍,但同时也极易滋生流言。

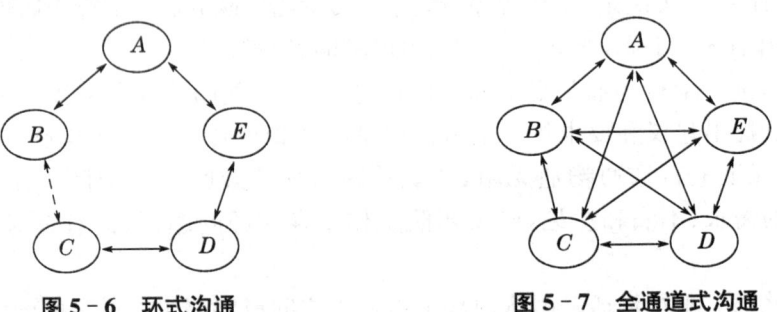

图5-6 环式沟通　　　　　　　　图5-7 全通道式沟通

选择何种沟通网络,取决于沟通的目标。表5-1给出了各种沟通效果的比较效果,包括速度、准确性、领导者的产生和成员满意度四个方面。

表5-1 五种正式沟通比较

评价标准	链式	Y式	轮式	环式	全通道式
集中性	适中	较高	高	低	很低
速度	适中	快	快(简单任务) 慢(复杂任务)	慢	快

(续表)

评价标准	链式	Y式	轮式	环式	全通道式
准确性	高	较高	高(简单任务) 低(复杂任务)	低	适中
领导能力	适中	高	高	低	很低
成员满意度	适中	较低	低	高	很高

（2）非正式沟通。非正式沟通是在正式沟通以外，信息的自由传递和交流，这类沟通主要是通过个人之间的接触进行，不受团队监督，由团队成员自行选择沟通途径，比较灵活方便。团队成员之间的人情交流、生日聚会；团队组织的文娱活动、走访、议论某人某事、传播小道消息等都属于非正式沟通。非正式沟通往往能表露出团队成员的真实想法和动机，还能提供团队没有预料的或难以获得的信息。

3. 按照是否进行反馈，团队沟通可分为单向沟通和双向沟通。

（1）单向沟通。单向沟通是指发送者和接受这两者之间的地位不变（单向传递），一方只发送信息，另一方只接收信息。

单向沟通的速度快，信息发送者的压力小。但是接收者没有反馈意见的机会，不能产生平等和参与感，不利于增加接收者的自信心和责任心，不利于建立双方的感情。同时，单向沟通中由于信息接收者被当成一个简单被动的信息接收器，故其积极性难以调动起来。

（2）双向沟通。与单向沟通相对，双向沟通是指信息的发送者和接收者的位置不断变换，信息可以在发送者和接收者之间互相传播的沟通类型。

双向沟通的优点是沟通信息准确性较高，接受者有反馈意见的机会，产生平等感和参与感，增加自信心和责任心，有助于建立双方的感情。双向沟通的缺点是容易受到干扰；对信息发送者的要求较高，其承受的心理压力较大；信息传递的速度也较慢。

表5-2 单向沟通和双向沟通的比较

因素	结果
时间	双向沟通比单向沟通需要更多的时间
信息和理解的准确程度	在双向沟通中，接受者理解信息和发送信息者意图的准确程度大大提高
接受者和发送者置信程度	在双向沟通中，接受者和发送者都比较相信自己对信息的理解
满意	在双向沟通中，接受者和发送者都比较满意单向沟通
噪音	由于与问题无关的信息较易进入沟通过程，双向沟通的噪音比单向沟通要大得多。

小游戏

*游戏1

组成一个8人小组，任选一个人拿图5-8，余7人每人拿一支笔和一张纸。拿图的人不能让别人看到这张图，并由他指导其他7人画这张图。他只许用语言表达，不能做手势或画任何符号，组中7人按他表达的意思绘画，但不得发问，也不能相互交谈或参看别人画的图,然后把图收起来。

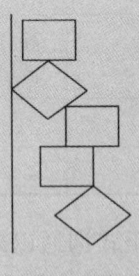

图5-8

看看有多少人全画对了?

* 游戏2

换一张图(图5-9)规则稍做修改,这次组员可以向他提问相关问题,指导者可以回答提问,但组员仍然不准相互交谈或看别人画的图。

看看有多少人全画对了?

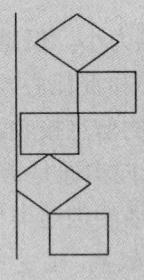

图5-9

显然,在上述游戏中,游戏1采取的是单向沟通,游戏2采取的是双向沟通。从游戏结果可以看出,双向沟通效果优于单向沟通。同时还可发现,相对画对的少。在双向沟通中,也有类似情况。由此可见,每个人的沟通技能确实存在着差异。

(二)团队沟通的通道

沟通通道是个体在沟通时所采用的渠道和媒介。

1. 口头沟通

口头沟通是借助于口头语言实现的信息交流,是日常生活中最常采用的沟通形式。主要包括:口头汇报、讨论、会谈、演讲、电话联系等。口头沟通的优点是具有亲切感,可以用表情、语调增加沟通的效果,可以马上获得对方的反应,具有双向沟通的好处。其缺点是具有时效性,传递过程中经过层次越多,信息失真就可能越严重,核实起来就非常困难。

2. 书面沟通

书面沟通是以文字为媒体的信息传递,形式主要包括文件、报告、信件、书面合同等。书面沟通是一种比较经济的沟通方式,沟通的时间一般不长,沟通成本也比较低。这种沟通方式一般不受场地的限制,因此被广泛采用,一般在解决较简单的问题或发布信息时采用。

书面沟通的优点在于持久、有形、可以核实,相较口头沟通更为谨密、逻辑性强、条理清楚;其缺点在于耗时、形式单调、缺乏反馈。

3. 非语言沟通

非语言沟通是使用除语言符号以外的各种符号系统,包括形体语言、副语言、空间利用以及沟通环境等。在沟通中,信息的内容部分往往通过语言来表达,而非语言则作为提供解释内容的框架,来表达信息的相关部分。因此,非语言沟通常被错误地认为是辅助性或支持性的角色。一般来说,非语言沟通具有以下三种方式:

(1) 标记语言。如聋哑人的手语、旗语,交通警的指挥手势,裁判的手势,以及人们惯用的一些表意手势,如"OK"和胜利的"V"等。基督教的十字,伊斯兰教的新月,美元的 $ 符号以及许多现代企业的标识。

(2) 动作语言。例如,饭桌上的吃相能反映出一个人的修养;一位顾客在排队,他不停地把口袋里的硬币弄得叮当响,这清楚地表明他很着急。在柜台前,拿起又放下,显示出她拿不定主意。

(3) 物体语言。总把办公物品摆放很整齐的人,能看出他是个干净利落,讲效率的人;穿衣追求质地,不跟时尚跑,这样的人一定有品位有档次。

4. 电子媒介沟通

电子媒介沟通又称 E-沟通,是以计算机技术与电子通信技术组合而产生的信息交流技术为基础的沟通。它是随着电子信息技术的兴起而新发展起来的一种沟通形式,包括传真、闭路电视、计算机网络、电子邮件等。

电子媒介沟通除了具备书面沟通的某些优点外,还具有传递快捷、信息容量大、成本低和效率高等优点。一份信函要从国内寄往国外,恐怕要数天才能到达收信者的手中,而通过电子邮件或传真,可即时收到。其缺点是在网络上的某些交流中,有时会搞不清对方的真实身份。

不同的沟通方式的比较如表 5-3 所示。

表 5-3 团队沟通通道比较

沟通方式	举例	优点	缺点
口头沟通	交谈、讲座、讨论会	快速传递、快速反馈、信息量很大	传递中经过的层次越多,信息失真越严重,核实越困难
书面沟通	报告、备忘录、信件、文件、内部刊物、布告	持久、有形、可以核实	效率低、缺乏反馈
非语言沟通	声/光信号、体态、语调	内容明确、含义丰富、灵活	传递距离有限、界限模糊
电子媒介沟通	电话、传真、电视、计算机网络、电子邮件	快速传递、信息量大、多人同时传递、廉价	信息交流对技术、网络依赖较强

第二节 团队沟通的方法

本节案例 问题提出

有效沟通促成强大执行力

两头牛在一起吃草,青牛问黑牛:"喂!你的草是什么味道?"

黑牛道:"草莓味!"

青牛靠过来吃了一口,愤怒地喊道:"你骗我!"

黑牛轻蔑地看他一眼,回道:"我没有骗你,我是说草没味。"

这个故事告诉我们:团队合作、管理过程中,能否有效沟通、掌握有效沟通渠道是凝聚竞争力,强化执行力,提升业绩的关键。

好的沟通是成功的一半,好的理解,才会有好的执行。通过沟通,可以在执行中分清轻重缓急,工作才会有条不紊。但事实上,团队领导对下属的指令,常常被下属们理解不正确,没有按照要求得到应有的执行,有的甚至是直接把执行之车开到了不同方向的岔道。

那么究竟是团队领导没有讲清楚,还是下属们不执行?这些可能出现的原因,都表示我们的沟通出了问题。

团队管理者到底应该怎样和团队成员进行沟通呢?

沟通管理中有个"沟通漏斗"原理:团队领导最初想表达的是100%;与团队成员沟通的时候却只能讲出80%;因为场所干扰、分神等各种原因,对方听到的最多只是60%;能听懂的部分只有40%;真到执行时就只剩下20%了。

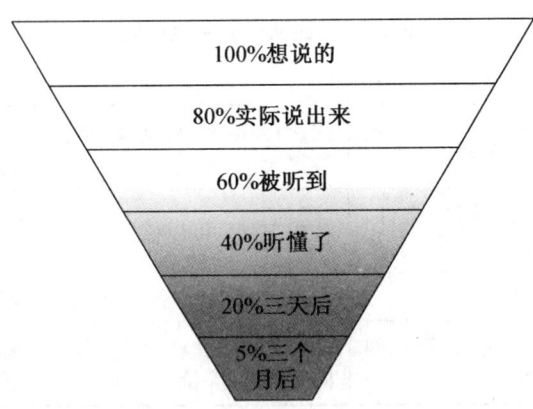

资料来源:搜狐网站,http://www.sohu.com/a/190525521_206575,2017-9-7。

请分析:当团队领导的指令就像手中所握的沙子般漏出的时候,最后的执行能到位吗?怎样才能解决这个问题呢?

一、团队沟通的原则

美国著名的公共关系专家特立普、森特在他们合著的被誉为"公关圣经"的著作《有效的公

共关系》中提出了有效沟通的"7C 原则":

1. Credibility:可信赖性,即建立对传播者的信赖。

2. Context:一致性(即情境架构),沟通须与环境(物质的、社会的、心理的、时间的环境等)相协调。

3. Content:内容的可接受性,沟通内容须与受众有关,必须能引起他们的兴趣,满足他们的需要。

4. Clarity:表达的明确性,信息的组织形式应该简洁明了,易于公众接受。

5. Channels:渠道的多样性,应该有针对性地运用传播媒介以达到向目标公众传播信息的作用。

6. Continuity and consistency:持续性与连贯性,这就说,沟通是一个没有终点的过程,要达到渗透的目的,必须对信息进行重复,但又须在重复中不断补充新的内容,这一过程应该持续地坚持下去。

7. Capability of audience:受众能力的差异性,这是说沟通必须考虑沟通对象能力的差异(包括注意能力、理解能力、接受能力和行为能力),采取不同方法实施传播才能使传播易为受众理解和接受。

二、团队沟通的方法

(一) 会议沟通

会议沟通,是一种成本较高的沟通方式,沟通的时间一般比较长,常用于解决较重大、较复杂的问题。

以下几种情境宜采用会议沟通的方式进行:

(1) 需要统一思想或行动时(如项目建设思路的讨论、项目计划的讨论等);

(2) 需要当事人清楚、认可和接受时(如项目考核制度发布前的讨论、项目考勤制度发布前的讨论等);

(3) 传达重要信息时(如项目里程碑总结活动、项目总结活动等);

(4) 澄清一些谣传信息,而这些谣传信息将对团队产生较大影响时;

(5) 讨论复杂问题的解决方案时(如针对复杂的技术问题;讨论已收集到的解决方案等)。

你在会议中是否具有以下行为?

你的会议表现:是　否

(1) 总是在会议开始前三天就已经安排了会议的日程并将会议议程通知给每位与会者;

(2) 当与会者询问议程安排时总是回答:还没有定呢,等通知吧;

(3) 对于会议将要进行的每个议程都胸有成竹;

(4) 会议开始前半个小时还在为某个议程犹豫不决;

(5) 提前将每一个会议任务安排给相关的工作人员落实,并在会议前确认;

(6) 临到会议前却发现还有一些设备没有安排好;

(7) 预先拟订参与会议的人员名单,并在开会两天前确认关键人物是否出席;

(8) 自己也忘记了邀请哪些人出席会议,会议开始前才发现忘记了邀请主管领导参加会议;

(9) 会议时间安排恰当,能够完成所有的议题;

(10) 会议总是有一些跑题;

(11) 会议布置恰当,与会者觉得舒适又便于沟通;

(12) 会议室拥挤不堪,大家盼望早点结束会议。

以上12个问题,你如果选择了题目中题号为单数的行为表现,请给自己加一分;如果选择了题目中题号为双数的行为表现,请给自己减一分。

最后看看自己的最后得分!

3~6分:你的会议沟通技巧还是值得称道的。

0~3分:你的会议沟通技巧也不错,不过需要改进。

低于0分:你的会议沟通技巧真不怎样,赶快努力!

(二) 开放式讨论

开放式讨论是采用有主题的无领导小组讨论形式,通过讨论汇集各种思想,使团队成员对主题的研究通过"头脑风暴"法获得提升。这种无领导小组的开放式讨论由团队成员临时或定期举行,并不指定谁是负责人,目的就在于针对主题进行多角度的自由讨论。这种方式不仅能够交流信息,也可以实现信息的互补;不仅能够提高面对问题、解决问题的能力,实现团队目标,还能够观察团队成员的组织协调能力、口头表达能力、辩论说服能力、自信程度、进取心、情绪稳定性、反应灵活性等个性特点,同时还能促进团队形成良好的团体气氛,提高团队成员人际关系的和谐度。

(三) 个别交谈

团队成员间的个别交谈既是彼此关心、建设感情的渠道,也是探讨和研究问题的重要方式。个别交谈可以是团队管理者(领导者)用正式或非正式的形式,在团队内外,同成员进行个别交谈,征询谈话对象对团队中现有问题和缺陷的看法,或对包括团队管理者在内的其他团队成员的意见;也可以是团队成员之间的正式或非正式的沟通交流。个别交谈的沟通形式大部分都是建立在相互信任的基础上,无拘无束,双方都感到亲切。这对团队统一思想、认清目标、体会各自的重任和义务都有很大的好处。在这种情况下,团队成员往往愿意表露真实思想,提出不便在会议场所提出的问题,从而使团队管理者能掌握团队成员的思想动态,在认识、见解、信心等方面容易取得一致。

(四) 网络沟通

网络沟通是通过基于信息技术(IT)的计算机网络来实现信息沟通活动,是一种通过虚拟的方式和单人或多人的沟通方式。主要有以下几种形式:

1. 电子邮件

电子邮件(electronic mail,简称 E-mail,标志:@,也被大家昵称为"伊妹儿")又称电子信箱,它是一种用电子手段提供信息交换的通信方式。是 Internet 应用最广的服务:通过网络的电子邮件系统,用户可以用非常低廉的价格(不管发送到哪里,都只需负担电话费和网费即可),以非常快速的方式(几秒钟之内可以发送到世界上任何你指定的目的地),与世界上任何一个角落的网络用户联系,这些电子邮件可以是文字、图像、声音等各种方式。同时,用户可以得到大量免费的新闻、专题邮件,并实现轻松的信息搜索。

这是任何传统的方式也无法相比的。正是由于电子邮件的使用简易、投递迅速、收费低廉，易于保存、全球畅通无阻，使得电子邮件被广泛地应用，它使人们的交流方式得到了极大的改变。另外，电子邮件还可以进行一对多的邮件传递，同一邮件可以一次发送给许多人。最重要的是，电子邮件是整个网间网以至所有其他网络系统中直接面向人与人之间信息交流的系统，它的数据发送方和接收方都是人，所以极大地满足了大量存在的人与人通信的需求。

2. 网络电话

网络电话（IP；Internet Phone）按照信息产业部新的《电信业务分类目录》，实现PCTOPHONE，具有真正意义的IP电话。系统软件运用独特的编程技术，具有强大的IP寻址功能，可穿透一切私网和层层防火墙。无论您是在公司的局域网内，还是在学校或网吧的防火墙背后，均可使用网络电话，实现电脑—电脑的自如交流，无论身处何地，双方通话时完全免费；也可通过您的电脑拨打全国的固定电话、小灵通和手机，和平时打电话完全一样，输入对方区号和电话号码即可，享受IP电话的最低资费标准。其语音清晰、流畅程度完全超越现有IP电话。通信技术在进步，我们已经实现了固定电话拨打网络电话。你通话的对方电脑上已安装的在线uni电话客户端振铃声响，对方摘机，此时通话建立。

3. 网络传真

网络传真（Internet Facsimile）也称电子传真，英文称作e-fax，是传统电信线路（PSTN）与软交换技术（NGN）的融合，无须购买任何硬件（传真机、耗材）及软件的高科技传真通信产品。

网络传真是基于PSTN（电话交换网）和互联网络的传真存储转发，也称电子传真。它整合了电话网、智能网和互联网技术。原理是通过互联网将文件传送到传真服务器上，由服务器转换成传真机接收的通用图形格式后，再通过PSTN发送到全球各地的普通传真机或任何的电子传真号码上。

4. 网络新闻发布

网络新闻是突破传统的新闻传播概念，在视、听、感方面给受众全新的体验。它将无序化的新闻进行有序的整合，并且大大压缩了信息的厚度，让人们在最短的时间内获得最有效的新闻信息。网络新闻的发布可省去平面媒体的印刷、出版，电子媒体的信号传输、采集声音图像等。

5. 即时通信

即时通信（IM）是指能够即时发送和接收互联网消息等的业务。自1996年面世以来，特别是近几年的迅速发展，即时通信的功能日益丰富，逐渐集成了电子邮件、博客、音乐、电视、游戏和搜索等多种功能。即时通信不再是一个单纯的聊天工具，它已经发展成集交流、资讯、娱乐、搜索、电子商务、办公协作和企业客户服务等为一体的综合化信息平台。

三、团队沟通的障碍及解决方法

沟通障碍，是指信息在传递和交换过程中，由于信息意图受到干扰或误解，而导致沟通失真的现象。在人们沟通信息的过程中，常常会受到各种因素的影响和干扰，使沟通受到阻碍。

（一）团队沟通的障碍

在团队的信息沟通过程中，沟通障碍主要来自三个方面：信息发送者的障碍、信息接收者的障碍和信息传播通道的障碍。

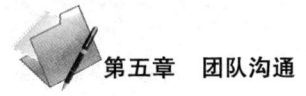

第五章　团队沟通

1. 信息发送者的障碍

在沟通过程中，信息发送者的情绪、倾向、个人感受、表达能力、判断力、人格影响力等都会影响信息的完整传递。障碍主要表现在：

（1）信息传达的方式不佳。发送者如果口齿不清、词不达意或者字体模糊，就难以把信息完整、准确地表达出来；如果使用方言、土语，可能会使接受者无法理解。在不同国籍、不同民族人员之间的交流中这种障碍更明显。

（2）信息传送不全。发送者有时人为缩简信息，使信息变得模糊不全。

（3）信息传递不及时或不适时。信息传递过早或过晚，都会影响沟通效果。

（4）知识、经验的差异。信息发送者和接受者如果在知识和经验方面水平悬殊，发送者认为沟通的内容很简单，不考虑对方，仅按照自己的知识和经验范围进行编码，而接受者却难以理解，从而影响沟通效果。

（5）对信息的过滤。过滤是故意操纵信息，使信息显得对接受者更有利。过滤的程度与团队结构层次和团队文化有关。团队纵向管理层次越多，过滤的机会也就越多。现实生活中的"报喜不报忧"现象就是典型的信息过滤行为。

2. 信息接收者的障碍

从信息接收者的角度看，影响信息沟通的因素主要有以下几个方面：

（1）信息译码不准确。接受者如果对发送者的编码不熟悉，就有可能误解信息，甚至得到相反的理解。

（2）对信息的筛选。受主观性的影响，接收者在接收信息时，会根据自己的知识和经验去理解，按照自己的需要对信息进行选择，从而可能会使许多信息内容丢失，造成信息的不完整甚至失真。

（3）对信息的承受能力。每个人在单位时间内接受和处理信息的能力不同，对于承受能力较低的人来讲，如果信息过量，难以全部接受，就会造成信息的丢失甚至产生误解。

（4）心理上的障碍。接受者如果对发送者不信任，敌视或冷淡、厌烦，或者心理紧张、恐惧，就会歪曲或拒绝接受信息。

（5）过早地评价。在尚未完整地接受一项信息之前就对信息做出评价，将有碍于对信息所包含的完整意义的接受。过于匆忙地做出评价，就会使接受者只能听到其所希望听到的那部分内容，而导致部分信息缺失或理解错误。

（6）情绪。在接收信息时，接受者的情绪会影响其对信息的理解。不同的情绪感受会使个体对同一信息的解释截然不同。狂喜或悲伤等极端情绪体验都可能阻碍信息沟通，因为在这种情况下人们会因出现意识狭隘的现象而不能进行客观、理性的思维活动，而代之以情绪性的判断。因此，应尽量避免在接受者情绪不稳或双方都很激动的时候进行沟通。

3. 信息沟通渠道的障碍

沟通渠道若出现问题也会影响到沟通的效果，沟通渠道障碍主要有以下几个方面：

（1）选择沟通媒介不当。比如对于重要事情而言，口头传达的效果较差，因为接受者会认为"口说无凭"或是"随便说说"而不加重视。

（2）几种媒介相互冲突。当信息同时用几种形式进行传送时，如果相互之间不协调，会使接受者难以理解传递的信息内容。比如领导者在表扬下属时面部表情很严肃甚至皱着眉头，就会让下属感到迷惑。

（3）沟通渠道过长。如果团队机构庞大，内部层次多，则信息从最高层传递到最低层，或从低层汇总情况到最高层时，中间环节太多，容易造成较大的信息损失。

（4）外部干扰。信息沟通过程中经常会受到自然界各种物理噪声、机器故障等影响或被其他事物所干扰，影响沟通效果。而且双方距离越远干扰就会越多，沟通就越不便。

（二）团队沟通障碍的解决方法

1. 建立团队沟通制度

要将团队沟通当作一项长期性工作，最好能够建立种团队沟通制度，以确保团队成员之间能及时沟通。具体内容包括：遵循沟通内容的真实性、及时性原则，根据沟通对象确定不同的沟通方式，如面谈、会议、书面或网络沟通，还可以采用意见箱、公告栏等方式，并完善沟通反馈制度。同时，在沟通各环节中须做好沟通记录，凡有回复意见的，双方应明确反馈时限，担负反馈责任的一方须在时限内尽快给予回复等。此外，应使团队内部沟通制度的执行情况直接与绩效考核挂钩。

下面是 A 公司制定的团队沟通制度。

团队沟通制度

第一章　总则

为了公司团队成员之间能够有效地进行沟通，促进团队工作的顺利进行，特制定本制度。

第二章　沟通方式

第一条　沟通是指团队成员之间进行工作的沟通。

第二条　沟通可以通过召集会议、发送电子邮件以及书面、口头沟通等方式进行。

第三章　团队联络员

第一条　每一个团队都要明确的团队联络员。

第二条　在工作正式开始前，团队联络员要向团队成员公布团队工作计划，以方便团队成员协助工作。

第三条　如果团队联络员出差，团队领导要指定"临时联络员"，并将名单公布。

第四章　召集会议

第一条　由团队联络员发起召集会议，至少在会议前一天公布正式的会议通知。

第二条　由团队联络员协助团队领导进行会议的筹备工作。

第三条　团队联络员负责记录团队联络通知单。

第四条　会议要有明确的议题，会议结束后要对议题有明确的结论。

第五条　对于重要议题的结论，需全体与人员签字。

第六条　团队联络员通知单要向相关人员公布。

第五章　冲突处理

当沟通无法达成一致时，团队联络员要及时向团队领导讲明情况，以请示协助解决。

第六章　附则

第一条　本制度由团队发展部负责解释。

第二条　本制度自公布之日起实施。

第五章 团队沟通

A公司团队联络员的岗位描述表(如表5-4所示)和团队联络通知单(如表5-5所示)。

表5-4 团队联络员岗位描述

岗位名称	团队联络员
直接上级	销售部经理
本职工作	负责与团队联络的工作
工作责任	1. 保证及时准确地与团队联络 2. 了解并掌握团队客户的需求,整理成客户资料,转交给销售员 3. 协助销售员与团队客户进行谈判 4. 按照程序,完成接团工作 5. 配合相关的业务部门,为团队客户提供相关服务 6. 将团队客户的意见整理成书面材料,上报销售部经理 7. 团队离开后,对团队进行跟踪访问,并提出团队访问报告,上报销售部经理 8. 每月提出一份工作总结,上报销售部经理 9. 熟悉本岗位工作,努力学习相关知识
工作范围	销售部及外出联络

表5-5 团队联络员通知单

文件编号:_____	归档日期:____年___月___日
执行人:(团队联络员签字)_____	收到日期:____年___月___日
团队名称:_____	

团队主要议程:
1.
2.
3.

2. 改善信息发送者沟通效果的方法

(1) 勇于开口,寻求自我突破。很多时候,人际沟通需要团队主动寻求出路、构建沟通条件、实现自我突破,才能建设新的人际关系网、新的未来。

(2) 改善沟通态度。信息沟通不仅仅是信息符号的传递,它包含着更多的情感因素,因此,在沟通过程中,双方采取的态度对于沟通效果有很大的影响。只有双方坦诚相待,才能消除彼此间的隔阂,从而求得彼此的合作。另外,在信息沟通过程中还要以积极、开放的心态对待沟通,要愿意并且有勇气用恰当的方法展示自己的真实想法。如果在沟通过程中顾虑重重,则会导致很多误解。

(3) 注意选择合适的时机。由于所处的环境、气氛会影响信息传递的效果,因此,沟通要选择合适的时机。对于重要的信息,应在办公室等正规的地方进行交谈,使双方能够集中注意力,从而提高沟通效率;而对于思想或感情方面的沟通,则更适宜在轻松、独处的场合下进行,以创造更好的沟通氛围。

(4) 提高自己的表达能力,特别是语言表达能力。语言是信息的载体,是提高沟通效率要解决的首要问题。掌握语言表达艺术的前提是通过学习和训练,使自己在语言的运用上达到熟练自如、得心应手的水平。同时,在沟通中还要与沟通对象、沟通环境、沟通内容结合起来考虑怎么使用语言。也就是说,无论是采用口头交谈还是书面交流的形式,都要力求准确地表达自己的意思。同时,还要了解彼此的接受能力。

根据对方的具体情况来确定自己表达的方式和用语等;选择正确的词汇、语调、标点符号;注意逻辑性和条理性,对重要的地方要加上强调性的说明;借助体态语言来表达完整的思想和感情沟通,加深双方的理解。

(5) 注重双向沟通。由于信息接收者容易从自己的角度来理解信息而导致误解,因此,信息发送者要注意反馈,提倡双向沟通,要善于体察别人,鼓励他人不清楚就问,注意倾听反馈意见,及时纠正偏差。

(6) 积极劝说。在沟通过程中,不仅要晓之以理、动之以情,必要时还要诱之以利。为了使对方接收信息,并按照自己发送信息的意图行动,信息发送者常常要进行必要的积极劝说,从而达到沟通目的。

3. 改善信息接收者沟通效果的方法

有时候人们往往更注重说、写能力的培养,而忽视了听的能力的训练和培养。事实上,没有听就很难接收到有用的信息,而倾听则区别于一般的听,它是种通过积极的听来完整地获取信息的方法。主要包括注意听、听清内容、理解含义、记忆要点和反馈五层内容。

(1) 注意听。要听得投入,全神贯注地听,不仅要用耳朵去听,还要用整个身心去听对方说话。比如要保持与说话者的目光接触,身体微前倾,以信任、接纳、尊重的目光让说话者把要说的意思表达清楚。同时,要注意控制自己的情绪,克服心理定式,保持耐心,尽可能站在说话者的角度,顺着其思路去听。另外,自己不要多说,尽量避免中间打断别人的讲话。

(2) 听清内容。要完整地接收信息,听清全部内容,不要听到一半就心不在焉,更不能匆忙下结论。同时,要营造一种轻松、安静的气氛,排除谈话时的各种噪声干扰,使得听者能清楚地接收到信息的全部内容。

(3) 理解含义。理解信息并能听出对方的感情色彩,这样才能完全领会说话者的真正含义。同时,要准确地综合和评价所接受的信息,对一些关键点要及时加以回顾,通过重复要点或提一些问题来强化和证实所接受和理解的信息;对一些疑问和不清楚的问题,也要在适当的时候向对方提问,以保证信息的准确理解。另外,为了能准确把握信息的含义,还可以借助一些辅助材料,如报告、提纲、小册子或讲义等来帮助理解。

(4) 记忆要点。在理解对方的基础上,还要记住发送者所传递的信息,可以通过将对方的话用自己的语言来重新表达,或者通过记住其所说的典型事例,以及对信息加以分类和整理的方法,增进有效记忆。另外,必要时可以在听的过程中做些笔记,以便于事后回忆和查阅。

(5) 反馈。给予说话人适当的反馈,可以使谈话更加深入和顺利。比如在听的时候,用点头、微笑、手势等体态语言对说话人做出积极反应,让对方感觉到你愿意听他说话,以及通过提一些说话人感兴趣的话题,可以加深双方的感情交流,并使谈话进行得更加深入。

4. 采用恰当的沟通方式

选用恰当的沟通方式对增强团队沟通的有效性也十分重要,因为团队沟通的内容千差万别,针对不同的沟通需要,应该采取不同的沟通方式。从沟通的速度方面考虑,利用口头和非正式的沟通方式,就比书面的或正式的沟通速度快。从反馈性能来看,面对面交谈可以获得立即的反应,而书面沟通则有时得不到反馈。从可控性来看,在公开场合宣布某一消息,对于其沟通范围及接受对象难以控制;反之,选择少数可以信赖的人,利用口头传达的方式则能有效地控制信息的传播。从接受效果来看,同样的信息,可能由于渠道的不同,被接受的效果也不同。以正式书面通知,可能使接受者十分重视;反之,在社交场合所提出的意见,则可能会被对方认为讲过就算了,而并不加以重视。因此,要根据沟通对象、内容和渠道的不同,采用不同的沟通方式,这样沟通效果才会更好。

第三节 团队沟通的技巧

本节案例 问题提出

知名企业团队沟通的技巧

假设你是一家创业公司早期团队的成员,每天要工作 12～14 个小时,一个人干着三个人的活,那么在跟同事交流工作时,你希望听到哪种问题?

(1) 你这周能完成这项工作吗?

(2) 要这周完成这项工作的话,你需要哪些资源?

第一个是封闭性问题。答案是"能"或"不能",并不关心个人付出或是想法。你也知道自己要么回答正确,要么回答错误,这样的对话可能让你莫名地紧张、反感,甚至产生防御心。

而第二个问题属于开放式问题,散发的是浓浓的关心和支持感。它期待的不是一个简短的回答,而是想要了解更多有价值的信息。当然,你还是会默默地把活给干了,但你感觉自己受到了同事的尊重和肯定。

"害怕让别人失望"是创业公司的通病,他们害怕资金用光,害怕做出错误的决定或是招进来不合适的人。常年累积,这种焦虑感改变了他们的沟通方式。他们的话语变得简短生硬,他们的语气变得苛求严肃,他们的谈话内容变得直戳要害。这样简单粗暴的对话方式最终使得其创业大计功亏一篑。当人们被恐惧所牵引,就会问封闭式的问题,而获得的也只能是封闭的敷衍的答案。

因此,语言对行为结果的影响力极大。恰当使用语言,会给事情带来转机,而滥用语言,也许会带来破坏性的打击。或许你不认为自己平时的语言带有"暴力"因子,但用词不当可能会给职场造成不良的影响。

职场中需要"非暴力沟通","非暴力沟通"又称"富有同理心的沟通",其目的是强化给予和关怀的力量。如果运用得当,将会取代那些低效俗套的模式,形成新的沟通方式。"非暴力沟通"主要有四个要素值得关切:

(1) 观察:看看当前发生了什么,别人都在说什么? 在做什么? 从客观的角度,把这些场景统统记录下来,不带任何主观评判和感情色彩,譬如"我听到你问我……"或者"我看你想要……"

(2) 情感分析:仔细判断自己的身体状况,并用形容词描述你的感官体验。疼痛? 害怕? 愉快? 愤怒? 选择与自己最直接相关的几个词,而不是影射他人的描述。因为当自身的感受被忽略、被压抑时,说明他人的行为阻碍了你们的相互理解。因此,慎重选择,譬如"我感觉非常疲惫,因为……""当时,它让我觉得……"

(3) 需求：根据已经识别出的情感，列出相对应的需求。思考"到底缺了哪一种，让生活这么不幸福"。是空间、感恩、平衡、支持、接纳、安全感、还是归属感？在行动前，先搞清楚自己最需要的，譬如"因为我很重视幸福感，所以我需要……"

(4) 要求：要求和需求看似相同，实则不同。"需求"是缺少的东西，而"要求"通过某一种手段获得缺失的"需求"。通常情况下，你会从别人身上寻找，来丰富自己的生活、工作、体验。相应的，你必须考虑他人的感受和需求。而最好的办法就是换位思考，即从自己的角度体察别人的情感诉求，譬如"我在想你能不能……"或"你是否愿意帮帮我去……"

资料来源：搜狐网站，https://www.sohu.com/a/152073149_210944，2017-6-26。

请分析： 为何非暴力沟通能促进团队成员之间的沟通？清晰的、富有建设性的团队沟通机制是如何使组织获得成功的？

建立团队沟通制度是进行团队沟通的一种有效方法，除此之外，在进行团队沟通时掌握一定的团队沟通技巧也是必不可少的。下面将从听、看、说三方面来介绍团队沟通中需要掌握的技巧。

一、听——有效倾听

（一）有效倾听的定义

有效倾听可以定义为：在对话中，把感观、感情和智力的输入综合起来，寻求其含义和理解的智力和感情过程。换成通俗的讲法，"听着"的不仅是耳朵，还应有眼睛、脑和心。

美国心理学专家马修·麦凯（Mathew Mckay）、玛莎·戴维斯（Martha Davis）和帕特里克·范宁（Patrick Fanning）认为，真正的倾听以下四个意图为基础：

(1) 理解某人；
(2) 欣赏某人；
(3) 学习某些东西；
(4) 给予帮助或安慰。

（二）有效倾听的技巧

1. 与对方目光交流

说话者在说话的同时也在观察听者的眼睛，判断听者是否在倾听。沟通是在接受者内心深处进行的，如果我们尊重对方，真正用心在听，就要看着对方。

2. 恰当的反应

积极的倾听者会对所听到的信息表现出兴趣。赞许性地点头、恰当的面部表情与积极的目光接触相配合，向说话人表明你是在认真倾听。

3. 避免分心的手势和姿态

在倾听时不要有下列举动：看表、搂后脑勺、心不在焉地翻阅文件、拿着笔乱写乱画或身体背对着对方等，这会使说话者感觉到你很厌烦或不感兴趣。更重要的是，这也表明你并未集中精力，因而很可能会遗漏一些说话者想传递的信息。

4. 适当的提问

批判性的倾听者会分析自己所听到的内容，并提出问题。这一行动保证了理解的准确性，

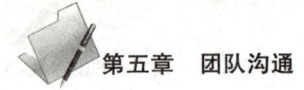

5. 复述

积极的倾听者常常使用这样的语句:"我听您说的是……"或"您是否是这个意思?"复述是检查你是否在认真倾听的最佳手段。同时,复述也在检验自己理解的准确性。

6. 请勿打断说话者

在你做出反应之前先让说话者讲完自己的想法,不要急于表达自己的观点;否则,你可能会遗漏重要的信息。

7. 耐心倾听

大多数人乐于畅谈自己的想法而不是聆听他人所说。很多人之所以倾听,仅仅因为这是能让别人听自己说话的必要付出。一个好的听众应该是一个耐心的倾听者,好的倾听者能够听到对方未说出口的话。

8. 使听者与说者的角色顺利转换

对于在课堂上听讲的学生来讲,可能比较容易形成一个有效的倾听模式。因为此时的沟通完全是单向的,教师在说而学生在听。但这种教师和学生的固定角色并不典型。在大多数团队活动中,听者与说者的角色在不断地转换。积极的倾听者能够使从说者到听者以及从听者再回到说者的角色转换十分流畅。从倾听的角度而言,这意味着全神贯注于说者所要表达的内容,即使有机会也不去想自己接下来要说的话。

【小看板】

芝加哥的一家百货公司就曾经差点失去一位常客:这名顾客基本上每年都要在那里消费好几千美元,有次却因为一名店员不懂得做个倾听者,从而得罪了顾客。这位顾客曾在特价的时候买过一件外套。回家之后,她发现内衬里有小块破损,于是把衣服拿回去准备换一件,但是店员不同意换,她甚至不愿意听顾客解释。

"你是在特价的时候买的,"她指着墙上的指示牌说,"瞧,'概不退换',一旦你买下了,你就得认了。自己把破损处补补吧。""但是这件衣服是件残次品。"顾客解释道,"这没什么差别,"店员打断了她的话,"卖出去了就是卖出去了。"听到这话,顾客气冲冲地想要离开,发誓再也不到这家商店购物。这时,商店经理拦住了她。经理认真地听顾客把经过讲完,之间没有插一句嘴,然后说:"特价商品都是剩下的尾货,所以我们一般都会在季末打折出售它们。但是'概不退换'原则是不适用于特价商品的。我们当然会为您修补,或是为您加个内衬。如果您坚持退货的话,我们还可以把钱退给您。"

看看,这是两种多么鲜明的对比啊!如果这位经理没有走过来,倾听顾客的投诉,那么就会永远失去一位长期的主顾。

(三) 有效倾听的注意点

有效倾听者应注意做到如下几点:

1. 专注

一位好的倾听者能够专心、认真地投入谈话过程。在交谈过程中,倾听者不时做出一些反应是保持专注的一种方法。例如,不时短暂注视一下对方的眼睛,不时做出特定的言语反应,如"嗯""是的",有时插入简短的评语等。这些言语和行为的反应有助于保持自己的注意力并让对方察觉自己在专注地倾听。如果倾听者缺乏专注,无法紧跟谈话轨迹,就会漏听信息,或者无法真正理解话语的含义。如果说话人发现倾听者没有专注地听,就会失去说话的兴趣。不专注的倾听方式还会给人留下"不尊重说话人"的消极印象。

2. 主动

主动倾听主要体现在倾听过程中复述讲话者的话,澄清讲话者的意思,向讲话者反馈自己的想法和感受。

复述是对刚刚听到的重要的话用自己的话复述一遍。例如,倾听者可以这样复述:"您刚才说到事情是这样的……你的意思是……吗?"复述让讲话者有机会核对和纠正倾听者可能的误解,也有助于牢记对方的意思。

澄清是通过询问真正弄明白讲话者说的意思。讲话者可能只说了一半,或者没有提及细节或背景,或者说得太抽象、太模糊,这时通过不断询问就可以获得更多的信息,直到真正明了事情的前因后果。

反馈是倾听者在理解了对方的信息后说出自己的想法和感受,可以促进双方相互理解。在反馈时要做到及时、诚实和温和。在充分理解了谈话后要尽早做出反馈,反馈必须是真实的、不能虚伪。说出自己的想法和感受时语气要温和,措辞要婉转,避免伤害对方和引起防范心理。

3. 敏感

人对于自己感兴趣的话题会比较敏感,而对于自己不感兴趣的话题自然会比较迟钝。在一个谈话过程中,内容跌宕起伏,倾听者很少能够一直保持同等的兴趣,因此,走神有时是难以避免的。在人数较少的人际沟通中,一旦发现刚才走神漏听了一些比较重要的信息,应该及时设法澄清。如果是倾听演讲,可以在演讲后请教演讲者。在谈话过程中,倾听者要善于捕捉与自己感兴趣的话题间接相关的线索,当说话者的谈话散漫不着边际时,适当地引导说话者转回主题。

4. 区分意见与事实

在理清谈话内容方面,应注意将对方的话涉及的内容分解为意见与事实。在倾听的时候,很容易被对方的谈话所引导而不能保持思路清晰。在倾听的时候,要注意区分意见与事实的陈述。例如,某人说:"某某城市不好玩。"经询问他为什么这么说,才知道原来该城市的几个主要景点门票要180元,他舍不得花费这笔门票费,所以没有进去。"门票180元"是对事实的陈述,而"这城市不好玩"是对意见的陈述。

5. 设身处地体察对方的需要和情感

倾听者不仅要关注谈话的内容,还应关注和体察谈话者的需要和情感。倾听者需要设身处地倾听,设想自己处在对方的境地,用心去体察对方的立场、需要、情绪和情感。

6. 以开放的心态听取不同意见

一个人的成见对有效倾听是一种障碍。有的人固守成见,听不进不同意见,一听到不同意见,就很不耐烦,或者刚听到一半,就急于否定对方的意见。这样就很难听到不同信息和意见,常常错失良言。以开放的心态倾听,就要做到:愿意听取不同的意见,对不同意见要有足够的耐心;在听完完整的陈述前不要急于下结论;即使判断对方的意见是错的,也仍然能够温和地与对方交流。

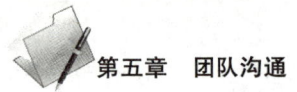

7. 及时总结与记录

对于刚刚结束的谈话，及时总结说话人的观点和所说的重要事实，有助于保持准确的长时记忆。对于重要的内容事后还应及时记录，形成可长期储存的资料。总结谈话内容要注意避免主观性，尽量客观地回忆和记录谈话内容，避免主观臆断。

【知识链接】

深度倾听

深度倾听的定义——深度倾听是指站在被指导者的立场上听到语言背后的事实、情绪和需求，让被指导者感受到理解和信任，是打开心扉的技术。

深度倾听的3R步骤如下：

1. 接收（Receive）

记住放下自己的先入为主的想法，一心一意地体会他人。

以下行为过早出现时，会阻碍倾听：

（1）建议："我想你应该……""如果你这样做……你将会得到很大的好处"
（2）安慰："这不是你的错，你已经尽最大努力了""哦，你这可怜的人……"
（3）批判："高兴一点，为这件事难过值得吗？""像你这样的人，还想……"
（4）询问："这种情况是什么时候开始的？""你有没有想过为什么会这样呢？"

2. 反应（Respond）

使用语言性的和非语言性的要素，让对方感觉到你在听。

点头、微笑、目光注视、肢体同步、记录、回放（重复对方的话或关键词）。

3. 确认（Rephrase）

向对方表示你已经或正在理解对方所说的意思，与对方产生共鸣。

具体例子：

你的意思是……是吗？

听起来，你是……是吗？

所以，你认为……是吗？

★倾听能力自我问卷：

请回答以下15个题目，对每个问题回答是或否，请根据你在最近的会议或聚会上的表现真实填写。

1. 我常常试图同时听几个人的交谈。
2. 我喜欢别人只给我提供事实，让我自己做出解释。
3. 我有时假装自己在认真听别人说话。
4. 我认为自己是非言语沟通方面的高手。
5. 我常常在别人说话之前就知道他要说什么。
6. 如果我不感兴趣和某人交谈，我常常通过注意力不集中的方式结束谈话。
7. 我常常用点头、皱眉等方式让说话人了解我对他说话内容的感觉。
8. 常常别人刚说完，我就紧接着谈自己的看法。

9. 别人说话的同时,我也在评价他的内容。
10. 别人说话的同时,我常常在思考接下来我要说的内容。
11. 说话人的谈话风格常常会影响到我对内容的倾听。
12. 为了弄清对方所说的内容,我常常采取提问的方法,而不是进行猜测。
13. 为了理解对方的观点,我总会下功夫。
14. 我常常听到自己希望听到的内容,而不是别人表达的内容。
15. 当我和别人意见不一致时,大多数人认为我理解了他们的观点和想法。

以下所示15个问题的正确答案,是根据倾听理论得来的。(1)否;(2)否;(3)否;(4)是;(5)否;(6)否;(7)否;(8)否;(9)否;(10)否;(11)否;(12)是;(13)是;(14)否;(15)是。

为了确定您的得分,把错误答案的个数加起来,乘以7,再用105减去这个乘机,就是您的最后得分。如果您的得分在91~105,那么恭喜您,您有良好的倾听习惯;得分77~90表明您还有很大程度可以提高;要是您的得分还不到76分,很不幸,您是一位很差劲的倾听者,在此技巧上就要多下功夫了。

二、看——观察的技巧

眼神一向被认为是人类最明确的情感表现和交际信号,在面部表情中占据主导地位,眼睛具有反映深层心理的特殊功能。根据专家研究,眼神实际上是瞳孔的变化行为。瞳孔是受中枢神经控制的,它如实地显示着大脑正在进行的一切活动。瞳孔放大,传达正面信息(如爱、喜欢、兴奋、愉快);瞳孔缩小,则传达负面信息(如消沉、戒备、厌烦、愤怒)。人的喜怒哀乐、爱憎好恶等思想情绪的存在和变化,都能从眼睛这个神秘的器官中显示出来。因此,眼神与谈话之间有一种同步效应,它忠实地显示着说话的真正含义。与人交谈,要敢于和善于同别人进行目光接触,这既是一种礼貌,又能帮助维持一种联系,使谈话在频频的目光交接中持续不断。

(一)接触的时间

与人交谈,视线接触对方脸部的时间应该占全部谈话时间的30%到60%,超过60%被看作是对谈话者本人比谈话内容更感兴趣,低于30%则说明对谈话者和谈话内容都不感兴趣,因此,要把握好这时间度。长时间凝视对方会被认为是对私人空间或势力范围的侵犯,是不礼貌或挑衅的行为;完全不看对方,则可认为是自高自大,傲慢无礼的表现,或者试图去掩饰什么,如空虚、慌张等。

(二)停留的部位

从视线停留的部位可反映出三种人际关系状态:一是视线停留在两眼与胸部的三角形区域,被称为近亲密注视,多用于朋友间的交谈;二是视线停留在双眼和嘴部之间的三角形区域,被称为社交注视,是社交场合常见的视线交流位置;三是视线停留在对方前额的一个假定的三角形区域,称为严肃注视,能制造紧张气氛。如果你的视线停留在这一区域,就会使对方感觉到你有正事要谈,使你保持了主动。

(三) 眼神的变化

眼神变化能够准确地传递某种信息。不同的视觉方向表达不同的含义,如仰视表思索,俯视表忧伤,正视表庄重,斜视表蔑视等,不可随便使用。还有就是眼神的变化要自如协调,要与有声语言有机地配合在一起,不能只顾眼神,不顾其他或者两者分离。

(四) 注视的时间

在人际交往中,尤其是与熟人相处时,注视对方时间的长短,往往十分重要。在交谈中,听的一方通常应多注视说的一方。

1. 表示友好

若对对方表示友好,则注视对方的时间应占全部相处时间的约 1/3 左右。

2. 表示重视

若对对方表示关注,比如听报告、请教问题时,则注视对方的时间应占全部相处时间的约 2/3 左右。

3. 表示轻视

若注视对方的时间不到相处全部时间的 1/3,往往意味着对其瞧不起,或没有兴趣。

4. 表示敌意

若注视对方的时间超过了全部相处时间的 2/3 以上,往往表示可能对对方抱有敌意,或是为了寻衅滋事。

5. 表示兴趣

若注视对方的时间长于全部相处时间的 2/3 以上,还有另一种情况,即对对方本人发生了兴趣。

(五) 注视的角度

在注视他人时,目光的角度,即其发出的方向,是事关与交往对象亲疏远近的一大问题。

注视他人的常规角度有:

1. 平视

平视,即视线呈水平状态,它也叫正规。一般适用于在普通场合与身份、地位平等之人进行交往。

2. 侧视

它是一种平视的特殊情况,即位交往对角一侧,面向对方,平视着对方。它的关键在于面向对方,否则即为斜视对方,那是很失礼的。

3. 仰视

仰视,即主动居于低处,抬眼向上注视他人。它表示着尊重,敬畏之意,适用于面对尊长之时。

4. 俯视

俯视,即抬眼向下注视他人,一般用于身居高处之时。它可对晚辈表示宽容、怜爱,也可对他人表示轻慢、歧视。

三、说——表达的技巧

(一) 说的类型

1. 社交谈话

社交性谈话的主要目的是通过语言接触,分摊感觉,是建立社交关系的闲聊,如"……怎么样……"

2. 感性谈话

感性谈话的主要目的是分摊内心感受,卸下心中重担,属于宣泄沟通,是人际关系的润滑剂,如"我很欣赏你……"

3. 知性谈话

知性谈话就如朋友之间开诚布公的谈话。

4. 传递资讯

传递资讯沟通就像一场乒乓球比赛,你来我往,双向沟通。

(二) 说的技巧

1. 沟通前要有清晰、富有逻辑的思考。与对方沟通时,必须先理清自己的思路,说话要言之有物,以此说服、引导、感染和引诱对方。

2. 充分利用非语言因素。根据相关调查表明,从交谈获取的信息中,视觉占55%,声音占38%,语言占7%。非语言因素包括:使用你的声音(语音、语调、语速)、使用面部与双手(露出开朗、机警的微笑)、使用眼睛(声音与视觉协调一致)、使用身体(身体姿势、身体距离)。

3. 让对方开口,也就是鼓励别人谈论观点。如何让别人说话,这中间有一定的提问技巧。一是有选择地提问,如通过谈话把握对方感兴趣的话题,有选择地提出对方感兴趣的问题;二是婉转地提问,对于一些较敏感的事情,要注意提问的方法,可以婉转地把问题提出来,也就是人们经常说的"迂回战术"。三是协商性提问,如"这个方案您看还需要做哪些修改?"。

(三) 说的原则

1. 简单原则

KISS原则(Keep it simple and stupid),说话要简单明了,开门见山,不要绕弯子。

> 【小看板】
>
> 有一个秀才去买柴,他对卖柴的人说:"荷薪者过来!"卖柴的人听不懂"荷薪者"(担柴的人)三个字,但是听得懂"过来"两个字,于是把柴担到秀才前面。秀才问他:"其价如何?"卖柴的人听不太懂这句话,但是听得懂"价"这个字,于是就告诉秀才价钱。秀才接着说:"外实而内虚,烟多而焰少,请损之。(你的木材外表是干的,里头却是湿的,燃烧起来,会浓烟多而火焰小,请减些价钱吧。)"卖柴的人因为听不懂秀才的话,于是担着柴就走了。
>
> 可见,团队管理者平时最好用简单的语言、易懂的言辞来传达讯息,而且对于说话的对象、时机要有所掌握,有时过分的修饰反而达不到想要完成的目的。

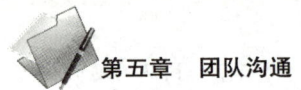

2. SOFTEN 原则(有关非语言方面的原则)

(1) S——微笑(Smile)。很多人在听他人讲话时会忘记这一点。他们在认真地听他人和自己讲话,容易忽略了自己的表情。微笑能够表达自己的友好,并无言地告诉对方你从心底喜欢这样的交流。

(2) O——注意聆听的姿态(Open Posture)。随时处于聆听的姿态能够给对方极好的暗示。暗示他人你已经准备好了听他讲话,并且关注他的每一个观点和看法。聆听的姿态往往表现为面对讲话人站直或者端坐。站直身体时全身要稳,站立时不要显得懒散,也不要交叉双臂抱在身前。

(3) F——身体前倾(Forward Lean)。在交谈中不时地将身体前倾,以此表示你专心在听。

(4) T——音调(Tone)。声音的高低、语速、音量、声调都会对谈话的效果产生重要影响。

(5) E——目光交流(Eye Communication)。在沟通的过程中,要有必要的目光交流。因为目光交流是沟通过程中必要的非语言因素。

(6) N——点头(Nod)。偶尔向对方点头,不只表示你的赞同,同时说明你认真地听了他的讲话。

3. 学会说"不",并恰当地说"不"

"我不知道,但我会找到答案的。"

"我将尽力弄清这个问题。"

"我将仔细找出问题的解决办法。"

"我将获得这方面的信息。"

【知识链接】

应当如何把这个"不"运用好呢?

第一,不要立即说"不"。立即拒绝别人会让他人感觉你是个自私冷漠的人,或是猜测你对他心存成见。

第二,不要轻易说"不"。随随便便地拒绝别人,会让你失去很多赢得友谊和获得他人帮助的机会。在自己的能力范围内,力所能及地帮助别人,也是在帮助自己。

第三,不要傲慢地说"不"。如果你以居高临下、傲慢不逊的态度拒绝他人,很容易伤害对方的自尊心,甚至为自己树敌。所以,如果你对某事确实力不从心,就要诚恳地向他人说明情况。

第四,不要无情地说"不"。拒绝他人时,如果语气过于淡漠、冷酷、话语间毫无转圜的余地,不免会让人陷入尴尬,甚至反目成仇。所以在表达拒绝之意时要尽量友善、和气。

第五,要微笑着说"不"。拒绝他人的时候,如果面带亲切和充满诚意的笑容,则可以让别人感受到你对他的尊重和歉意,即使对方被你拒绝,也会心怀感激。

第六,不要在暴怒之下说"不"。如果在这个时候拒绝别人,就很容易话不投机,出口伤人,让人觉得你没有同情心。

本章小结

本章内容结构如下所示：

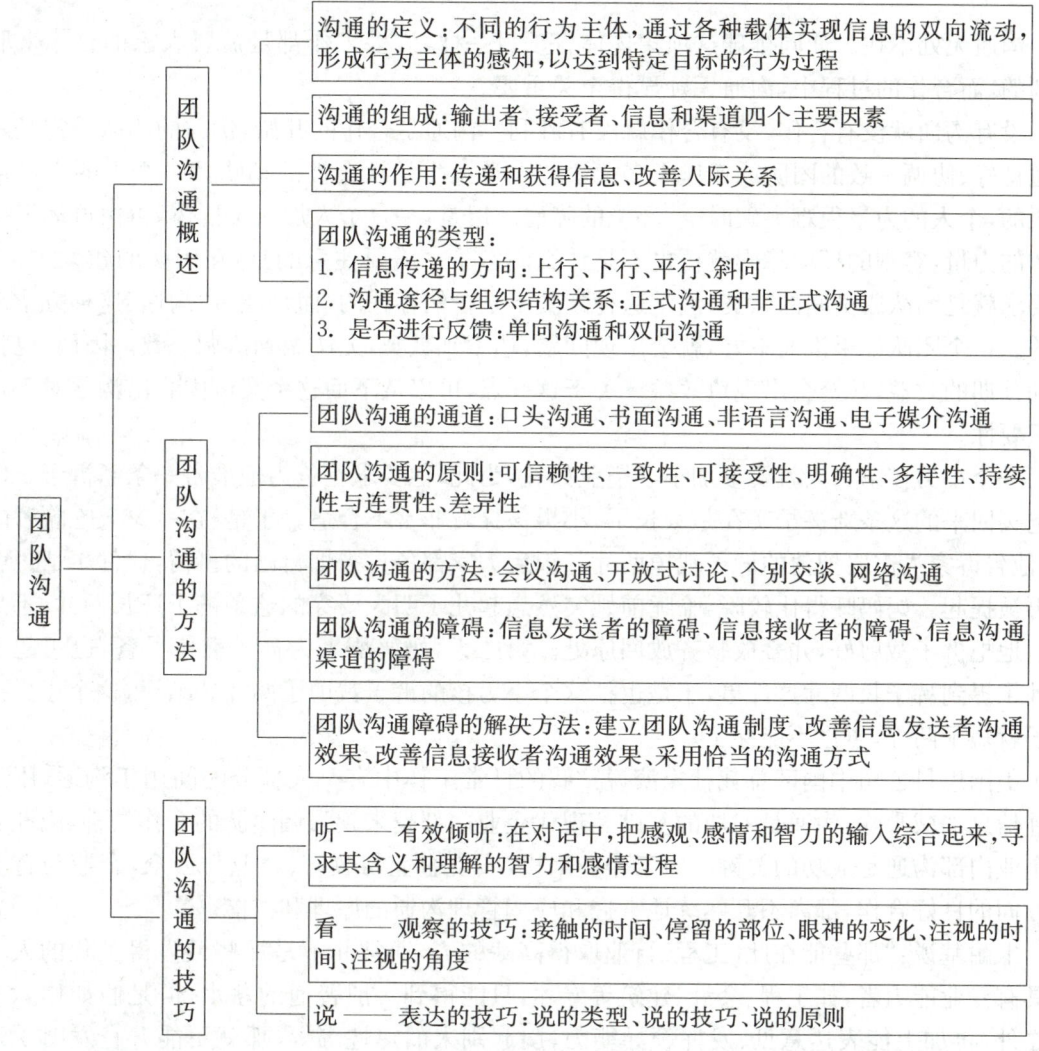

复习思考题

1. 什么是沟通？沟通有什么作用？
2. 沟通由哪些部分组成？
3. 团队沟通有哪些类型？有哪些通道？
4. 团队沟通的原则是什么？团队沟通具有哪些方法？
5. 团队沟通有哪些障碍？怎样解决这些障碍？
6. 团队沟通具有哪些技巧？

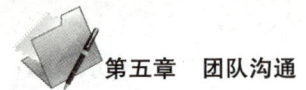

第五章 团队沟通

案例讨论

沟通无处不在

沟通无处不在。如同排球这项集体体育项目一样，许多工作都是需要大家的合作来取得胜利的，而合作的过程中，沟通无疑显得至关重要。

没有沟通就没有合作，没有合作就没有胜利。沟通是合作的开始，优秀的团队一定是一个沟通良好、协调一致的团队。亚里士多德说："人类天生是社会性的动物。"一个人的力量是很有限的，个人的力量很难突破时空、环境的障碍。但是，一旦个人加入了群体，再由群体发挥出团队的力量，客观的环境障碍就再也不是什么问题了。需要注意的是，在团队的建设中，首要的要求就是团队成员间的默契，但是这种默契不是自然存在的，而是通过"沟通"这种方式来实现的。一个团队如果沟通不好，就会出现问题，达不到默契，无法做到协调一致。因而，也就达不到预期的效益，甚至会出现负效益。关于这一点，可以从下面这个案例中看出沟通对于合作的重要性。

一个小男孩第二天就要参加小学毕业典礼，为此，他要求爸爸为他准备一条新裤子。但是爸爸买回来的这条新裤子实在是太长了，小男孩穿着非常不合适。于是，在一家人吃晚餐的时候，他告诉家人需要把他的裤子裁掉两寸。饭后大家都各自去忙自己的事情，这件事情也就没有再被提起。妈妈睡得比较晚，临睡前她突然想起儿子明天要穿的这条裤子还长两寸，于是就悄悄地把裤子裁剪好，并叠放整齐放回原处。第二天，奶奶醒来为孙子准备早餐，也想起了昨天孙子提到裤子长两寸这件事，于是也把这个小男孩的裤子裁剪了两寸。结果，这个小男孩的裤子就短了两寸，再也不能穿了。

美国思科公司中国区总裁杜家滨说："我的日常工作中有一大部分时间用于沟通，用于把各种信息加减乘除，沟通是一切的基础。"现代企业内部越来越强调团队的合作精神，因此有效的企业内部沟通是成功的关键。对于企业来讲，实现企业与政府、企业与公众、企业与企业等各方面的良好合作，都离不开熟练地掌握和应用管理沟通的原理和技能。

卡耐基说："那些能在此(工程)行业取得高薪的人，通常并不是那些最懂得工程的人。一般具有专业能力者，如工程、会计、建筑等专才，只能得到一般普通的薪水，但是假如你除了专业之外，再加上能表达意见、发挥领导能力、引起别人的热忱等等，那就更能升官发财了。"约翰·洛克菲勒说："与人相处的能力，如果能像糖和咖啡等商品一样是可以买得到的话……比起太阳下的许多事物，我会为这种能力多付一些钱。"这些著名的成功人士之所以如此专注于沟通的能力，正是因为沟通是使企业达成共同目标，使之团结协作，从而达到双赢的最好办法。这也是许多企业所倡导的一种无边际合作的企业文化理念。

下面是一个关于沟通、合作、协作重要性的实验。实验人员来到一所大学，从志愿者中随机挑选了 5 位同学，每位同学只可以用一只手指，在同一时间内一起抬起一支 1 米长的竹子离地 1 米，并坚持 5 秒钟。结果怎样呢？竟然出乎很多人的意料，这 5 位同学用了 10 多分钟才勉强达到实验要求的结果。后来实验人员再增加 1～2 名志愿者，结果要达到实验要求更加困难。这只是一个不需要任何技术含量的事情，为什么要做好这件事情竟然如此困难呢？是什么原因导致这样的结果呢？难道是这 5 位同学智商有问题？

答案当然是否定的。这正是项目中团队常见的沟通、合作、协作出现困难的地方,也是一个成功的项目团队成功的秘诀。在这个案例中,导致实验失败的原因是沟通的实效和协作的迟缓。如果实验要想获得成功,首先就要建立有效的沟通,上面的案例中很明显是缺乏沟通的有效性:要么是根本没有一个中心人,要么就是每个人都是想以自己所说的话成为别人服从的指令,却不听从其他人的建议,结果就达不成一致。此外,协作的迟缓性也正是因为缺乏沟通的有效性,所以团队的合作能力才出现非常大的困难,甚至出现了负效益。

讨论:
1. 案例中小男孩参加毕业典礼的事件,全家人出现了哪些沟通问题?应如何解决?
2. 案例中抬竹子实验中,5位同学为什么会失败?应如何解决?
3. 结合案例,说说沟通对团队的作用和重要性?

实训游戏

游戏名称: 背靠背游戏
游戏时间: 10~15分钟
游戏目的: 培养沟通和协调能力
游戏规则:

(1) 让学生两两配对,然后让他们背靠背而坐。

(2) 给其中一个队员一本本子和一支笔,给另一个队员一张画有一个图形的纸。

(3) 持有图形的队员在不让另外一个队员看到图形的前提下指导其将图画画出来。

(4) 可以使用符号和比喻来形容这个图形,但是不能运用几何术语对图形进行描述。比如,你的图形是一个套着一个圆的正方形,那么你在描述时就不能用"圆"和"正方形"这两个词,但是可以用箱子或橘子形状这类词来描述。

(5) 到规定的时间后,让他们将画出的图形和原始的图形进行对比,并讨论为何会得到这个结果。

问题讨论:

(1) 你的搭档说的哪些话是有助于你画图的?

(2) 你是否向你的搭档提问过或者告知哪些信息对你画图是有帮助的?

(3) 在实际工作中是否有些非常重要的沟通无法通过面对面来进行,你如何能确保得到的结果正是你想要的?

第六章 团队激励

> 人是要帮助的,荷花虽好,也要绿叶扶持。一个篱笆三个桩,一个好汉要有三个帮。
>
> ——毛泽东

本章学习目标

学习本章节后,应该能够:
- 掌握团队激励的概念;
- 了解团队激励的过程;
- 认识和了解有关的激励理论;
- 理解和掌握团队激励的一般方法;
- 理解不同类型团队成员的激励方法。

第一节 团队激励概述

本节案例 问题提出

团队气氛不佳,如何激励员工?

在一个团队中,总有那么一段时间,成员们情绪低落,打不起精神,提不起干劲。这时候你该想想,如何才能激励你的团队成员,也该想想是否是管理出现了问题。那么要怎么做,才能激励到你的团队成员呢?

1. 规矩

俗话说,没有规矩不成方圆。在团队里最基本的就是需要一套规矩,只要有规则,才会井井有条。如果你的团队成员上班玩手机聊天喝茶打游戏,那一定是你的规矩没有实行到位,所以他们才会如此散漫。规矩可以限制团队成员上班期间的行为,也可以决定赏罚,所以规矩的设定一定要好好下功夫。

2. 竞争

职场从来都是竞争的地方,不管是对外还是对内,都需要竞争,只有竞争才会有发展。

团队成员之间需要竞争,而且必然是良性竞争。这样能保持团队成员的积极性,也能调动其主观能动性,为自己谋前程,为公司谋盈利。可以通过奖励制度等方式,对员工有足够的吸引力,才能奋发向上。

3. 领头羊

团队里的领头羊至关重要,领头羊起到带头的作用,如果领头羊是一个什么事情都让下属去做自己成天在玩手机的人,那么下面的员工也会有样学样。领头羊必须是个积极有活力的人,这样在团队中的人际交往里,才会影响到别人的状态。快乐是会传染的,积极也是。

4. 信任

团队讲究的是合作,员工之间的信任也非常重要。如果你工作上有事情需要别人帮忙,那么你就需要完全的相信那个人会做得很好。上级对下级更是要建立信任关系,承诺团队成员的务必要做到,不要靠画饼给团队成员打气,一次次的失望会让他们对你彻底丧失信心。

资料来源:百度网站,https://baijiahao.baidu.com/s?id=16140129519220002385&wfr=spider&for=pc,2018-10-11。

请分析:如果您是团队领导,除了上述激励方法,还有其他方法激励团队成员吗?

一、激励的内涵

(一) 激励的定义

激励,就是组织通过设计适当的外部奖酬形式和工作环境,以一定的行为规范和惩罚性措施,借助信息沟通,来激发、引导、保持和归化组织成员的行为,以有效地实现组织及其成员个人目标的系统活动。这一定义包含以下几方面的内容:

1. 激励的出发点是满足组织成员的各种需要,即通过系统地设计适当的外部奖酬形式和工作环境,来满足企业员工的外在性需要和内在性需要。

2. 科学的激励工作需要奖励和惩罚并举,既要对员工表现出来的符合企业期望的行为进行奖励,又要对不符合企业期望的行为进行惩罚。

3. 激励贯穿于企业员工工作的全过程,包括对员工个人需要的了解、个性的把握、行为过程的控制和行为结果的评价等。因此,激励工作需要耐心,正如赫兹伯格说,如何激励员工锲而不舍。

4. 信息沟通贯穿于激励工作的始末,从对激励制度的宣传、企业员工个人的了解,到对员工行为过程的控制和对员工行为结果的评价等,都依赖于一定的信息沟通。企业组织中信息沟通是否通畅,是否及时、准确、全面,直接影响着激励制度的运用效果和激励工作的成本。

5. 激励的最终目的是在实现组织预期目标的同时,也能让组织成员实现其个人目标,即达到组织目标和员工个人目标在客观上的统一。

因此,团队激励的目的就是要调动团队及团队成员的积极性,激发团队成员的动机和潜能,高效地实现团队既定的共同目标。

（二）激励的作用

对一个组织来说，科学的激励制度至少具有以下几个方面的作用：

1. 吸引优秀的人才

在发达国家的许多企业中，特别是那些竞争力强、实力雄厚的企业，通过各种优惠政策、丰厚的福利待遇、快捷的晋升途径来吸引企业需要的人才。

2. 开发员工的潜在能力，促进在职员工充分的发挥其才能和智慧

美国哈佛大学的威廉·詹姆斯（W·James）教授在对员工激励的研究中发现，按时计酬的分配制度仅能让员工发挥20%~30%的能力；但如果受到充分激励的话，员工的能力可以发挥出80%~90%，两种情况之间60%的差距就是有效激励的结果。管理学家的研究表明，员工的工作绩效是员工能力和受激励程度的函数，即绩效＝F（能力＊激励）。如果把激励制度对员工创造性、革新精神和主动提高自身素质的意愿这些影响因素考虑进去，那么激励对工作绩效的影响就更大了。

3. 留住优秀人才

彼得·德鲁克（P·Druker）认为，每一个组织都需要三个方面的绩效：直接的成果、价值的实现和未来的人力发展。缺少任何一方面的绩效，组织注定非垮不可。因此，每一位管理者都必须在这三个方面均有贡献。在三方面的贡献中，对"未来的人力发展"的贡献就是来自激励工作。

4. 造就良性的竞争环境

科学的激励制度包含有一种竞争精神，它的运行能够创造出一种良性的竞争环境，进而形成良性的竞争机制。在具有竞争性的环境中，组织成员就会收到环境的压力，这种压力将转变为员工努力工作的动力。正如麦格雷戈（Douglas M·Mc Gregor）所说："个人与个人之间的竞争，才是激励的主要来源之一。"在这里，员工工作的动力和积极性成了激励工作的间接结果。

（三）激励的类型

不同的激励类型对行为过程会产生程度不同的影响，因此激励类型的选择是做好激励工作的一项先决条件。

1. 物质激励与精神激励

虽然二者的目标是一致的，但是它们的作用对象却是不同的。前者作用于个体的生理方面，是对其物质需要的满足；后者作用于个体的心理方面，是对其精神需要的满足。随着人们物质生活水平的不断提高，人们对精神与情感的需求越来越迫切。比如期望得到爱、得到尊重、得到认可、得到赞美、得到理解等。

2. 正激励与负激励

所谓正激励就是当一个人的行为符合组织的需要时，组织通过奖赏的方式来鼓励这种行为，以达到持续和发扬这种行为的目的。所谓负激励就是当一个人的行为不符合组织的需要时，组织通过制裁的方式来抑制这种行为，以达到减少或消除这种行为的目的。

正激励与负激励作为激励的两种不同类型，目的都是要对个体的行为进行强化，不同之处在于二者的取向相反。正激励起正强化的作用，是对行为的肯定；负激励起负强化的作用，是

对行为的否定。

想一想

如何通过正激励和负激励使三个和尚有水喝呢?

以和尚吃水为例,正常的情况下三个和尚是没有水吃的,但是通过正向激励和负向激励可能会有水吃。

＊正激励:三名和尚决定给挑水的和尚以报酬,或选举他当寺院的住持。这时,为了取得这些报酬或者荣誉,就会有和尚愿意当积极分子。

＊负激励:其中一个和尚主动给大家安排任务(条件合作者),并对不愿挑水的和尚(自私自利者)进行禁水惩罚(志愿惩罚者),为了免受处罚,大家就会轮流挑水,这就是负激励。

3. 内激励与外激励

所谓内激励是由内酬引发的、源自工作人员内心的激励;所谓外激励是由外酬引发的、与工作任务本身无直接关系的激励。

内酬是工作任务本身的刺激,即在工作进行过程中所获得的满足感,它与工作任务是同步的。追求成长、锻炼自己、获得认可、自我实现、乐在其中等内酬所引发的内激励,会产生一种持久性的作用。

外酬是工作任务完成之后或在工作场所以外所获得的满足感,它与工作任务不是同步的。如果一项又脏又累、谁都不愿干的工作有一个人干了,那可能是因为完成这项任务,将会得到一定的外酬——奖金及其他额外补贴,一旦外酬消失,他的积极性可能就不存在了。因此,由外酬引发的外激励是难以持久的。

(四)激励的过程

心理学家指出,人类的行为基本上都是动机性的行为,也就是说,个体的行为都是有一定的动机的。而这种动机又起源于个体的需要和欲望。当需要未被满足时,就会产生紧张,使个体的身体或心理失去平衡而感到不舒服,进而激发其内驱力,这种内驱力将导致寻求某种特定目标的行为。如饥饿时,人的大脑会支配人去寻找食物;口渴时,人的大脑会支配人去寻找水源。这种大脑指挥个体去行动的心理过程就是动机。当目标达到之后,原有的需要和动机也就消失了。

激励过程是从人们的某种需要出发,加强、激发、推动人的希望、欲望、动力等内心奋发状态的过程。心理学家认为,一切行为都是受到激励而产生的;人们做任何事情都有其目的性,而这种有目的的行为又总是离不开满足人们需求的欲望,需求是产生行为的原动力。得不到满足的需求是激励的起点,它引起个体内心(生理上或心理上)的激励力,导致个体从事满足需求的某种行为(寻求某种办法),从而缓和激奋心理。目标达到了,需求满足了,激励过程也就完成了。

人们的需求是不断变化和提高的。当某种需求或低一级需求满足了,激励就消失了,未满足的另一种或高一级的需求又会产生,从而导致新需求所驱使的行为,并为满足这种新需求而努力。这样就形成了一个连续不断的循环的激励过程,如图 6-1 所示。

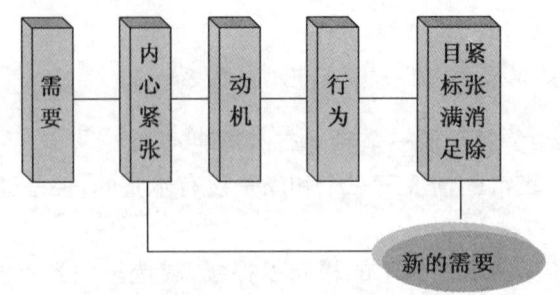

图 6-1 激励的过程

对团队而言,被激励的团队处于一种紧张状态,为缓解紧张,他们会努力工作。紧张强度越大,努力的程度也就越高。如果这种努力能够成功地满足需要,则紧张感将会减轻直至消除。需要注意的是,由于团队感兴趣的是与工作有关的行为,因此,这种努力必须要指向团队的目标,而且必须达到各团队成员行为方向一致所形成的共同合力,以避免成员们目标的相互抵消和冲突。

二、团队激励的理论基础

激励理论是通过特定的方法与管理体系,将员工对组织及工作的承诺最大化的过程,也是关于如何满足人的各种需要、调动人的积极性的原则和方法的概括总结。激励的目的在于激发人的正确行为动机,调动人的积极性和创造性,以充分发挥人的智力效应,做出最大成绩。

20世纪二三十年代以来,国外许多管理学家、心理学家和社会学家结合现代管理的实践,提出了许多激励理论。这些理论按照形成时间及其所研究的侧面不同,可分为内容型激励理论和过程型激励理论两大类。内容型激励理论主要研究个体的"需要",回答了以什么为基础、或根据什么才能激发调动起工作积极性的问题,包括马斯洛的需求层次理论、奥尔德弗的ERG需要理论、赫茨伯格的双因素理论,和麦克利兰的成就动机理论等。过程型激励理论学派认为,通过满足个体的需要实现组织的目标有一个过程,即需要通过制订一定的目标影响人们的需要,从而激发个体的行动,包括弗鲁姆的期望理论、洛克和休斯的目标设置理论、波特和劳勒的综合激励模式、亚当斯的公平理论、斯金纳的强化理论等。

(一)内容型激励理论

1. 马斯洛的需求层次理论

亚伯拉罕·哈罗德·马斯洛(Abraham Harold Maslow)于1943年初次提出了"需求层次"理论,他把人类纷繁复杂的需要分为生理的需要、安全的需要、友爱和归属的需要、尊重的需要和自我实现的需要五个层次。1954年,马斯洛在《激励与个性》一书中又把人的需要层次发展为七个,由低到高的七个层次:生理的需要,安全的需要,友爱与归属的需要,尊重的需要,求知的需要,求美的需要和自我实现的需要。

该理论认为,人的需要可以分为五个层次,如图 6-2 所示:

(1)生理需要——维持人类生存所必需的身体需要。

(2)安全需要——保证身心免受伤害。

(3) 归属和爱的需要——包括感情、归属、被接纳、友谊等需要。

(4) 尊重的需要——包括内在的尊重如自尊心、自主权、成就感等需要和外在的尊重如地位、认同、受重视等需要。

(5) 自我实现的需要——包括个人成长、发挥个人潜能、实现个人理想的需要。

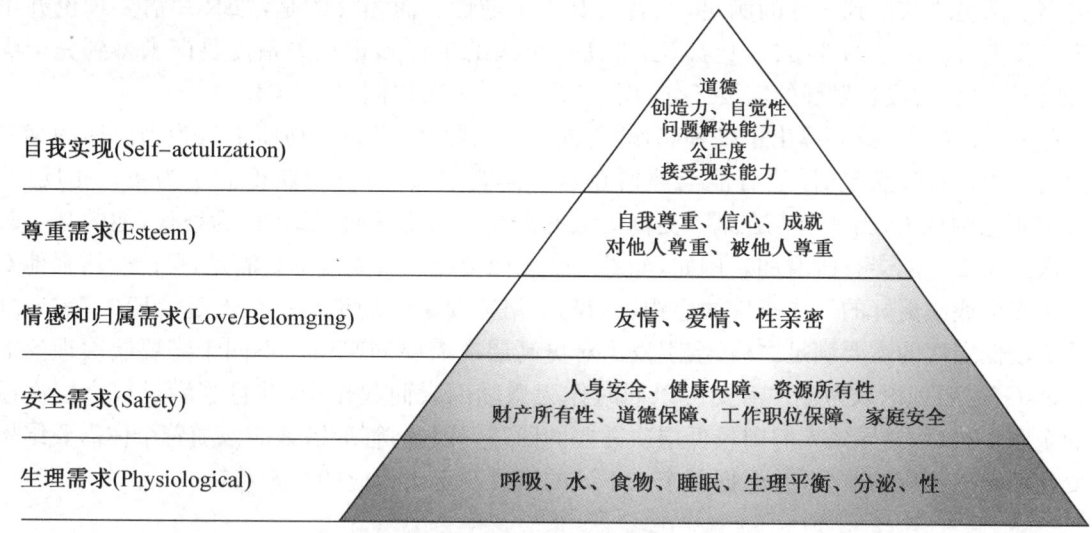

图 6-2 马斯洛的需求层次理论

马斯洛认为,只有低层次的需要得到部分满足以后,高层次的需要才有可能成为行为的重要决定因素。五种需要是按次序逐级上升的,当下一级需要获得基本满足以后,追求上一级的需要就成了驱动行为的动力。但这种需要层次逐渐上升并不是遵照"全"或"无"的规律,即一种需要 100% 的满足后,另一种需要才会出现。事实上,社会中的大多数人在正常的情况下,他们的每种基本需要都是部分地得到满足。

马斯洛把五种基本需要分为高、低二级,其中生理需要、安全需要、社交需要属于低级的需要,这些需要通过外部条件使人得到满足。比如借助于工资收入满足生理需要,借助于法律制度满足安全需要等。尊重需要、自我实现的需要是高级的需要,它们是从内部使个体得到满足,而且一个人对尊重和自我实现的需要,是永远不会感到完全满足的。高层次的需要比低层次需要更有价值,人的需要结构是动态的、发展变化的。因此,通过满足团队成员的高级需要来调动其生产积极性,具有更稳定,更持久的力量。

2. 奥尔德弗的 ERG 需要理论

美国耶鲁大学的克雷顿·奥尔德弗(Clayton Alderfer)在马斯洛的需求层次理论的基础上,进行了更接近实际经验的研究,提出了一种新的人本主义需要理论。奥尔德弗认为,个体共存在 3 种核心的需要,即生存(Existence)的需要、相互关系(Relatedness)的需要和成长发展(Growth)的需要,因而这一理论被称为"ERG"需要理论。

第一种生存的需要与人们基本的物质生存需要有关,它包括马斯洛提出的生理和安全需要。第二种需要是相互关系的需要,即指人们对于保持重要的人际关系的要求。这种社会和地位需要的满足是在与其他需要相互作用中达成的,它们与马斯洛的社会需要和自尊需要的外在部分相对应。奥尔德弗把成长发展的需要独立出来,它表示个体谋求发展的内在愿望,包括马斯洛的自尊需要分类中的内在部分和自我实现层次中所包含的特征。与马斯洛的需求层次理论不同的是,奥尔德弗的"ERG"需要理论还表明了:个体在同一时间可能有不止一种需要起作用;如果较高层次需要的满足受到抑制的话,那么人们对较低层次需要的渴望会变得更加强烈。

马斯洛的需求层次是一种刚性的阶梯式上升结构,即认为较低层次的需要必须在较高层次的需要满足之前得到充分的满足,二者具有不可逆性。而相反的是,"ERG"需要理论并不认为各类需要层次是刚性结构,比如说,即使一个人的生存和相互关系需要尚未得到完全满足,他仍然可以为成长发展的需要工作,而且这3种需要可以同时起作用。

此外,"ERG"理论还提出了一种叫作"受挫——回归"的思想。马斯洛认为当个体的某一层次需要尚未得到满足时,他可能会停留在这一需要层次上,直到获得满足为止。相反地,"ERG"理论则认为,当一个人在某一更高等级的需要层次受挫时,那么作为替代,他的某一较低层次的需要可能会有所增加。例如,如果一个人社会交往需要得不到满足,可能会增强他对得到更多金钱或更好的工作条件的愿望。与马斯洛需要层次理论相类似的是,"ERG"需要理论认为较低层次的需要满足之后,会引发出对更高层次需要的愿望。不同于需要层次理论的是,"ERG"需要理论认为多种需要可以同时作为激励因素而起作用,并且当满足较高层次需要的企图受挫时,会导致人们向较低层次需要的回归。因此,管理措施应该随着个体需要结构的变化而做出相应的改变,并根据每个人不同的需要制定出相应的管理策略。

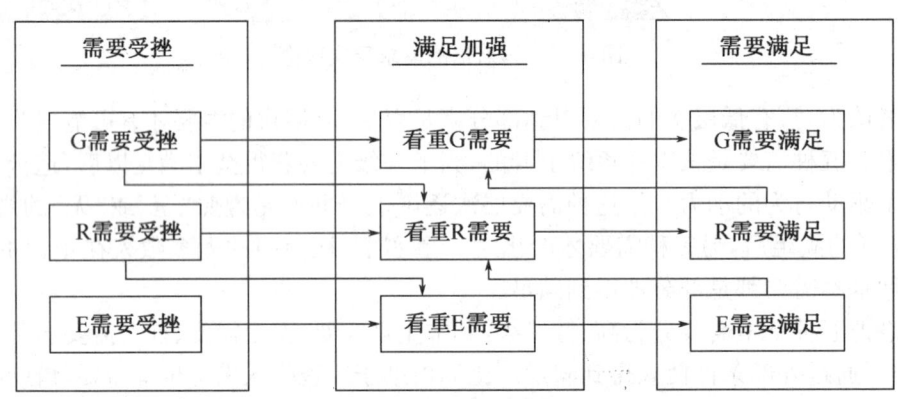

图 6-3 奥尔德弗的 ERG 需要理论"受挫——回归"

3. 赫茨伯格的双因素理论

美国心理学家赫茨伯格1959年提出双因素理论,他把企业中有关因素分为两种,即满意因素和不满意因素。满意因素是可以使个体得到满足和激励的因素。不满意因素是使个体容易产生意见和消极行为的因素,即保健因素。他认为这两种因素是影响员工绩效的主要因素。激励因素与工作本身或工作内容有关,包括成就、赞赏、工作本身的意义及挑战性、责任感、晋升、发展等。这些因素如果得到满足,可以使人产生很大的激励,若得不到满足,也不会像保健因素那样产生不满情绪。保健因素的内容包括公司的政策与管理、监督、工资、同事关系和工作条件等。这些因素都是工作以外的因素,如果满足这些因素,能消除不满情绪,维持原有的工作效率,但不能激励人们更积极的行为。

赫茨伯格从1 844个案例调查中发现,造成员工不满的原因,主要是由于公司的政策、行政管理、监督、工作条件、薪水、地位、安全以及各种人事关系的处理不善。这些因素的改善,虽不能使员工变得非常满意,真正地激发员工的积极性,却能解除员工的不满,故这种因素称为保健因素。研究表明,如果保健因素不能得到满足,往往会使员工产生不满情绪、消极怠工,甚至引起罢工等对抗行为。

赫茨伯格从另外1753个案例的调查中发现,使员工感到非常满意的因素,主要是工作富有成就感,工作本身带有挑战性,工作的成绩能够得到社会的认可,以及职务上的责任感和职业上能够得到发展和成长等等。这些因素的满足,能够极大地激发员工的热情,对于员工的行为动机具有积极的促进作用,它常常是一个管理者调动员工积极性,提高劳动生产效率的好办法。研究表明这类因素解决不好,也会引起员工的不满,它虽无关大局,却能严重影响工作的效率。因此,赫茨伯格把这种因素称为激励因素。

赫茨伯格认为:

(1) 不是所有的需要得到满足就能激励起人们的积极性,只有那些被称为激励因素的需要得到满足才能调动人们的积极性;

(2) 不具备保健因素时将引起强烈的不满,但具备时并不一定会调动强烈的积极性;

(3) 激励因素是以工作为核心的,主要是在职工进行工作时发生的。

同时,他认为真正能激励员工的有下列几项因素:

(1) 工作表现机会和工作带来的愉快;

(2) 工作上的成就感;

(3) 由于良好的工作成绩而得到的奖励;

(4) 对未来发展的期望;

(5) 职务上的责任感等。

这种因素是积极的,是影响个体的工作动机并长期起主要作用的因素,是工作动机的源泉。据此,赫茨伯格认为,为了增加"激励"因素,提高生产率,需要用"工作丰富化"的管理方法来取代"流水作业线"的生产程序和管理方法,这样可以减少工人的不满情绪,降低旷工率,提高产品质量。

赫茨伯格双因素理论的核心在于:"只有激励因素才能够给人们带来满意感,而保健因素只能消除人们的不满,但不会带来满意感"这一论断,因此如何认定与分析激励因素和保健因素并"因材施政"这才是关键。比如就销售从员的工资薪金设计来说,按照双因素理论,应该划分为基础工资与销售提成两部分,基础工资应属于保健因素,销售提成则属激励因素,对销售人员而言,通常做法是低工资高提成,这样才能促使销售人员尽可能地多做业务。因此,将赫茨伯格双因素理论运用于管理,首先在于对存在的各因素进行质的分析与划分,明确或创造出保健与激励因素两部分;其次,再进行量的分析与划分,既保障保健因素的基本满足程度,又尽量地加大激励因素的成分,从而最终由此最大程度激发员工工作的积极主动性。

4. 麦克利兰的成就动机理论

成就动机理论是美国哈佛大学教授戴维·麦克利兰(David C McClelland)通过对个体的需求和动机进行研究,于20世纪50年代在一系列文章中提出的。麦克利兰把个体的高层次需求归纳为对成就、权力和亲和的需求。具体表现为:

(1) 成就需要(Need for Achievement):争取成功希望做得最好的需求。麦克利兰认为,具有强烈的成就需求的个体渴望将事情做得更为完美,提高工作效率,获得更大的成功。他们追求的是在争取成功的过程中克服困难、解决难题、努力奋斗的乐趣,以及成功之后的个人的成就感,他们并不看重成功所带来的物质奖励。个体的成就需求与其所处的经济、文化、社会、

政府的发展程度有关,社会风气也制约着人们的成就需求。

这类个体一般不常休息,喜欢长时间、全身心的工作,并从工作的完成中得到很大的满足,即使真正出现失败也不会过分沮丧。一般来说,他们喜欢表现自己。麦克利兰认为,一个公司如果有很多具有成就需求的人,那么,公司就会发展很快;一个国家如果有很多这样的公司,整个国家的经济发展速度就会高于世界平均水平。但是,在不同国家、不同文化背景下,成就需求的特征和表现也就不尽相同,对此,麦克利兰未做充分表述。

(2) 权力需要(Need for Power):个体影响或控制他人且不受他人控制的需要。权力需求是影响和控制别人的一种愿望或驱动力。不同人对权力的渴望程度也有所不同。权力需求较高的个体对影响和控制别人表现出很大的兴趣,喜欢对别人"发号施令",注重争取地位和影响力。他们常常表现出喜欢争辩、健谈、直率和头脑冷静;善于提出问题和要求;喜欢教训别人、并乐于演讲。他们喜欢具有竞争性和能体现较高地位的场合或情境,也会追求出色的成绩,但这样做并不像高成就需求的个体那样是为了个人的成就感,而是为了获得地位和权力或与自己已具有的权力和地位相称。权力需求是管理成功的基本要素之一。

麦克利兰还将组织中管理者的权力分为两种:一是个人权力。追求个人权力的个体表现出来的特征是围绕个人需求行使权力,在工作中需要及时的反馈和倾向于自己亲自操作。麦克利兰提出一个管理者,若将其权力形式建立在个人需求的基础上,不利于他人来续位。二是职位性权力。职位性权力要求管理者与组织共同发展,自觉的接受约束,从体验行使权力的过程中得到一种满足。

(3) 亲和需要(Need for Affiliation):个体建立友好亲密的人际关系的需要。亲和需求就是寻求被他人喜爱和接纳的一种愿望。高亲和动机的个体更倾向于与他人进行交往,至少是为他人着想,这种交往会给其带来愉快。高亲和需求者渴望亲和,喜欢合作而不是竞争的工作环境,希望彼此之间的沟通与理解,他们对环境中的人际关系更为敏感。有时,亲和需求也表现为对失去某些亲密关系的恐惧和对人际冲突的回避。亲和需求是保持社会交往和人际关系和谐的重要条件。

麦克利兰的亲和需求与马斯洛的感情上的需求、奥尔德弗的关系需求基本相同。麦克利兰指出,注重亲和需求的管理者容易因为讲究交情和义气而违背或不重视管理工作原则,从而会导致组织效率下降。

(二) 过程型激励理论

1. 亚当斯的公平理论

亚当斯的公平理论又称社会比较理论,由美国心理学家约翰·斯塔希·亚当斯(John Stacey Adams)于 1965 年提出:员工的激励程度来源于对自己和参照对象(Referents)的报酬和投入的比例的主观比较感觉。

该理论是研究个体动机和知觉关系的一种激励理论,在亚当斯的《工人关于工资不公平的内心冲突同其生产率的关系》(1962,与罗森鲍姆合写)、《工资不公平对工作质量的影响》(1964,与雅各布森合写)、《社会交换中的不公平》(1965)等著作中有所涉及,侧重于研究工资报酬分配的合理性、公平性及其对职工生产积极性的影响。

公平理论指出:个体的工作积极性不仅与实际报酬多少有关,而且与人们对报酬的分配是否感到公平更为密切。人们总会自觉或不自觉地将自己付出的劳动代价及其所得到的报酬与他人进行比较,并对公平与否做出判断。公平感直接影响员工的工作动机和行为。因此,从某种意义来讲,动机的激发过程实际上是人与人进行比较,做出公平与否的判断,并据以指导行为的过程。公平理论研究的主要内容是职工报酬分配的合理性、公平性及其对职工产生积极性的影响。

亚当斯认为:员工的积极性取决于其所感受的分配上的公正程度(即公平感),而职工的公平感则取决于一种社会比较或历史比较。所谓社会比较,是员工对所获得的报酬(包括物质上的金钱、福利和精神上的受重视程度、表彰奖励等)与自己工作的投入(包括自己受教育的程度、经验、用于工作的时间、精力和其他消耗等)的比值与他人的报酬和投入的比值进行比较。所谓历史比较是员工对所获得的报酬与自己工作的投入的比值同自己在历史上某一时期内的这个比值进行比较。

每个人都会自觉或不自觉地进行这种社会比较,同时也要自觉或不自觉地进行历史比较。当职工对自己的报酬做社会比较或历史比较的结果表明收支比率相等时,便会感到受到了公平待遇,因而心理平衡,心情舒畅,工作努力。如果认为收支比率不相等时,便会感到自己受到了不公平的待遇,产生怨恨情绪,影响工作积极性。当认为自己的收支比率过低时,会产生报酬不足的不公平感,比率差距越大,这种感觉越强烈。这时职工就会产生挫折感、义愤感、仇恨心理,甚至产生破坏心理。少数时候,也会因认为自己的收支比率过高,产生不安的感觉或感激心理。

当员工感到不公平时,他可能千方百计进行自我安慰,如通过自我解释,主观上造成一种公平的假象,以减少心理失衡或选择另一种比较基准进行比较,以便获得主观上的公平感;还可能采取行动,改变对方或自己的收支比率,如要求把别人的报酬降下来、增加别人的劳动投入或要求给自己增加报酬、减少劳动投入等;还可能采取发牢骚,讲怪话,消极怠工,制造矛盾或弃职他就等行为。

2. 弗洛姆的期望理论

期望理论(Expectancy Theory),又称作"效价-手段-期望理论",北美著名心理学家和行为科学家维克托·弗鲁姆(Victor H. Vroom)于1964年在《工作与激励》中提出来的激励理论。

期望理论是以三个因素反映需要与目标之间的关系的,要激励员工就必须让员工明确:(1)工作能提供给他们真正需要的东西;(2)他们欲求的东西是和绩效联系在一起的;(3)只要努力工作就能提高他们的绩效。

激励(Motivation)取决于行动结果的价值评价(即"效价"Valence)和其对应的期望值(Expectancy)的乘积:$M=V*E$。

M表示激发力量,是指调动一个人的积极性,激发人内部潜力的强度。

V表示目标价值(效价),这是一个心理学概念,是指达到目标对于满足其个人需要的价值。同一目标,由于各个人所处的环境不同,需求不同,其需要的目标价值也就不同。同一个目标对每一个人可能有三种效价:正、零、负。效价越高,激励力量就越大。某一客体如金钱、地位、汽车等,如果个体不喜欢、不愿意获取,目标效价就低,对个体行为的拉动力量就小。举个简单的例子,幼儿对糖果的目标效价就要大于对金钱的目标效价。

E是期望值,是人们根据过去经验判断自己达到某种目标的可能性是大还是小,即能够达到目标的概率。目标价值大小直接反映个体的需要动机强弱,期望概率反映个体实现需要和动机的信心强弱。如果个体相信通过努力肯定会取得优秀成绩,期望值就高。这个公式说明:假如一个人把某种目标的价值看得很大,估计能实现的概率也很高,那么这个目标激发动机的力量越强烈。

在这个期望模式中的四个因素,需要兼顾几个方面的关系。

(1) 努力和绩效的关系。这两者的关系取决于个体对目标的期望值。期望值又取决于目标是否合适个体的认识、态度、信仰等个性倾向,及个体的社会地位,别人对他的期望等社会因素。即由目标本身和个人的主客观条件决定。

(2) 绩效与奖励关系。人们总是期望在达到预期成绩后,能够得到适当的合理奖励,如奖金、晋升、提级、表扬等。组织的目标,如果没有相应的有效的物质和精神奖励来强化,时间一长,积极性就会消失。

(3) 奖励和个人需要关系。奖励什么要适合各种人的不同需要,要考虑效价。要采取多种形式的奖励,满足各种需要,最大限度地挖掘人的潜力,最有效地提高工作效率。

(4) 需要的满足与新的行为动力之间的关系。当一个人的需要买得到满足之后,就会产生新的需要和追求新的期望目标。需要得到满足的心理会促使其产生新的行为动力,并对实现新的期望目标产生更高的热情。

3. 斯金纳的强化理论

斯金纳的强化理论是美国的心理学家和行为科学家斯金纳、赫西、布兰查德等人提出的一种理论,是以学习的强化原则为基础的关于理解和修正个体行为的一种学说。所谓强化,从其最基本的形式来讲,是对一种行为的肯定或否定的后果(报酬或惩罚),至少在一定程度上会决定这种行为在今后是否会重复发生。强化包括正强化、负强化和自然消退三种类型:

(1) 正强化,又称积极强化。当人们采取某种行为时,能从他人那里得到某种令其感到愉快的结果,这种结果反过来又成为推进人们趋向或重复此种行为的力量。例如,企业用某种具有吸引力的结果(如奖金、休假、晋级、认可、表扬等),以表示对职工努力进行安全生产行为的肯定,从而增强员工进一步遵守安全规程进行安全生产的行为。

(2) 负强化,又称消极强化。它是通过某种不符合要求的行为所引起的不愉快的后果,对该行为予以否定。若员工能按所要求的方式行动,就可减少或消除令人不愉快的处境,从而也增大了员工符合要求的行为重复出现的可能性。例如,企业安全管理人员告知工人不遵守安全规程,就要受到批评,甚至得不到安全奖励,于是工人为了避免此种不期望的结果,而认真按操作规程进行安全作业。

(3) 自然消退,又称衰减。它是对原先可接受的某种行为强化的撤销。由于在一定时间内不予强化,此行为将自然下降并逐渐消退。例如,企业曾对职工加班加点完成生产定额给予奖酬,后经研究认为这样不利于职工的身体健康和企业的长远利益,因此不再发给奖酬,从而使加班加点的职工逐渐减少。

上述三种类型的强化相互联系、相互补充,构成了强化的体系,并成为一种制约或影响人的行为的特殊环境因素。

强化理论对管理实践有重要的指导作用:

(1) 奖励与惩罚相结合。即对正确的行为,对有成绩的个人或群体给予适当的奖励;同时,对于不良行为,对于一切不利于组织工作的行为则要给予处罚。大量实践证明,奖惩结合的方法优于只奖不罚或只罚不奖的方法。

(2) 以奖为主，以罚为辅。强调奖励与惩罚并用，并不等于奖励与惩罚并重，而是应以奖为主，以罚为辅，因为过多运用惩罚的方法，会带来许多消极的作用，在运用时必须慎重。

(3) 及时而正确强化。所谓及时强化是让人们尽快知道其行为结果的好坏或进展情况，并尽量地予以相应的奖励；而正确强化就是要"赏罚分明"，即当出现良好行为时就给予适当的奖励，而出现不良行为时就给予适当的惩罚。及时强化能给人们以鼓励，使其增强信心并迅速地激发工作热情，但这种积极性的效果是以正确强化为前提的；相反，乱赏乱罚决不会产生激励效果。

(4) 奖人所需，形式多样。要使奖励成为真正强化因素，就必须因人制宜地进行奖励。每个人都有自己的特点和个性，其需要也各不相同，因而他们对具体奖励的反应也会大不一样。因此，奖励应尽量不搞一刀切，应该奖人之所需，形式多样化，只有这样才能起到奖励的效果。

第二节 团队激励方式

本节案例　问题提出

康芝药业股权激励议案为企业发展赋能

2018年8月13日，康芝药业召开临时股东大会，高票通过《关于〈2018年股票期权激励计划（草案）及摘要〉的议案》等议案。根据议案，康芝药业将向包括公司董事、高级管理人员、核心管理人员及核心技术（业务）人员在内的75名激励对象授予1 150万份股票期权，以实现员工与企业的共同发展。

作为国内儿童健康领域的知名上市企业，康芝药业长期深耕儿童用药市场，近年来又相继布局儿童医疗器械、儿童保健食品、儿童医疗服务等领域。不久前，康芝药业斥资3.2亿收购云南九洲医院有限公司51%股权及昆明和万家妇产医院有限公司51%股权，正式进军以生殖医学技术为核心的儿童大健康产业。随着公司业务版图的不断扩张，对企业管理、人才储备、团队凝聚力提出了更高层次的要求。

有业内人士认为，康芝药业此时推出股权激励计划，是适应公司发展的需要。此次康芝股权激励对象均是对公司未来经营业绩和长远发展有直接影响的管理人员和核心业务（技术）骨干，是公司未来战略发展的核心力量，该计划的实施，有助于康芝人才梯队建设，从而推动业绩快速增长。

资料显示，近年来，国内上市公司的股权激励普及率呈上升态势，A股上市公司实施股权激励的数量与公布的股权激励计划数量均逐年增长。股权激励在吸引企业核心人才、完善公司治理、提升公司业绩等方面发挥了其他激励手段所不可替代的作用。越来越多的企业开始学习、模仿和实施股权激励。

对于此次股权激励计划中设置了较高的业绩考核目标，康芝药业相关负责人表示，"这是经过合理预测并兼顾本激励计划的激励作用，体现了激励与约束相结合的原则。"

他同时表示，此次推出股权激励计划，是为了进一步建立、健全康芝药业长效激励机制，吸引和留住优秀人才，充分调动核心人才积极性，有效地将股东利益、公司利益和核心团队个人

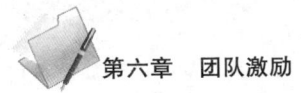

利益结合在一起,使各方共同关注公司的长远发展。

资料来源:百度网站,https://baijiahao.baidu.com/s?id=1609059391404002723&wfr=spider&for=pc,2018-8-17。

请分析:康芝药业是如何通过股权激励留住团队核心人才的?除了股权激励,您还能想出其他团队激励的模式和方式吗?

一、团队目标激励

(一) 团队目标激励的定义

行为学家认为:个体的动机多起源于其需求欲望,一种没有得到满足的需求是激发动机的起点,也是引起行为的关键。因为未得到满足的需求会造成个体的内心紧张,从而导致个体采取某种行为来满足需求以解除或减轻其紧张程度。目标激励就是把团队的需求转化为成员的需求。为了解除这一需求给成员带来的紧张,其会更加努力地工作。在员工取得阶段性成果的时候,团队管理者还应当把成果反馈给成员。反馈可以使成员知道自己的努力水平是否足够,是否需要更加努力,从而有助其在完成阶段性目标之后进一步提高目标。

(二) 团队目标激励的注意点

运用目标激励团队必须注意三点:

1. 目标设置必须符合激励对象的需要

即要把激励对象的工作成就同其正当的获得期望挂起钩来,使激励对象表现出积极的目的性行为。

2. 提出的目标一定要明确

比如,"本月销售收入要比上月有所增长"这样的目标就不如"本月销售收入要比上月增长10%"这样的目标更有激励作用。

3. 设置的目标既要切实可行,又具有挑战性

目标难度太大,让团队成员可望而不可即;目标过低,影响其期望值,难以催人奋进。无论目标客观上是否可以达到,只要团队成员主观认为目标不可达到,他们努力的程度就会降低。目标设定应当像树上的苹果那样,站在地下摘不到,但只要跳起来就能摘到。正确的做法应将长远目标分解为阶段目标。

二、团队奖励激励

(一) 团队奖励激励的定义和分类

奖励激励是把奖励作为激励的一种手段,而且是一种重要手段,使用得当,能进一步调动个体的积极性,激发其自我完善的积极性。奖励包括物质的,也包括精神的,有时物质和精神两者合一的。

奖励激励分为物质奖励和精神奖励。

1. 物质奖励:能够满足个体的生理需要的奖励,包括奖金、奖品等。

物质奖励的心理学意义:

(1) 物质需要是个体的基础需要,衣、食、住、行等条件的改善,对调动其积极性有着重要意义;

(2) 强化按劳分配的观点;

(3) 榜样作用,奖励先进,实际上是树立了榜样。

2. 精神奖励:能够满足个体的心理需要,包括奖章、奖状、嘉奖等。

精神奖励的心理学意义:

(1) 满足个体的精神需要,在物质需要获得满足时,精神需要则往往成为某些个体的主导需要;

(2) 精神奖励能激发个体的荣誉感;

(3) 精神奖励能激发个体的进取心、责任感和事业心。

(二) 团队奖励激励的方式

奖励激励的方式通常有以下几种:

1. 加薪

加薪是一种较普遍的激励方式。应当将基本工资、津贴、奖金结合起来,为团队提供一个有竞争力、公平、有依据的总体奖励制度。加薪分为两种形式:一种是加奖金、津贴,这主要是针对短期内的优秀表现者;另一种是提升基本工资,以奖励稳定的杰出贡献者、努力工作者或服务到一定期限的员工。需要注意的是:团队领导者不管团队成员有何"功绩",一律严格控制其加薪,或者奖励过于主观,工资上限似乎太"大方",都会产生负面效应。即会导致团队成员灰心丧气、精神不振,甚至会发生人员流失。

2. 公司股份与期权

分配公司的股份和期权是一种较为普遍的激励方式,它是以公司若干股份作为奖励,让团队成员感觉到自己在团队中的主人翁地位。但由于股权变化比较灵敏,有时候代价会很高,操作的难度也相对较大。

3. 旅游

旅游激励属于较高层次的奖赏,这需要团队成员离开工作岗位。组织起来比较耗费时间和精力,且成本较高。

4. 休假

休假很重要,关系到团队成员的休整放松和生活、工作的质量问题。假期的长短和时间的选择以及公众假日,都可以用来激励成员。

5. 津贴和福利

津贴和福利通常是经济上的奖励,包括优惠的住房、车辆或帮助贷款,支付各项保险,如意外保险、人身保险和旅行保险等。

6. 其他形式的奖励

奖品、"出其不意的认可"等形式的奖励也已成为团队领导者激励团队成员的方法。这样的激励形式很多,如举办"员工狂欢夜"、与员工合影、团队共进午餐、重新装饰工作场所、颁发证书、给予特殊成就奖等。

(三) 团队奖励激励的注意点

在进行团队奖励激励时,需要注意以下几点:

1. 物质奖励与精神奖励相结合

对于调动个体的积极性来说,物质、精神奖励都是不可缺少的。一般以精神奖励为主,物质奖励为辅,但单独使用,效果往往不高,因为它不能同时满足个体的生理和心理需要。

2. 创造良好的奖励心理气氛

奖励在良好的、浓厚的心理气氛下进行,能使被奖励者产生荣誉感、责任感、进取心,并且会对其产生心理压力,从而可以更好地调动智力效应与非智力效应。

3. 奖励程度要与贡献程度相当

这是奖励的一个重要心理学原则。体现了奖励以贡献为主的原则,使奖励成为导向目标,激发成员的积极性与创造性,充分发挥其智力因素和非智力因素,为团队创造更多的财富。

4. 奖励要考虑成员需要的差异

同样的奖励,形式不同,激励的心理效应不同。或者同样的奖励内容或形式,对不同的团队成员,或者处在团队成员的不同时期,其激励效果也不尽相同。根据需求层次理论,对不同的团队成员采用不同的奖励内容和形式,将会起到较好的效果。

三、团队竞争激励

(一) 团队竞争激励的定义

团队竞争激励是行为激励法的一种。它是将优胜劣汰原则引进企业工作,使企业活动具有某种集体强化的自觉机制。竞争激励的强化与奖惩激励的强化不同,竞争激励不是自上而下压过来的,而是竞争对手间相互的强化激励;它不是外部诱因的刺激,而是内心激奋的结果。采取竞争激励要注意控制竞争沿着正确方向发展,保证竞争在公平基础上进行,最后对竞争结果也要做出一定的判断。

(二) 团队竞争激励的方式

团队竞争激励的方式主要有以下几种:

1. 优秀员工榜

优秀员工榜是很多团队都采取的一种激励方式。优秀员工榜可以分为月评和季评,但绝不是轮流坐庄,否则就达不到预期的效果。对于团队优秀成员,可以把其照片放大粘贴在醒目的位置,这也是一个很大的精神鼓励。

2. 竞赛

竞赛的方式有很多,例如,设立全团队的业绩排行榜,每个月或每个季度将成员的销售业绩或生产业绩进行排名,对排名第一的给予奖励。也可以设"榜主奖",对连续三个月都名列第一的给予重奖。类似的竞赛方式还有销售额比赛、质量比赛、利润比赛、明星大赛等。通过采取这些竞赛的方式同样也可以起到激励团队成员的作用。

竞赛激励方式的特点在于:(1) 活跃工作气氛,提高工作效率;(2) 方法简单,操作方便。采用竞赛激励方式要注意以下几点:(1) 要了解团队成员目前最关注的需要和目标;(2) 进行比赛要有一定的组织文化氛围;(3) 奖励要有一定的诱惑性;(4) 比赛时的规则不要太复杂;(5) 活动结束后应尽快以公开形式进行奖励。

3. 职位竞选

职位竞选也是许多团队在内部实行的一种激励方式。可以通过让团队成员提供相关的职位方案或进行职位演讲,让所有成员对心目中的人选进行投票,从而确定团队中最能胜任此项工作的成员。

(三) 团队竞争激励的注意点

在进行团队竞争激励时,需要注意以下几点:

1. 要有正确的导向机制

对竞争的认识取向和行为走向要注意观察和引导,防止竞争目标的偏离。导向机制包括目标导向、观念导向、舆论导向、政策导向等。

2. 把握节奏

开展竞争活动不能采取"今天一个指标、明天一个立项、后天一个活动"这样复杂、紧密的安排,要注意把握好竞争活动的节奏,才能达到理想的效果。

3. 坚持公平、合理的竞争

在竞争面前要保证人人平等。这种平等性,是给所有竞争者提供相同的竞争条件或统一的比较尺度和标准。良性竞争实际上也是种赛场竞争,它的竞赛规则唯求公平、合理。在参赛者之间,不许营私舞弊,不许暗中使绊子。

4. 给予竞争机会

鼓励竞争的目的是为了人尽其才,充分调动团队成员的积极性。为达此目的,必须为每一个团队成员提供各种竞争的条件,即工作进取的条件,尤其是给予每个人以争胜的机会。具体包括尽才机会、失败复归机会、进修深造机会和进取机会等。机会的给予不能"定量供应",也不能"平等供应",更不能"按期供应"。而必须在成员事业发展的过程中,设立一个又一个的"里程碑"和"加油站",使其每完成一项目标任务以后,接着就能收到另一个目标任务,同时也能获得"能量的补充",使其在任何时候都能拥有竞争的机会和条件。

四、团队个人发展激励

在团队管理中,最好的激励方式是对成员个人发展的激励。个人发展激励将团队成员自我发展目标与团队目标融为一体,具有长久性、持续性和稳定性的特点,有利于团队的长远发展。个人发展激励有以下几种主要方法:

(一) 职业发展

职业发展的激励方法是团队公布明确的职业生涯发展路径,鼓励成员向更高级的台阶迈进。例如,为团队成员制定个人的专项职业发展计划,并提供相应的便利条件,为其搭建施展才华的平台或机会。同时还要提醒团队成员,个人的发展应与团队的战略和方向相一致。每个团队成员都会关注自身职业生涯的发展,薪资在高成就需要的成员心目中往往是次要的,他们更看重的是个人未来的发展前景。

(二) 晋升与增加责任

晋升主要是团队中的升职和升级。在采用这种激励方式时,要注意晋升制度中的公开、公

平、公正的原则，创造科学的人才选拔和竞争机制。

增加责任的方法主要有：领导项目任务小组；承担教学或指导工作的任务；给予特殊任务并放手让他去做；参与重大决策；授予荣誉职务。

晋升与增加责任的激励方式如果运用得当，其激励效果非常明显。但该方式有可能受到职位数目的限制，甚至会因为增强一些人的个人地位而给团队的合作产生副作用。另外，这种方法难以重复使用。

（三）培训及其他学习机会

培训或其他学习机会也可以作为对团队成员杰出贡献的奖励。挑选优秀的团队成员去参加同行的专业或学术研讨会，可以使其扩大知识范围，学习新的技能并扩宽与同行之间的交往；同时也为团队的发展带来全新的视角。安排团队成员进行培训或攻读学位能够使其承担更大的责任和接受更具挑战性的工作，并为其提升到更重要的岗位创造条件。在许多著名的公司，培训已经成为一种正式的奖励。例如，丰田汽车制造厂在厂房中设立专门的区域让员工进行学习，想要提高自己的水平或承担更大责任的员工，可以利用业余时间在学习场地中获取能提高能力增长知识以及让自己挑起新担子的信息。根据相关调查，87％的员工认为给予员工特殊的在职培训是一种积极的激励方式，但花费较高，且在一段时间内影响正常工作。

（四）工作内容激励

用工作本身来激励团队成员是最有意思的一种激励方式。如果能让团队成员从事其最喜欢的工作，就能产生工作的激情和兴趣。因此，管理者应该了解团队成员的特长和爱好，让其将职业和个人的兴趣结合起来，把工作当成事业来做，全身心地投入，这也是个人价值实现的最理想状态。该方式能够将个人目标、自我发展与团队工作、组织目标联系起来，使团队成员充分享受工作过程带来的乐趣。

（五）组织荣誉

不管是成为明星团队成员的个人荣誉，还是成为明星团队的荣誉，都非常令人振奋和鼓舞，并能提高团队的士气。为了激励团队成员，一些团队建立了关于成员出色业绩和成就的表彰体系，比如团队领导者亲自表扬和感谢，在内部刊物上发表贴有成员照片的文章，以广告形式公开表彰，授予团队荣誉称号等。

五、团队情感激励

（一）团队情感激励的定义和作用

根据相关测定：一个人平常表现的工作能力水平与经过激励可能达到的工作能力水平存在着50％左右的差异。可见人们的内在潜能是何等之大！这就要求企业经营管理者既要抓好各种规范化、制度化的刚性管理，又要注意各种随机性因素，注重感情的投入和交流，注重人际互动关系，充分发挥"情感激励"作用。

情感是影响个体行为的最直接因素之一，情感激励就是通过强化感情的交流与沟通，协调团队管理者（领导者）与团队成员之间的关系，让团队成员获得情感上的满足，从而激发团队成员工作积极性的一种激励方式。通过情感激励团队能够建立良好的情感联系，激发每个成员的士气，从事实现团队的共同目标。

（二）团队情感激励的方式

1. 团队管理者（领导者）行为的"垂范激励"

领导的有效性和稳定性取决于下级的社会赞同。受到下级承认和赞同的领导人，在对下级施加影响时，要比那些未受到承认或赞同的领导者更为有效。团队管理者（领导者）作为团队的掌舵人和领头雁，应该以身作则，率先垂范，处处做团队成员的楷模。身传胜过言教，"榜样的力量是无穷的""正身直行，众邪自息"。具有亲切美好领导形象的团队领导无疑能赢得成员的爱戴和拥护，号召力、凝聚力也就自然而然地产生于情理之中了。

2. 日常交往中的"融通激励"

团队管理者与团队成员的接触是正常的、大量的，这些接触正是于无形中实施"情感激励"的最佳时机。首先，团队管理者应该调整好自己的心志。领导与被领导只是行政职务和岗位上的分工，上下级在政治上是平等的，没有高低贵贱之分。因此，团队领导在成员面前不应有丝毫的优越感和特殊感。考虑到成员可能会产生的心理障碍（譬如在团队领导者面前的自卑等），领导者在交往中更应该主动、虚心，神情语言要平易、谦和，从这个基点出发，和成员的融通就会变得朴素、自然、不着痕迹。

人与人的交往，一要谋求情感方面的交流，二要实现信息方面的沟通。人都是有感情需要的，而团队成员又特别希望从团队领导处得到尊重和关爱，这种需求得到满足之后，必定会以更大的努力投入工作。上级和下级之间信息的交流，可以增强彼此的信赖感和了解程度，上级体察到了下级的所干所想、才华能力，运筹帷幄时就能够知人善任，人尽其用；下级理解了上级的心理活动，吃透了意图，干起工作来就会得心应手，事半功倍。

3. 布置工作时的"发问激励"

布置工作是落实本部门或上级决策的关键。对此，团队管理者应有充分的思想准备，讲话要明白、果断，语气要充满自信，让团队成员受到鼓舞和感染。同时又不能只顾自己发号施令，应随时注意与团队成员感情上的融通，适时提出问题并给其以思考回答的余地。现代管理理论指出，以协商方式布置工作，是对部属的尊重和爱护。在自尊心和荣誉感的驱动下，团队成员的潜在能力将得到更大发挥。

生硬的命令则不同，容易窒息下级执行任务的热情，甚至扼杀他们主动创造的活力。同样一项工作，假如团队领导这样布置："你必须完成！"团队成员就不好意思提出其他建设性意见、疑问以及顾虑。在某种场合下，还有可能造成强人所难的误会，勉勉强强地接受下来，执行过程中也许会有一些难以考证的原因来拖延。如果换一种口吻安排："你看承担这项工作有哪些困难需要帮你解决？"团队成员便乐意接受，自然也会精心付诸执行。原因就是前者仅仅把成员当作完成任务的对象，后者则充满了情感的体贴及人格的尊重。

4. 交待任务时的"授权激励"

团队管理者要参考团队成员的个性、能力、特长、人际关系等具体情况，分别交办不同的任务。一旦确定下来，在交代任务时就不要有任何犹豫，应表现出充分信任和关切，以免伤害成员的自尊。交代任务，就意味着要成员承担一定的责任。因此，应同时授予其相应的权力，并为其正确行使职权提供必要的帮助。权力是完成任务的条件，而责任又是赋予相应权力的依

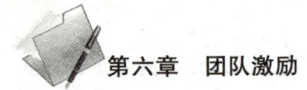

据委任授权,下级既具备了完成任务的基本前提,又从委任者那里感受到信任和关切,势必会尽职尽责地把事情办好。如果团队管理者放手不放心,委任不授权,则团队成员在完成任务的过程将会处于一种两难状态:或是事无巨细样样请示,以至于贻误战机;或是因权责不到位产生逆反心理,消极怠工。

5. 决策过程中的"参与激励"

参与意识是伴随着人类生活水平的提高而不断增强的,实现自我价值需求的表现。团队管理者在决策过程中,要具有高度的民主化作风,即便自己已经胸有成竹,也应该以虚怀若谷的态度,进一步征询更多团队成员的主意、办法。那种以为决定目标、方针、方向仅仅是领导层的事,没有必要让更多人知道的想法,实际上陷入了认识的误区。无论团队管理者个人如何聪慧,和群体相比总是十分有限的,只有让团队成员们明白团队的目标,并为其献计献策提供机会,才能满足其实现自我价值的欲望,激发创造性思维的火花,从而焕发出许许多多不寻常的意见和有价值的建议。集思广益的结果,将使决策更科学、更完善、更可行,最终更有益于目标的实现。

6. 发生矛盾时的"宽容激励"

上级与下级之间发生矛盾和冲突是在所难免的,下级触犯上级的情况也时有发生。遇到这种情况,团队管理者应以豁达的态度泰然处之,不能耿耿于怀,更不能蓄意报复。即使下级的态度比较恶劣,也要本着"团队大事讲原则,个人小事不计较"的精神去消除和淡化。必要时团队管理者可于事后主动找对方谈心交换意见,以期圆满解决。这样处理不仅不会有损于管理者的形象,也会因此而提高威信,加深上下级之间的理解与沟通。

> **【小看板】**
>
> 西汉刘向的《说苑——复恩》篇中记述了一则"绝缨会"的故事,大意说:春秋时期楚国的楚庄王有一次大宴群臣,突然,殿内的灯火熄灭了,一个人趁机在暗中拉扯庄王美妾的衣裙,这个有心计的美人顺手把此人帽子上的带缨拽断,然后请求庄王举火点灯,捉拿断了帽缨的人,楚庄王拒绝了美妾的请求说:寡人赐臣下酒筵,使别人喝醉失去了礼仪,怎么能因此而伤害部下呢? 于是命左右传令:今天宴请群臣,大家都把帽缨摘下,不绝缨者便不算尽欢。于是赴宴者百余人全都扯去帽缨,然后点亮灯火,尽欢而散。后来晋攻打楚国,有一个将军冲在阵前奋勇异常,击退晋军保护庄王,夺取了战争的胜利。庄王问这个将士,这个将士说:大王,我就是当夜被您的美人扯断帽缨的那个人哪! 庄王听了不禁感慨万端,唏嘘良久。一个古代的封建君主尚能如此宽容大度,我们现代企业的团队管理者不更该有博大的胸怀和超然的气度吗?

六、团队信任激励

(一) 团队信任激励的定义

信任激励是一种基本激励方式。上下级之间的相互理解和信任是一种强大的精神力量,它有助于团队人与人之间的和谐共振,有助于团队精神和凝聚力的形成。对团队成员的信任主要体现在平等待人、尊重下属的劳动、职权和意见上,这种信任体现在"用人不疑,疑人不用"

上,表现在放手使用上。授权是充分信任团队成员的好方法,人人都想实现自我价值。充分授权对团队成员是信赖和尊重。刘备"三顾茅庐"力请诸葛亮,显出一个"诚"字;魏征从谏如流,得益于唐太宗的一个"信"字,这都体现了对人才的充分信任。信任可以缩短团队成员与团队管理者之间的距离,使团队成员充分发挥主观能动性,使团队发展获得强大的原动力。

(二)团队信任激励的作用

团队信任激励的作用表现在:

1. 信任是人生的动力源

人生前行的动力主要源于精神上的动力,信任之所以能给人精神上强大的动力,主要基于两点:(1)因为人是脸面动物,活在世上就是追求一种尊重与认同,尊重与认同体现的是一种自我价值,没有什么比被人理解、尊重更能调动人的劳动激情,而信任就是一种理解,就是一种尊重和认同。(2)因为人是感恩动物。给人信任就是给人知遇之恩,所以,有时人并不在乎他是什么,而是你把他当作什么。你给他信任,他就会产生一种"决不辜负"的动力,就会努力给你回报。这一点对于尚在争取地位、力图证明自己的青年团队成员表现得尤为明显。

2. 信任是自信的催化剂

一个人能否获得成功,从自身的因素来讲,主要取决于意志和能力。前者对于人生尤为重要,因为只要矢志不移,能力就能在这种反复的实践中得到锻炼和加强。而最能体现意志的就是人的自信,有了自信,人才能正确面对失败和坎坷,才能一次次从挫折中积累经验,走向成功。这种自信从哪里来,除了自己在历练中积累之外,更多的是源于别人的鼓励,尤其是团队领导者的信任。这是因为一个人对自己的判断,不仅仅是当局者的感觉,更多的是需要旁观者的反馈。

3. 信任是忠诚的塑造点

判断一个团队的凝聚力和战斗力,成员的忠诚度是一个相当重要的标志。成功的团队都非常重视对成员忠诚度的培育。只有这样,才能保持思想和行动的一致,才能保证最大团队利益的取得。而信任则是这种忠诚度的一个重要塑造点,信任给人不仅仅是一种态度,更是一种亲和力。

(三)团队信任激励的注意点

1. 要积极理顺信任与制度的关系

制度更本质的东西不是约束而是指引,是以明文的形式规定一件事情应当怎么去做,它是办事规程,针对的主体是"事"。"制度"与"信任"是一个人做好一件事必须具备的两个先决条件,前者给人指引,后者给人动力。制度给人的指引作用越强,个体及社会之间的信任度越高,如果失去制度的指引或道德的约束,信任必然收敛。因此,制度越健全的地方就越能盛行信任,制度观念越强的个人也就越值得信任。理顺了这种关系就能把制度作为信任的一个基础或支撑,消除团队成员对制度的抵触情绪,增强其对制度的认同和遵守力度。值得一提的是:在制度的制定、宣传、执行和检查的过程中,不要把"人"作为主要针对对象,要把"事"或"岗"作为主要针对对象,对事对岗要强化制度的约束作用,对人要强化制度的指引作用。

2. 要妥善处理信任与监督的矛盾

信任不能放任,授权不能弃权。必要的监督措施是维护信任激励有效实施的保障。但在处理信任与监督的关系上,应该强化和维护两者的共融性和制衡性,不可偏废。其实,监督作为一种机制,不是一种不信任,而是要依靠制度的力量,引导团队沿着正确的方向前进。从这个意义上说,监督更是一种爱护和信任。只有充分理解和认识到这一点,才能对监督有一个正确的态度。比如,放手让一个人去做事,在做事的过程中,及时给予提醒和指点,让人感觉到有后盾力量和保护措施,就会使人做得更好。因此,监督对信任来说,起的不是否定和牵制作用,而是推动、完善和保障作用。用这个指导思想来实施监督,就会产生积极的效果。

3. 要正确评议信任与不良后果的关系

正因为信任是一种预期,所以未达到预期也是情理。一般说来,信任激励是在基于了解的基础上实施的,因此,产生的结果大多是积极的、正面的;但一旦未达到预期,甚至出了事,往往会听到这样一些声音,例如,"都是信任惹的祸""我太相信他了"等。对于这种言论,我们要正确评议:信任作为一种人际要素和激励手段本身没有过错,之所以出现严重后果是因为没做这方面的预期;即使有这方面的预期,但在过程中缺少指引、提醒和督促;即使履行了提醒和督促义务,但缺少后续手段或补救措施。因此,团队领导者需要着力营造关心人、尊重人、理解人的工作氛围,营造和谐、温馨、相互信任的人际关系,使团队成员在这种氛围及心境中快乐工作,尽情发挥自己的聪明才智。

七、团队文化激励

(一)团队文化激励的定义

团队文化激励法是利用团队文化的特有力量,激励团队成员向团队期望的目标行动。团队文化是团队在运行过程中提炼和培养出来的一种适合团队特点的管理方式,是团队成员所共同认可的特有价值观念、行为规范及奖惩规则等的总和。一个具有激励特性的、优良的团队文化能调动团队成员的积极性、主动性和创造性。

(二)团队文化激励的方式

按照团队文化的构成要素,团队文化激励法主要包括:

1. 价值观激励

尽管团队价值观的发展呈多元化和个性化的趋势,但其共同价值取向是树立崇高目标、建立共识和追求卓越。因此,良好的价值观能增强团队的凝聚力,培养团队成员奋发向上的精神,并对每个成员的目标和行为具有导向和激励作用。

2. 榜样激励

榜样的力量是无穷的,团队的榜样人物所树立的形象和所起的模范作用,对团队中的其他成员会具有很强的激励功能。榜样人物对自己是一个压力,对团队先进者是一个挑战,对一般团队成员有激励作用,对后进者能产生心理上的压力。

榜样应该是公认的,具有权威性的,能使大家产生敬仰的心情。特别是团队领导者行为通过榜样作用,激发团队成员的动机,以调动工作、学习积极性。团队领导者良好的行为具有权威性,权威是暗示成功的重要心理条件,使团队成员很快受到良好影响。

3. 形象激励

团队形象激励是团队利用形象增强团队成员的成就感、自豪感和对团队的忠诚。

第三节　团队激励的应用

本节案例　问题提出

海曼斯的自我激励之路

海曼斯小时候是一个非常胆小害羞的孩子,几乎没有朋友,也没有信心,总觉得自己什么事也做不了。突然有一天,他在看电视的时候了解到了"自我激励"的神奇效果,于是他决定要改变自己。

正好那个周末,他所在中学的语文老师——理维斯先生给全班的同学布置了一道作业,她要求学生们去读哈波·李的小说,然后在小说的结尾处用自己的话续写一段文字。海曼斯无论是在读哈波·李的小说的时候,还是读完开始写作业的时候,他都一直在激励自己:我是最棒的,我读的是最仔细、写的是最好的。在这种激励之下,海曼斯迅速完成了家庭作业。

第二个星期,海曼斯将作业交给了理维斯先生。现在他已记不起当初他写的内容和理维斯先生给他的分数了,但他仍清清楚楚地记得,理维斯先生在他的作文本里的空白处写的那四个字——"写得很好!"正是这4个字,让他真真切切感受到"自我激励"的魅力所在,从而改变了他的一生。"在我进行自我激励之前,我一直不知道我自己是谁,也不知道将来我能做什么,"海曼斯说,"直到读了理维斯先生的评语,我才知道自我激励起了作用,我终于找到了信心。于是从那天起,我就一直不断地告诫自己:我写得很好,我一定能成为最好的作家……不管是在我事业顺利的时候,还是我遭遇挫折的时候,我都一直这样激励自己。那天回到家后,我又写了一则小故事,这是我一直梦想着去做却不相信自己能做到的事情。"

之后,在读书的业余时间,他又写了许多小故事,每一次他都把自己的作品带到学校,交给理维斯先生。而理维斯先生同样对这些稚嫩的作品则给予了鼓舞人心的、严肃而又真诚的评价。"我所做的一切恰恰是当时的我所需要的。"海曼斯说。不久,他被学校的报纸任命为编辑,这更加使他信心倍增,同时视野也开阔了。由此,他开始了自己成功而又充实的一生。

现在他已经是一个职业作家,在过去的几十年的作家生涯中,他取得了可喜的成绩。海曼斯坚信,如果没有当初的自我激励,那么他现在所拥有的一切都不会发生。海曼斯之所以能够成为一个著名的职业作家,除了他自身的努力之外,最重要的是他善于自我激励,给自己以正面的引导和帮助。正如他自己所说的那样,如果没有当初的自我激励,那么现在所拥有的一切都不会发生。

资料来源:百度网站,https://baijiahao.baidu.com/s?id=15768522901393092113&wfr=spider&for=pc,2017-8-27。

请分析: 既然自我激励对于成功来说是非常重要的,可是很多人却不懂得如何进行自我激励,请从上述案例中分析一下海曼斯是如何通过自我激励获得成功的?

在团队中有不同类型的成员,在需要进行激励时应当对不同类型的成员采取不同的方式进行激励。具体来说,团队中的激励方式主要有以下几种。

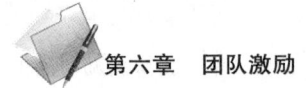

第六章　团队激励

一、团队成员的自我激励

自我激励是个体具有不需要外界奖励和惩罚作为激励手段,能为设定的目标自我努力工作的一种心理特征,是个体迈向成功的引擎。一个人想成为优秀的团队领导者或团队成员,就必须成为有效自我激励的高手,不善于利用自我激励的人很难实现自己在事业上的追求和目标。

团队成员进行自我激励时应注意以下七个方面:

1. 制定明确、有效、可行的目标,并进行目标的合理分解

很多人之所以缺乏自我激励的动力,是因为他们的目标模糊不清,缺乏吸引力,或遥不可及,从而使自己失去了动力。若希望自我激励能够持续发挥作用,就需要将最终目标分解为阶段目标,并将阶段目标分解为每天的目标,使目标变得触手可及。

2. 采取适当的奖励和惩罚措施

当按照自己的计划完成阶段性的工作任务和目标时,要对自己进行小小的奖励,比如美餐一顿或看一场电影等,以此不断鼓舞自己;而当没有达成预定目标时,则要对自己进行小小的惩罚,比如多看一会儿书、少买一件衣服等,从而鞭策自己不断朝着最终目标努力。

3. 为自己选择一个竞争对手

竞争的魅力在于能够达到优胜劣汰的效果。想要每天保持激昂的斗志,可以从战胜自己的竞争对手开始,在不断超越别人的同时,也会步步地超越自己。

4. 激发对危机和挑战的乐趣

许多人乐于迎接挑战,是因为在危机和挑战中蕴含着机遇,如果把困难当作是对自己的诅咒,就很难在工作中找到动力;相反如果学会把握困难带来的机遇,自然会产生动力。

5. 把握好自己的情绪

人在开心的时候,体内会发生奇妙的变化,从而获得新的动力。因此,不要总想在自身之外寻找乐趣,快乐的真正源泉在于自己,情绪失常的时候,冲杯咖啡、听听音乐,或向别人诉说都有利于调整自己的情绪、保持良好的状态。

6. 恰当地利用痛苦和失败进行刺激

在自我激励不足的时候,想想失败后别人对自己的看法和态度,回忆一下自己曾经遭受过的坎坷和苦难,就会警醒并能激发自己工作的斗志,达到自我激励的效果。

7. 远离"不和谐"的言行

在自我激励的过程中,要能恰当地处理周围环境对自己的影响,避免别人的消极言行影响自己的信心和行动。

二、对团队一般成员的激励

(一) 以绩效为中心的激励

要把工作绩效以及对团队的其他贡献与团队成员的报酬收入紧密结合起来。例如,在实行岗位责任制和劳动合同制的基础上实行结构工资制,将团队成员的实际收入与岗位责任、工作的数量和质量挂钩,体现能者多劳、多劳多得、优质优酬的原则。一般来说,在结构工资中,岗位职务工资是工资构成中的不变部分,其比例应当在70%以下;业绩工资为工资构成中的

可变部分,应当占30%以上。

许继电气公司董事长王纪年提出,一个企业的活工资低于15%时就到了"死亡线"。实际上,美国企业的工资"死活"比例为30:70;日本企业的工资"死活"比例为50:50;许继电气公司的工资"死活"比例为40:60,其激励性是比较大的。此外,团队还可从利润中提取一部分作为奖励基金,奖励为团队做出突出贡献的成员。

(二)采取弹性奖励的激励手段

弹性奖励是根据团队成员的需要,有针对性地选择奖励的时间和地点。这是因为有的成员希望得到奖金,有的成员可能需要休假的时间长一点,有的成员则渴望晋升,还有的成员更珍惜进修学习的机会。以弹性奖励办法代替僵死的奖励办法会起到较好的激励作用。

(三)对不同团队成员的权变激励

根据团队成员的不同特点,可以把其分为四类,因此,相应地就要有不同的奖励办法。

第一类团队成员是善于听命执行的守成者。他们负责任、守纪律,但不愿意冒险。对于具有此种特质的团队成员,要定期表扬,尤其是侧重于有形奖励。

第二类团队成员是喜欢迎接挑战的叛逆者。他们喜欢行动、不重理论、追求自由。对于这类团队成员,要把新任务交给他们,奖励办法是让其去学习和组建新团队。

第三类团队成员是有远见卓识的策略者。他们善于思考和分析复杂问题,不仅看眼前,也重视未来。对其更多授权或实行弹性工作时间,对这类成员很有激励作用。

第四类团队成员是追求环境和谐的尊重人者。他们重视和谐人际关系、追求公平,因而结合其优点,公开表扬其对同事的友情与工作中的合作精神,会起到一定的激励效果。

(四)达到激励的公平

公平是激励的基本原则。最好的办法是提高团队成员对薪酬决策的参与度,增加分配的透明度,让团队成员相信分配是公平的、差距是合理的。否则,团队付出再多的奖励也没有效果。

三、对团队管理者的激励

高素质的管理者是团队成功不可缺少的条件。要建立和完善团队激励制度,更应该对团队的管理者实施有效的激励。

(一)引入竞争机制

团队管理者是团队的经营决策者,是联系团队成员的桥梁,是上情下达和下情上达的主要沟通渠道,是能动性地发挥人力资源价值的一个重要环节。建立开放、流动的用人机制,实行管理岗位竞争上岗,使能者上、庸者下甚至平者下,形成能升能降的制度,这样有利于选拔优秀人才和保证组织经营管理决策的顺施。一些企业实行的"末位淘汰制"就是一种有效的竞争激励措施。

第六章　团队激励

（二）适度授权

授权可以增强各层次管理人员的工作责任感和积极性，能提高其管理的能力，使管理者获得相应的培训和发展机会，也有利于组织中的团队成员成长为未来的领导者。此外，授权还有利于团队打破严格等级观念，让更多的中低层管理者参与团队的经营决策，有利于集思广益，提高决策的科学性和有效性。

授权是一种很好的激励方式，它既能够满足管理者的权力需要，也可以使管理者真正有效地从事工作。但必须注意适度授权、有效监督、防止滥用职权，防止团队管理者凭借权力在招聘、解聘、任命、奖惩等权利方面有不当的个人作用。因此，在授权的情况下，还应当建立团队成员意见申诉和监督处理机制，使授权沿着合理的轨道运行。

（三）运用薪酬杠杆

确定合理的薪资水平，将管理者的个人报酬与其工作业绩直接挂钩，有利于激励的实现。从现代管理的角度看，对高层管理人员常用的物质奖励方式是年薪制和期权制，这两种方式的优点是将经营业绩与经营者个人收入直接挂钩。经营者与产权所有者以签订合同的方式，把个人收入与企业的经济效益直接联系起来。这既有利于从经济利益方面对经营者进行激励，也有利于对其进行有效约束。

我国在改革的形势下，已经在不小的范围实行年薪制和期权制，但目前许多实行企业存在着非常严重的不规范问题并亟待解决。例如，有的上市公司亏损额高达数千万、上亿元，但经营者却依然有年薪数百万、上千万元的收入。因此，确定团队管理者的薪资计算方法，是一个既重要又复杂，而且十分紧迫的问题。

（四）强调精神激励

在市场经济条件下，精神激励并不过时。马斯洛的需求层次理论指出：高层次个体往往具有更高层次的需要，他们要求发挥自己的聪明，追求自我价值的实现，而且往往具有很强的自我实现欲望。反映在管理工作中，即他们具有最大限度地发挥自己的才能与利用组织资源的需要。因此，突出他们的经营思想、创新精神，承认他们的工作努力和绩效，往往比物质鼓励更具有威力。

对于团队管理者的精神激励，要注意针对性，不能停留在"发奖状、开表会"上，而要为其提供良好的管理工作环境，使其有充分施展才能的空间，让其从职位工作中获得最大的心理满足，体验在领导团队工作中的乐趣和成就。

本章小结

本章内容结构如下所示：

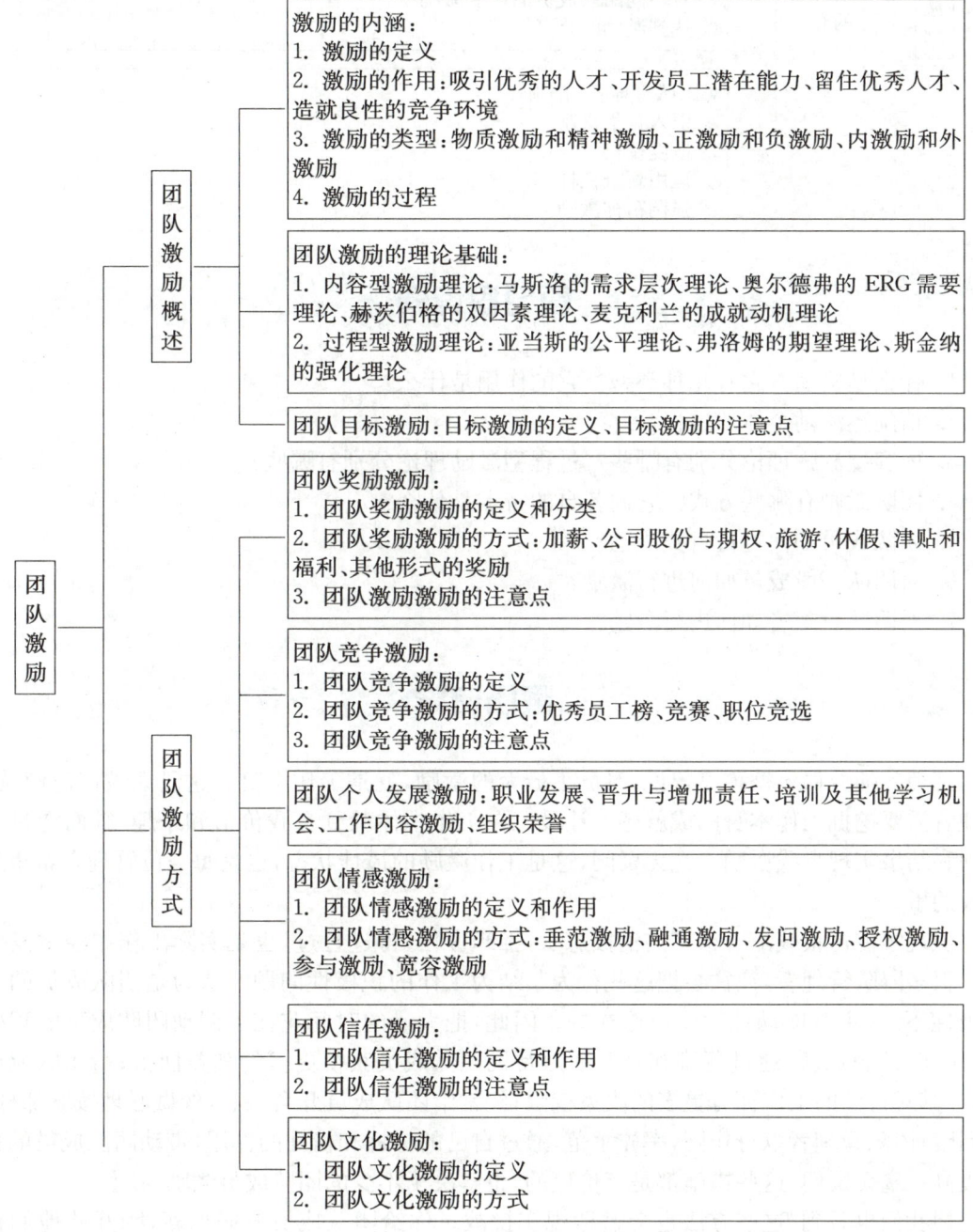

第六章 团队激励

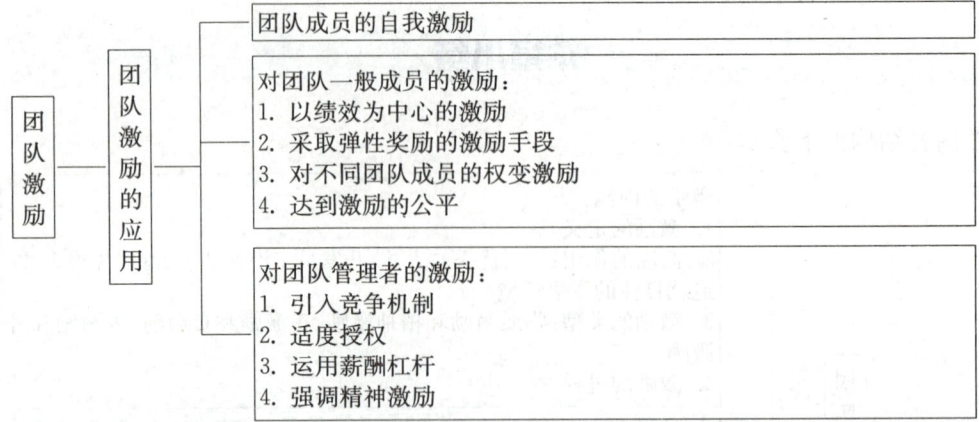

复习思考题

1. 什么是奖励？它有几种类型？它的作用是什么？
2. 请阐述激励个体的过程？
3. 内容型激励理论分别有哪些？过程型激励理论分别有哪些？
4. 团队激励有哪些方式？它们各自的特点是什么？
5. 团队成员如何进行自我激励？
6. 对团队一般成员如何进行激励？
7. 对团队管理者如何进行激励？

案例讨论

管理大师彼得·德鲁克曾说：对员工最大的激励，就是工作本身。这段话被广泛解读为：管理者需要挖掘工作本身的成就感。让员工在工作中体验到自我价值和乐趣，继而通过工作过程和结果实现自我激励。毫无疑问，这是工作激励的最佳状态，也是每一位管理者希望乐见其成的事。

但现实往往很残酷。很多的消极怠工，推卸责任，得过且过，也是实际工作中经常发生的事。很多团队管理者，往往会把这些行为归结为工作的积极性问题。认为是团队成员的工作积极性不高，主观能动性太差所造成的。因此，把大量的时间花在了调动团队成员的积极性上，比如：升职加薪，通过薪酬和晋升通道帮助团队成员获得更多的利益回报；给团队成员授权，让其对自己的工作拥有更多的决策权限；经常给团队成员开会谈心，像做心理按摩那样，嘘寒问暖；团队管理者以身作则，率先垂范，通过自己的标杆和榜样的作用，带动团队成员的积极性提高。毫无疑问，这些措施都是有价值的，也解决了不少的团队成员激励问题。

但我们也看到，这些方法也会遭遇现实挑战。你给团队成员升职加薪，刚开始他们很开心，但一个月的兴奋期过去后，升职加薪的新鲜感一去不复返，工作没有任何改进。你给团队成员授权，但其却丝毫没感觉到授权的成就感所在，反而认为这是团队管理者推卸责任之举。你给团队成员谈心，说多了都是泪，说少了就是挠痒痒。从会议室出来后，团队成员们还是一如既往的行事，根本毫无改变可言。还有团队管理者的以身作则，起得很早，睡得很晚，凌晨都要回复团队成员的邮件,还要对他们的工作指点一二,不可谓不辛苦,但到头来团队成员不领情,行为没改变,竹篮打水一场空。这就是很多管理者在激励问题上面临的痛苦。

还有的团队管理者会说:别来虚的,钱给够了一切都好办!果真是这样吗?如果是那样的话,为什么还会有很多薪水高的团队成员选择离开?有人又会说,马云都讲过,员工离开要么钱没给够,要么心受伤了。既然不是钱的问题,一定是心里不好受才走的,但这又会碰到另外一个问题,团队成员心里不好受,团队管理者的心里也不好受,过去那么多次的面谈和交流,那么多的理解认可和尊重,难道情感交流都付之东流了吗?

讨论:
1. 为什么诸多的管理措施和激励措施对团队成员都没有用?
2. 是激励的出发点错了还是激励的方式错了?
3. 团队管理者应该如何平衡奖励激励和情感激励?

实训游戏

游戏名称: 橡皮筋传递游戏
游戏时间: 15～20分钟
游戏目的: 团队激励和配合
游戏规则:

(1) 团队成员分等距站立,从首位成员开始每人用嘴叼着牙签,将牙签上的橡皮筋传递给下一位成员;

(2) 在这个过程中不能用手,只能用嘴巴和牙签将橡皮筋从第一位传递到最后一位,再从最后一位传递回第一位;

(3) 传递过程中若出现橡皮筋掉落的情况,要从第一位重新开始;

(4) 按传递回第一位成员的先后顺序公布各团队比赛的成绩;

(5) 由团队管理者(领导者)组织团队成员进行讨论,总结第一轮比赛过程中存在的问题或取得成绩的经验,并部署第二轮的比赛;

(6) 进行第二轮的比赛,再次公布各团队比赛后的成绩;

(7) 由团队管理者(领导者)组织团队成员再次进行讨论,总结第二轮比赛过程中存在的问题或取得成绩的经验。

问题讨论:
(1) 在游戏过程中,你是如何激励自己的?
(2) 你又是如何激励其他团队成员的?
(3) 你从其他团队成员的激励中获得了什么?

第七章　团队冲突

> 人的巨大的力量就在这里——觉得自己是在友好的集体里面。
>
> ——奥斯特洛夫斯基

本章学习目标

学习本章节后,应该能够:
- 了解团队冲突的不同观念;
- 认识和了解团队冲突的过程;
- 理解和掌握团队冲突问题的各种解决策略;
- 理解和掌握团队冲突问题的一般解决方法。

第一节　团队冲突概述

本节案例　问题提出

如何激发和处理团队内的良性冲突?

美国一家面临倒闭的钢铁厂,虽然频繁更换了几任总经理,花费了巨大的人力物力财力后,但是,对于走向破产的钢铁厂大家已经黔驴技穷,员工也都士气涣散,唯一能做的事情就是等着工厂宣布破产清算。

新到任的总经理似乎也拿不出什么好的办法来,但他却在几次员工会议上发现了一个现象,公司的每次决策制度公布时,大家似乎都不愿意提出反对意见,管理者说什么就是什么,会议总是死气沉沉。因此这位总经理果断做出了一个决定,以后会议每个人都有平等发言的权利,如果发现问题,谁提出解决方案并且没有人能够驳倒他,他就是这个方案项目的负责人,公司给予相应的权限和奖励。

新制度出台后,以往静悄悄的会议逐渐出现了热烈的场面,大家踊跃发言,争相对别人的提案进行反驳,有时候为争论某个不同意见,争论者面红耳赤,但在走出会议室之前,都会达成一个解决问题的共识,并且都会按照达成的共识去做。

过了一段时间后,奇迹出现了,这家钢铁厂逐步走出困境起死回生,甚至在几年后进入了美国最优秀的四大钢铁厂之列。濒临倒闭的美国钢铁厂能够起死回生,源于他对自己固有文化的突破,将死气沉沉的"一言堂"会议氛围激发为大家群策群力的脑力激荡。实际上,当团队成员针对有关当前问题引发的冲突是建设性的,甚至是必不可少的时候,冲突就具有了吸引力和创造力。

资料来源:百度网站,http://baijiahao.baidu.com/s?id=15681739315384878&wfr=spider&for=pc,2017-5-23。

请分析:通过上述案例,我们知道并不是所有的团队冲突都会带来消极作用?那么,我们该如何激发团队内的良性冲突呢?

一、冲突的定义和来源

为了使群体有效地完成组织目标和满足个人需要,必须建立群体成员和群体之间的良好和谐关系,即彼此间应互相支持,行动应协调一致。但是,现实的情况是,个体间存在着各种差异,群体间有不同的任务和规范,对同一个问题就会有不同的理解和处理,于是就会产生不一致,或是不能相容。也就是说,冲突在组织或群体内是客观存在的。

因此,冲突可以定义为:个人或群体内部,个人与个人之间,个人与群体之间,群体与群体之间互不相容的目标、认识或感情,并引起对立或不一致的相互作用的任何一个状态。

一般来说,冲突具有以下来源:

1. 沟通差异

冲突来自语意上的难懂、误解,以及沟通媒体上的噪音干扰。

2. 结构差异

来自组织结构本身的设计不良,而造成了整合的困难,最后则导致冲突。

3. 个人差异

来自价值系统与人格特征的不同。

二、团队冲突的定义

团队冲突是两个或两个以上的团队在目标、利益、认识等方面互不相容或互相排斥,从而产生心理或行为上的矛盾,导致抵触、争执或攻击事件。

20世纪40年代之前的传统观点认为,所有冲突是不良的、消极的,是破坏性的,必须避免或尽量减少。因为冲突意味着意见分歧和对抗,势必造成组织、团队、个体之间的不和,破坏良好关系,影响团队目标和组织目标的实现。从20世纪40年代末到70年代中期,人际关系观点在冲突理论中非常流行。该观点认为,对于所有团队与组织来说,冲突都是与生俱来、无法避免的。因此,我们应该接纳冲突,发挥其对团队和组织的有益之处。从20世纪70年代末至今,冲突的互动观点成为主流观点。该观点指出,过于融洽、和谐、安宁和合作的组织容易对变革表现出静止、冷漠和迟钝,因此可能使组织缺乏生机和活力,适当的冲突反而有利于组织的健康发展。"鲶鱼效应"非常直观地显示了适当的冲突可能带来的积极效果。

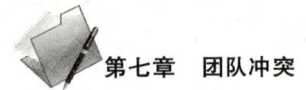
第七章 团队冲突

【知识链接】

鲶鱼效应

挪威人爱吃沙丁鱼，尤其是活鱼，挪威人在海上捕得沙丁鱼后，如果能让他活着抵港，卖价就会比死鱼高好几倍。但是，由于沙丁鱼生性懒惰，不爱运动，返航的路途又很长，因此捕捞到的沙丁鱼往往一回到码头就死了，即使有些活的，也是奄奄一息。只有一位渔民的沙丁鱼总是活的，而且很生猛，所以他赚的钱也比别人的多。该渔民严守成功秘密，直到他死后，人们才打开他的鱼槽，发现只不过是多了一条鲶鱼。原来鲶鱼以鱼为主要食物，装入鱼槽后，由于环境陌生，就会四处游动，而沙丁鱼发现这一异己分子后，也会紧张起来，加速游动，如此一来，沙丁鱼便活着回到港口。这就是所谓的"鲶鱼效应"。运用这一效应，通过个体的"中途介入"，对群体起到竞争作用，它符合人才管理的运行机制。

团队管理也是如此。无论是传统型团队还是自我管理型团队，时间久了，其内部成员由于互相熟悉，就会缺乏活力与新鲜感，从而产生惰性。尤其是一些老成员，工作时间长了就容易厌倦、懒惰、倚老卖老，因此有必要找些外来的"鲶鱼"加入团队，制造一些紧张气氛。从马斯洛的需求层次理论来说，个体到了一定的境界，其努力工作的目的就不再仅仅是为了物质，而更多的是为了尊严，为了自我实现的内心满足。所以，当把"鲶鱼"放到一个老团队里面的时候，那些已经变得有点懒散的老队员迫于对自己能力的证明和对尊严的追求，不得不再次努力工作，以免被新来的队员在业绩上超过自己。否则，老队员的颜面就无处存放了。

而对于那些在能力上刚刚能满足团队要求的队员来说，"鲶鱼"的进入，将使他们面对更大的压力，稍有不慎，他们就有可能被清出团队。为了继续留在团队里面，他们也不得不比其他人更用功、更努力。

三、团队冲突的类型

团队冲突根据不同的划分方法可以分为不同的类型。

1. 根据冲突的社会性程度分类，可以划分为个体心理冲突、人际冲突和团队与团队间的冲突三种。

（1）个体心理冲突是个体心理中两种不相容的或互相排斥的动机形成的冲突。

（2）人际冲突是团队内个体与个体的冲突。产生人际冲突经常有信息原因、认识原因、价值原因、利益原因、个性与品德原因。

（3）团队与团队间的冲突是在组织内，团队与团队间的认知冲突、目标冲突、行为冲突及情感冲突等。其形成的主要原因有组织原因、竞争原因、工作性质特点的原因和团队素质的原因。

2. 根据冲突的性质分类，可以划分为建设性冲突和破坏性冲突。

（1）建设性冲突是在目标一致的基础上，由于看法、方法不一致而产生的冲突，它的发生和结果，对团队具有积极意义。

建设性冲突的特点主要有：

① 冲突双方对实现共同的目标都十分关心；

② 彼此乐意了解对方的观点、意见；
③ 大家以争论问题为中心；
④ 互相交换情况不断增加。

建设性冲突对团队的作用：
① 可以促使团队或小组内部发现存在的问题，采取措施及时纠正；
② 可以促进团队内部与小组间公平竞争，提高组织效率；
③ 可防止思想僵化，提高团队和小组决策质量；
④ 还可激发团队内员工的创造力，使团队适应不断变化的外界环境。

（2）破坏性冲突是在目标不一致，各自为了自己或小团队的利益，采取错误的态度与方法发生的冲突。这类冲突，大多是对人不对事，冲突激化时会有人身攻击，对组织会造成不良后果。

破坏性冲突的特点主要有：
① 双方对赢得自己观点的胜利十分关心；
② 不愿听取对方的观点、意见；
③ 由问题的争论转为人身攻击；
④ 互相交换情况不断减少，以致完全停止。

一般来说，组织内部的团队之间需要适当的建设性冲突，破坏性冲突则应该被减低到最低程度。

【小看板】

团队主管必须学会召开"建设性冲突"会议，也就是英特尔推行的"不同意但仍全力以赴"(disagree and commit)的主张，即使人们无法认同某个结论，仍然可以在离开会议室时，以毫不动摇的心态全力以赴，执行大家共同的决定。

Lencioni 说明，想要做到这一点，团队主管在主持会议时，可以透过下面3种方法，促成团队成员之间出现建设性冲突，让持反对意见的人有机会充分说明"不同意"的理由，而不是一味地避免冲突。

1. 挖掘反对意见

当主管察觉到与会者有反对意见时，就应该请当事人说出心中疑虑。虽然这样做好像是在自找麻烦，但事实上正好相反，因为当反对意见还在酝酿、尚未浮出台面时，提早让它曝光，就可以避免与会成员因为不愿当面争论而私下发牢骚。而这种放马后炮的行为，往往更具有破坏性，主管不可不察。

2. 实时认可冲突的发生

就算只是轻微的冲突，都会令人感到不舒服。因此，当团队成员仍在练习如何接受冲突时，很需要主管实时的正向回馈。在会议中，主管只要一发现同事们在互相争辩，都必须暂时打断他们，但不是要求他们停止争辩，而是提醒他们如何透过争论，为团队产生帮助。这个举动会给予团队成员一种"许可"，帮助他们克服逃避冲突的心态，让他们摆脱面对其他成员时不必要的分心与压力，继续进行令人不自在，但有建设性的冲突。

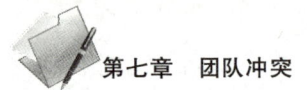

3. 巧立会议规则

透过制定会议相关规则，主管可以轻松地改变会议气氛，激发出建设性冲突，以下提供两个会议规则：

（1）开会时，禁止任何人保持沉默："假如有人在会议讨论过程中保持沉默，就表示其抱持反对意见。"这个规则可以对团队成员"施压"，让他们意识到自己不得不发表意见，否则讨论事项就永远不会有结论。

（2）散会前，逐一确认会议结论：在每个议题讨论结束时，由主管（或会议主持人）向每位成员确认，他们都同意、并且承诺遵从会议结论。

Lencioni强调，建设性冲突之所以重要，是因为少了它，就无法确认团队成员是否愿意遵从会议结论。而团队成员要是在讨论过程中，都没办法提出问题、意见，他们就不可能真正认同会议的最后结论，并确实执行。

第二节　团队冲突的过程

本节案例　问题提出

达能并购乐百氏后的团队冲突

2000年，法国人买下乐百氏，如今又反手卖给中国人。2016年15日，达能中国的一份声明中指出，其已与盈投控股达成协议。根据协议，乐百氏品牌、6家乐百氏工厂以及从事乐百氏品牌业务的员工，将整体转移到盈投控股旗下。

曾经与娃哈哈并驾齐驱的乐百氏，在乳饮料、瓶装水等快消品领域享有盛誉，堪称行业巨头。而在2000年被法国达能收购后，乐百氏品牌和商品就逐步走向萎缩，市场份额逐年下降，部分产品遭到"雪藏"，渐渐从消费者眼中消失。如今，乐百氏又被达能卖掉，经过16年的轮回后，市场和消费者均已发生巨大变化，乐百氏还能重新恢复往日荣耀吗？

达能收购乐百氏之后，新旧团队的磨合矛盾冲突太大，以何伯权为主的创业者带头辞职，旧团队成员也纷纷出走。随后达能陷入水土不服、业务萎靡、亏损等困境，加之部分产品与法国达能产品线存在利益冲突，逐渐将乐百氏多个业务板块剥离，仅剩下了饮用水单一业务。乐百氏由此走向衰落，与昔日竞争对手娃哈哈相比，可谓是天壤之别。

可见，乐百氏之败源于当初的达能收购，在被达能掌握控股权后，企业的经营管理、市场战略、产品布局、人员管理等各方面，均不再由中方管理层决定，而是由达能全面接管，空降来的洋指挥、新团队，并不熟悉中国市场状况，又与旧团队隔阂太深，造成市场发展一再失误。仅从结果来看，达能对乐百氏的收购案是失败的，不仅未能有效整合旗下饮用水资源，还葬送了这一颇具前景的中国品牌。

达能并购乐百氏的失败结局，再次暴露出跨国企业与本土品牌的文化冲突，成为并购后的整合障碍，要是无法进行有效调整、融合，失败的概率就非常大。中国企业出海并购也存在类似问题，比如TCL巨资并购汤姆逊，亦以失败告终。企业培育起一个品牌不容易，往往要历经千辛万苦,从市场血拼出来,需要付出极大的努力。因此,企业在并购时要考虑周全,做好文化融合、管理融合等准备工作,尽可能降低失败概率,免得赔了夫人又折兵。

资料来源:百度网站,http://news.163.com/16/1117/01/C61MME3700014Q4P.html,2016-11-17。

请分析:达能收购乐百氏之后,新旧团队的冲突是如何造成的?有何解决对策?

团队冲突是一个动态的过程,是从冲突的相关主体的潜在矛盾映射为彼此的冲突意识,再酝酿成彼此的冲突行为意向,然后表现出彼此显性的冲突行为,最终造成冲突的结果及影响。可见,这是一个逐步演进和变化的互动过程。

美国学者庞地(Louis R. Pondy)将冲突的过程分成五个阶段(如图7-1所示)。

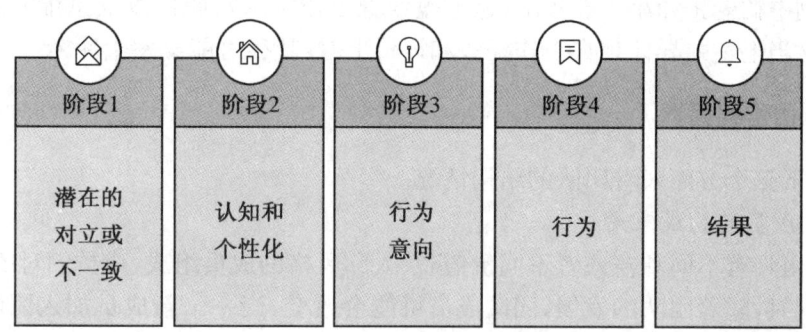

图7-1 冲突过程的五个阶段

一、潜在对立或不一致阶段

潜在对立或不一致是因为团队中发生交互关系和互动过程的不同主体彼此之间存在能够引发冲突的一些必要条件。这些条件虽然不一定直接导致冲突,但往往都潜伏在冲突的背后,成为冲突产生的"导火索"。

例如,才到华扬技术公司工作几个月的小王就遇到了这样的问题。他在出色完成了团队的任务后,本以为主管会对自己进行表扬,可是主管老张却说:"小王,你的工作方法是不是还有待改进?虽然你按时完成了任务,但是工作进度还是比其他部门慢。"小王听后真是怒火中烧。其实,这位领导者本想鼓励小王继续工作,没想到由于自己的表达不当,导致了他们之间的冲突。而"表达不当"的问题不仅仅是语言问题,而且有其潜在原因。引起团队冲突的潜在因素可以分为以下三类。

(一)个体间的差异因素

每个个体都有独特的个性特点和行为习惯,世界上没有完全相同的两个人。在团队中,成员的个人因素方面存在的不同差异会导致各种各样的冲突。

这种差异主要包括以下几方面:

1. 年龄差异

不同年龄的个体由于社会经历和社会知识的差异,出现了不同的定性反应,致使双方难以相互理解,因而酿成冲突。有些年轻人总感到年纪大的人思想保守、顽固,不接受新事物。而年纪大的人往往认为年轻人浮躁、自傲。这些偏见是成员之间产生冲突的潜在因素。

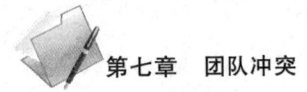

第七章 团队冲突

2. 职位差异

在一个团队中,各个不同职位的个体应当认真把守好自己的岗位,尤其是领导团队。如果本位思想严重,就会涣散团体士气而导致冲突。例如,在有的企业,经理自己处于组织行政指挥的"中心地位",董事长则强调自己处于"核心地位",他们遇事不是协同商量研究,而是互相争权拆台、争吵不休。

3. 思维差异

由于人们在知识、经验、态度、观点等方面存在差异,往往对同一事物有不同的认识,由此会产生一定的冲突。例如,在改革的步子上、用人的观念上、团队目标的设想上等方面,往往都会存在差异以致产生矛盾和发生冲突。

显然,前例中的老张和小王在年龄(这也蕴含着工作资历)、职位以及思维方式上,都存在着一定的差异,当上述差异体现在工作任务和评价上时,就很可能会发生冲突。

(二)团队的结构因素

可以从以下几个方面来看团队的结构情况。

1. 从团队成员的构成来看

如果团队由具有不同利益或者不同价值观、人际风格的成员组成,成员们对团队的认识肯定会不一致;同时,随着团队的发展,团队成员可能会改变,当一个新成员加入团队时,团队的稳定性被破坏,就可能引起冲突。

2. 从团队的规模来看

当团队规模越来越大,任务越来越专业化的时候,团队成员的分工就越细致,都有明确的工作范围和界限,如果其他成员有所涉及或进行干预,那么发生冲突的可能性就会加大。

3. 任职的时间和冲突成反比

团队成员越年轻,在团队工作的时间越短,发生冲突的可能性越大。

(三)沟通不良的因素

沟通不良是引起团队冲突的重要方面。团队成员之间彼此存在差异,如果能够顺利进行交流、相互理解,那么发生冲突的可能性就会大大减少。相反,如果沟通渠道不顺畅,沟通活动缺乏,冲突就会出现。

例如,某企业聘请了一位营销总监,而其下级营销员们私下对这位总监多有抱怨:"孙总监和过去的总监不一样,总是变幻无常,很难沟通和交流。你知道上一任总监可不是这样!"而这种抱怨并没有被新来的孙总监所了解,这就会成为发生冲突的潜在因素,一旦暴露出来冲突就有可能发生。

团队沟通不良可能引起团队成员之间冲突的问题经常表现在以下几个方面:信息的差异、评价指标(如任务完成标准)的差异、倾听技巧的缺乏、语言理解的困难、沟通过程中的噪声(即干扰)以及团队成员之间的误解等。

二、认知和个性化阶段

冲突的认知是当潜在的对立和不一致出现后,双方意识到冲突的出现。也就是说,在这一阶段客观存在的对立或不一致将被冲突的主体意识到,产生相应的知觉,开始推测和辨别是否会有冲突以及是什么类型的冲突。

意识到冲突并不代表着冲突已经个性化。对冲突的个性化处理将决定冲突的性质,因为此时个人的情感已经介入其中。双方面临冲突时会有不同的心理反应,他们对于冲突性质的界定在很大程度上影响着解决的方法。例如,团队决定给某位成员加薪,这在其他成员看来,有人可能认为与自己无关,从而淡化问题,这时冲突不会发生;而另外一些人可能会认为对别人的加薪就意味着自己工资的下降,这样就会使得冲突发生甚至升级。

三、行为意向阶段

冲突的第三个阶段是行为意向阶段,这一阶段的特点体现在团队成员意识到冲突后,要根据冲突的定义和自己对冲突的认识与判别,开始酝酿和确定自己在冲突中的行为策略和各种可能的冲突处理方式。行为意向的可能性包括以下几种。

(一) 回避

回避是一种团队成员不相互合作处理冲突的消极行为意向。这种行为意向表现在对冲突采取的既不合作,也不维护自身利益,使其不了了之的做法上。此方法适用于解决起因于琐碎小事引起的、与团队目标关联不大的团队冲突。采取回避的办法可以维持暂时的平衡,但不能最终解决问题。

(二) 合作

合作是一种团队成员自我肯定并相互合作处理冲突的积极行为意向。这种行为意向旨在通过与对方一起寻求解决问题的方法,进行互惠互利的双赢谈判来解决冲突。此方法适用于解决成员之间共同利益较多和具有理解沟通基础的团队冲突。

(三) 妥协

妥协是一种团队成员的相互合作程度与自我肯定程度均处于中等水平的处理冲突的行为意向。妥协可以看作是半积极的行为意向。具有这种行为意向的双方都放弃一些应得的利益,以求事物的继续发展,双方也共同承担后果。妥协在一定程度上类似于合作。在团队为处理复杂问题而寻求一个暂时的解决方案时常常用到这种方法。

(四) 竞争

竞争是一种团队成员自我肯定但不相互合作处理冲突的行为意向。这种行为意向旨在寻求自我利益的满足,而不考虑他人,它在团队中具有一定的对抗性。当团队需要在做出快速、重大的决策后采取重要的但不受欢迎的行动时往往用到这种方法。

动动脑【竞争和合作的实例区分】

有一句老话,"教会徒弟,饿死师傅",这里边就包含着有竞争与合作两重关系,教会徒弟须要两人合作,把师傅给饿死是因为竞争。但这句话里有个前提,师徒俩所在的行当不足以容纳师徒或更多的人,同时师傅的技能停留在原有的水平,但这在当下的世界里几乎

是不存在的,市场一定是可以不断地被挖掘出来,师傅的技能也必须要不停地升级。

竞争,是团体内的人与人或团体与团体之间,为了达到一定的目标而努力,争取某些利益而努力超越对方的行为,是一个争输赢的过程。竞争的好处在于它能激发竞争者的潜在能力,发挥出超乎平时的能力水平,提升个体综合能力,变得更强。

合作,是团体内的人和人或团体与团体之间,为了共同的目标,聚合大家的力量一起完成工作,最终让合作者们共同分享利益的过程。合作的目的是让分散的力量集中起来,完成单个个体无法完成的事。

竞争与合作也有各自的缺点,竞争从自我出发,各自为政,加大内部压力,扰乱外部环境;合作则容易滋长依赖心理,淡化责任意识,缺少创新动力。

个体的能力再强大也有边界,不足的地方就需要他人的补助,这就有了合作存在的基础;竞争能让个体变得更强大,更强大的个体可以让合作产出更大的结果。竞争与合作是不可分割,对立统一,相互联系的关系。

在当今社会,竞争能使人提高热情,激发潜能,也让人产生焦虑不安和敌意。竞争有三种结果:双输,输赢,双赢。双赢才是整体各方利益最大化的结果。竞争中加入合作,争取竞争中获取各方的力量,达到双赢或多赢。合作能让人比较容易体验到成功,获取利益,同时也会出现依赖和惰性,不思进取。合作内引入竞争,防止有合作方坐享其成,导致双输局面。团队中的竞争与合作,要看具体事件是否适合单个成员去做。任务比较简单,单个成员可以单独完成的事,要让竞争最大化,以发挥出单个成员的最大水平。任务比较复杂,单个成员无法完成全部工作时,要合作去完成,形成团体的能力大于个体的协同效应。成员的向心力、归属感比较强,有明确的目标时,适用合作的工作方式,能较大的发挥合作的效用;当成员有自己的定位,整体目标又不太明确,需要个体自由发挥创造力时,适用竞争去激发单兵作战时灵活反应的特性。

团队间的竞争与合作,特别是在集团公司内生产同样产品的团队之间,竞争和合作的成果都非常明显。竞争可以激发动力,增强各个团队的活力,改善经营管理,努力降低成本,提高产品质量;合作则能将各团队的优秀创新创意很快普及,相互学习,将别人的优势复制到自己身上,把自己的强项分享出去,形成合力,不用孤军奋战什么都自己慢慢摸索。

(五)迁就

迁就是一种团队成员自我不肯定并相互合作处理冲突的行为意向。这种行为意向旨在维持整体的友好共存关系,冲突一方做出让步,甚至愿意自我牺牲,以服从他人的观点。此方法适用于将团队工作的重点放在营造和谐、平静气氛条件下的冲突的解决。

四、冲突出现阶段

冲突出现阶段是冲突公开表现的阶段,也称行为阶段。进入此阶段后,不同团队冲突的主体在自己冲突行为意向的引导或影响下,正式做出一定的冲突行为来贯彻自己的意志,试图阻止或影响对方的目标实现,努力实现自己的愿望。其形式往往是一方提出要求,另一方进行争辩,是一个相互的、动态的过程。

这一阶段的行为体现在冲突双方进行的说明、活动和态度上,即以防为出现采取行动来看另一方的反应。此时,冲突的行为往往带有刺激性和对立性,而且有时外显的行为会偏离原本的意图。

五、冲突结果阶段

冲突对团队可能造成两种截然相反的结果。

(一) 积极的结果

导致积极结果的冲突是建设性的冲突。这种冲突对实现团队目标是有帮助的,可以增强团队内部的凝聚力和团结性,提高决策质量,调动员工的积极性,提供问题公开解决的渠道等,尤其是激发改革与创新。一般来说,每个人都有特定的工作模式,只有当某人向我们的效率发出挑战,并在某种程度上发生冲突时,人们才会考虑新的工作方法,开始积极的改革和创新,这就是冲突的积极结果。

此外研究表明有益的冲突还有助于做出更好更有创新的决定,并提高团队的协作效率。如果团队的意见统一,绩效的提高程度有时反而较小。有时,建设性冲突还能决定一个公司的成败。

(二) 消极的结果

导致消极的结果的冲突是破坏性的冲突。这种冲突会给团队带来一些消极的影响,如凝聚力降低、成员的努力偏离目标方向、组织资源的流向与预期相反、团队的资源被浪费等。更严重的是,如果不解决这种冲突,团队的功能将会彻底瘫痪,甚至威胁到团队的存亡。

例如,美国一家著名的律师事务公司倒闭,其原因只是因为 80 位合伙人不能和睦相处。一位法律顾问在解释时说:"这个公司的合伙人之间有着原则性的差异,是不能调和的。这家公司没有经济上的问题,问题在于他们之间彼此相互憎恨。"可见,消极冲突的危害多么严重。

第三节 团队冲突的处理

> **本节案例 问题提出**

冲突会"毁了"整个团队?

俗话说屋漏偏逢连阴雨,身为某民营制药企业项目研发部经理的王平被接连的坏消息搅得焦头烂额:先是某项历时一年多的新药研制项目遭遇技术难关,只得中途搁浅;紧接着他又获知国内另一家知名药厂通过引进国外先进技术,已经研制成功同类品种的新药,并通过了医药审批,即将生产上市。

两年前,王平被这家企业的老板以高薪从内地某省一家国有大型制药企业技术科长的位置上挖来,为了充分体现对他的信任,老板将项目研发部的管理权、人事权甚至财务权都一股脑交给了王平,并委派了一名海归硕士李翔协助其项目的研发。

在立项之前,王平和李翔曾经各自提出过一套方案,并且都坚持不肯让步:李翔主张在引

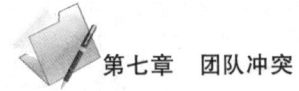

进国外现有的先进技术基础上改进配方和生产工艺,这样不仅见效快且技术风险较小,但缺点是要支付一大笔技术转让费用;而王平则主张自力更生,自主研发具有独立知识产权的全套生产技术,这样做的缺点是技术开发风险较大。

按公司规定,如果双方都坚持己见,那么就要将这两个方案拿到项目研发部全体会议上进行讨论,最后做出集体决策。以王平多年的国企管理经验,如果正副职在业务上产生分歧,当着下属的面各执一词激烈讨论,必然会不利于整个部门的团结,对领导的权威也是一大挑战。实际上,他也缺乏足够的信心说服李翔和整个部门的同事,于是他找到企业老板,使出全身解数甚至不惜以辞职相逼,最终迫使老板在方案提交之前将李翔调离了该部门,从而避免了一场"激烈冲突"。

这是一个很奇怪的现象,团队的管理者往往会对于冲突讳莫如深,他们会采取种种措施来避免团队中的冲突,而无论这种冲突是良性还是恶性的。

资料来源:百度网站,http://blog.sina.com.cn/s/blog_15d3a142d0102x2vv.html,2017 - 2 - 21。

请分析:为什么管理者们会产生这样的担忧?避免冲突能解决问题吗?

一、团队冲突处理的定义

团队冲突处理是团队或个人为了使群体有效地完成团队目标和满足个体需要,建立群体成员和群体之间的良好和谐关系而采取的所有积极的措施。

二、团队冲突处理的原则

处理冲突,需要以效果为依据,要讲究方式和方法。分析冲突是为了处理冲突,分析为处理提供了依据,但不能代替处理。分析得当并且处理得法,才能获得预期的效果。否则,将会事倍功半,甚至事与愿违。要使冲突处理得当,在处理冲突时就要得法,而得法的要义即是要依据一定的原则行事。

处理冲突的原则是,倡导建设性冲突,并将其控制在适度的水平。一般而言,冲突具有三方面特性,即客观性、二重性和程度性。冲突的客观性,是冲突本身无可避免,应承认、正视并预见冲突。冲突的二重性,是冲突有积极方面的影响也有破坏性的影响,应避免冲突向破坏性方向发展,引导冲突向建设性方向转化。而认识到冲突具有程度性,就应该让冲突以适度为宜,过低或过高都会降低组织绩效。冲突水平偏低时需要激发,偏高时则需要控制,使之维持在对组织有益的程度上。

三、团队冲突处理的技术

团队冲突处理的技术,就是有效降低破坏性冲突的水平,并使其向着建设性冲突转化的政策和措施。

(一)消除破坏性冲突的技术

消除破坏性冲突的技术有以下几种。

1. 问题解决

问题解决的技术又称"正视法",即发生团队冲突的双方进行会晤,直面冲突的原因和实质,通过坦诚地讨论来确定并解决冲突。在讨论过程中要注意沟通策略,不能针对人,只能针对事,因为这种技术是以互相信任与真诚合作为基础,具体有以下几种做法:

① 召开面对面的会议。把问题摆在桌面上,以正式沟通的方式,列出导致团队冲突的主要分歧所在,不争胜负,只允许讨论消除分歧和妥善处理冲突的方法及措施。

② 角色互换。由于成员信息、认识、价值观等主观因素的不一致,常常会引发冲突。鉴于此,团队成员之间可以设身处地为对方着想,从而达到相互理解并解决冲突问题。

2. 转移目标

转移目标的技术包括两个方面:一个是转移到外部,冲突双方可以寻找另一个共同的外部竞争者或一个能将冲突双方的注意力转向外部的目标,来降低团队内部的冲突;另一个是目标升级,通过提出使双方利益更大的,并且是高一级的目标,来减少双方现实的利益冲突,这一更高的目标往往由上一级提出。

在团队中转移目标和目标升级的过程可以使冲突双方暂时忽略彼此的分歧,从而使冲突逐渐化解。同时,由于目标的变化,双方共同合作的机会增加了,这有利于双方重新审视自己工作中的问题,从而加强成员间的共识与合作。

但此法知易行难,因为在实际操作中,冲突双方必须相互信任,而且共同目标的制定也不能太过于理想化而脱离实际,这对于团队管理者来说是很困难的。

3. 开发资源

如果冲突的发生是由于团队资源的缺乏造成的,那么致力于资源的开发就可以产生双赢的效果;如果是由于缺乏人才,团队就可以通过外聘、内部培训来满足需要;如果是由于资金缺乏或费用紧张,则可以通过申请款项和贷款等方法来融通资金,以满足不同团队的需求,从而化解冲突。

4. 回避或压制冲突

回避或抑制冲突是一种消极的解决冲突的技术,是一种试图将自己置身于冲突之外,或无视双方分歧的做法,以"难得糊涂"的心态来对待冲突。这种方法常常适用于以下情形:在面临小事时;当认识到自己无法获益时;当付出的代价大于得到的报偿时;当其他人可以更有效地解决冲突时。当问题已经离题时,此方法可以避免冲突的扩大;当冲突主体相互依赖性很低时,还可以避免冲突或减少冲突的消极后果。

回避或抑制冲突的具体技术主要有:忽略冲突并希望冲突消失;控制言行来避免正面的冲突;以缓和的程序和节奏来抑制冲突;将问题束之高阁不予解决;以组织的规则和政策作为解决冲突的原则。

5. 缓和

缓和法的思路是寻找共同的利益点,先解决次要的分歧点,搁置主要的分歧点,设法创造条件并拖延时间,使冲突降低其重要性和尖锐性,从而变得好解决。虽然此法只是解决部分的而非实质性的冲突,但却在一定程度上缓和了冲突,并为以后处理冲突赢得了时间。

具体的方法如下:

① 降低分歧的程度,强调各方的共同利益和共同做法,使大事化小、小事化了。

② 相互让步,各有得失,令各方都能接受。即中庸之道,需要双方都做出让步才能取得大家都能接受的结果。应当注意的是,冲突很可能还会再起来,因此要尽快实质性地解决问题。

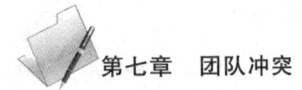

6. 折中

折中实质上就是妥协,团队冲突的双方进行一种"交易",各自都放弃某些东西而共同分享利益,适度地满足自己的关心点和满足他人的关心点,通过一系列的谈判和让步避免陷入僵局,冲突双方没有明显的赢家和输家。这是一种经常被人们所使用的处理矛盾的方法,一般有助于改善冲突双方的关系并使之保持和谐。

折中技术通常在以下场合运用:

① 当合作或竞争都未成功时;
② 由于时间有限而采取的权宜之计;
③ 当对方权利与自己相当时;
④ 为了使复杂的问题得到暂时的平息时;
⑤ 目标很重要,但不值得与对方闹翻时。

运用此方法时,要注意双方应当相互信任并保持灵活应变的态度,不能为了短期利益,牺牲了长远利益。

7. 上级命令

上级命令是通过团队的上级管理层运用正式权威来解决冲突。当冲突双方通过协商不能解决冲突时,按"下级服从上级"的团队原则,强迫冲突双方执行上级的决定或命令。

这种使用权威命令的方法一般是不能从本质上解决问题的,只有在紧急情况下才有其特殊的作用,不能滥用命令,发号施令,并要注意上级裁决的公正性。

8. 改变人的因素

团队之间的冲突在很大程度上是由于人际交往技巧的缺乏造成的,因此,运用行为改变技术(如敏感性训练等)来提高团队成员的人际交往技能,是有利于改变冲突双方的态度和行为的。此外,通过对冲突较多的部门之间的人员进行互换,也有利于工作的协调和冲突的缓解。

9. 改变组织结构因素

通过重新设置岗位、进行工作再设计及调动团队小组成员等方式,可以因改变正式的组织结构、变化工作目标而减缓冲突,也可以协调双方相互作用的机制,还可以消除冲突根源。进行团队改组,重新设计团队现有的工作岗位和责权利关系,以确保职责无空白、无重叠,即基于新的任务组建新的团队,将有利于彻底地解决冲突。

(二)激发建设性冲突的技术

缺乏建设性冲突而使团队蒙受损失是必然的。有些团队甚至只提升那些"和事佬",这些人对团队忠诚到了极点,以至于从不对任何人说一个"不"字。由这样的人组成的团队难道能够取得成功吗?这里介绍几种主要的激发建设性冲突的技术。

1. 运用沟通技术

沟通是缓解团队成员之间的压力及矛盾的最有利的方式,同样也是激发团队建设性冲突的技术。运用沟通技术主要分为以下两种情况。

① 上级向下属团队提倡新观念,鼓励成员创新,明确冲突的合法地位。对于冲突过程中出现的不同意见乃至一些未确认的"错误",团队管理者不应轻易地进行批评、指责,而是要给予冷静的分析,对引发冲突的原因进行深入的思考。

例如,惠普公司对持不同意见的人进行奖励,不论其想法是否被企业采纳。又如,IBM公司的员工可以评判和批评自己的上司，向上司提出质疑，而不会受到惩罚。这些都是运用沟通激发的有效冲突。

② 运用具有威胁性或模棱两可的信息促进人们积极思维，改进对事物漠然处之的态度，提高冲突的水平。例如，团队的领导者在任命重要职位的干部时，可以先把可能的人选信息通过非正式的渠道散布为"小道消息"，以试探和激发公众的不同反应与冲突。当引发的负面反应强烈，冲突水平过高时，则可以正式否认或消除信息源；若冲突水平适当，正面反应占主导地位时，则可正式任命。

2. 鼓励团队成员之间的适度竞争

鼓励竞争的方式包括开展生产竞赛、公告绩效记录、根据绩效提高报酬支付水平等。竞争能够提高团队成员的积极性。但是，必须注意对竞争加以严格控制，严防竞争过度和不公平竞争对团队造成的损害。

3. 引进新人

引进新人作为激励现有成员的作用机制，被人们称之为"鲇鱼效应"。其机理在于通过从外界招聘或内部调动的方式引进背景、价值观、态度或管理风格与当前团队成员不相同的个体，来激发团队的新思维、新做法，造成与旧观念的碰撞、互动，从而形成团队成员之间的良性冲突。此方法也是在鼓励竞争，而且从外部进入的不同声音，还会让领导者"兼听则明"，做出正确的决策。

4. 重新构建团队

重新构建团队是改变原有的团队关系和规章制度，变革团队和个人之间的相互依赖关系，重新组合成新的工作团队。这种做法能打破原有的平衡和利益关系格局，从而提高冲突水平。重新构建团队与前面的"改变组织结构"是相似的，不同的是这里的"构建新团队"的技术是主动的，而前面的"改变组织结构"的技术是被动的。

本章小结

本章内容结构如下所示：

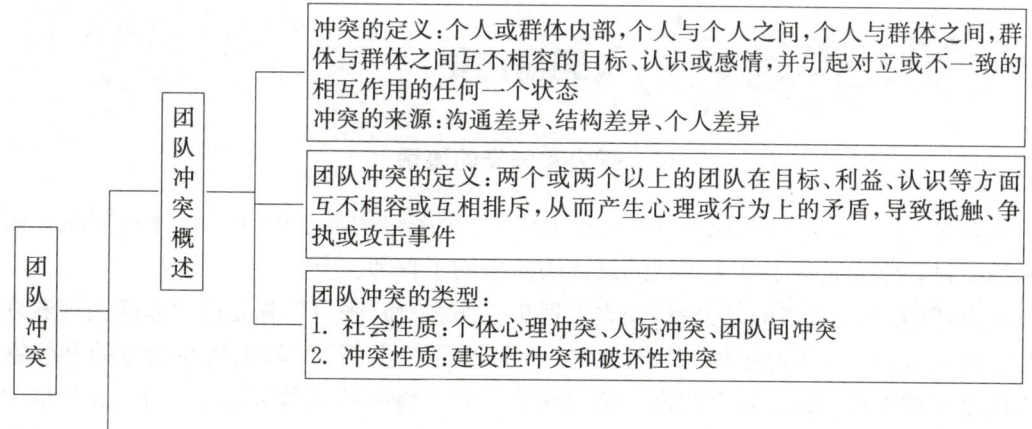

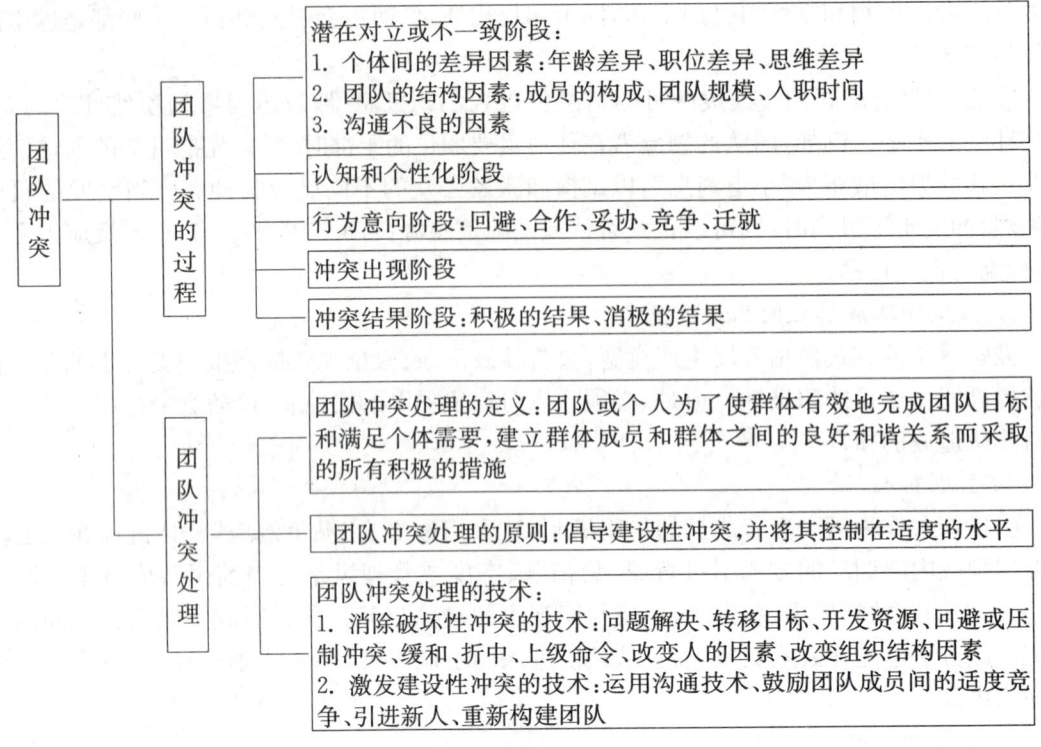

复习思考题

1. 什么是冲突？它有哪些来源？
2. 什么是团队冲突？它有哪些类型？
3. 团队冲突有哪些阶段？每个阶段的特点分别是什么？
4. 什么是团队冲突处理？它具有哪些原则？
5. 团队冲突处理有哪些技术？应该如何运用各项技术？

案例讨论

张力和陈光的谈话

张力是一个项目团队的设计领导，该团队为一个有迫切需求的客户设计一项庞大而技术复杂的项目。陈光是一个分派到她的设计团队里的工程师。

一天，陈光走进张力的办公室，张力正埋头工作。"嗨，张力"，陈光说，"今晚去观看联赛比赛吗？你知道我今年志愿参加。""噢，陈光，我实在太忙了。"接着陈光就在张力的办公室里坐下来说道："我听说你儿子是个非常出色的球员。"张力将一些文件移动了一下，试图集中精力工作。她答道："啊，我猜是这样的。我工作太忙了。"陈光说："是的，我也一样。我必须抛开工作休息一会儿。"张力说："既然你在这儿，我想你可以比较一下数据输入是用条形码呢，还是用可视识别技术？"陈光打断她的话说："外边乌云密集，我希望今晚的比赛不会被雨浇散了。"张力接着说:"这些技术的一些好处是……"她接着说了几分钟,又问:"那么你怎样认为?"陈光回答道:"噢,不,它们不适用。相信我,除了客户是一个水平较低的家伙外,这还将增加项目的成本。"张力坚持道:"但是如果我们能向客户展示它能使他省钱并能减少输入错误,他可能会支付实施这些技术所需的额外成本。"陈光惊叫起来:"省钱?怎样省钱?通过解雇工人吗?"

"顺便说一下,我仍需要你对进展报告的资料",张力提醒他,"明天我要把它寄给客户。我大约需要8到10页。我们需要一份很厚的报告向客户说明我们有多忙。""什么,没人告诉我。"陈光说。"几个星期以前,我给项目团队发了一份电子邮件,告诉大家在下个星期五以前我需要每个人的数据资料。而且你可能要用到这些你为明天下午的项目情况评审会议准备的材料。"张力说。"我明天必须讲演吗?这对我来说还是个新闻。"陈光告诉她。"这在上周分发的日程表上有。"张力说。"我没有时间与篮球队的所有成员保持联系",陈光自言自语道,"好吧,我不得不看一眼这些东西了。我用我6个月以前用过的幻灯片,没有人知道它们的区别。那些会议只是一种浪费时间的方式,没有人关心它们,人人都认为这只不过是每周浪费2个小时。""不管怎样你能把你对进展报告的资料在今天下班以前以电子邮件的方式发给我吗?"张力问。

"为了这场比赛我不得不早一点离开。"

"什么比赛?"

"难道你没有听到我说的话吗?联赛。"

"或许你现在该开始做这件事情了。"张力建议道。

"我必须先去告诉朋友有关今晚的这场比赛",陈光说,"然后我再详细写几段。难道你不能在明天我讲述时做记录吗?那将给你提供你做报告所需的一切。"

"不能等到那时,报告必须明天发出,我今晚要在很晚才能把它做出来。"

"那么你不去观看这项比赛了?"

"一定把你的输入数据通过电子邮件发给我。"

"我不是被雇来当打字员的!"陈光声明道。"我手写更快一些,你可以让别人打印。而且你可能想对它进行编辑,上次给客户的报告你像与我提供的资料数据完全不同。看起来是你又重写了一遍。"

张力重新回到办公桌并打算继续工作。

讨论:
1. 张力和陈光之间的交流有哪些问题?
2. 在团队冲突中,项目团队领导张力应该怎么做?团队成员陈光又应该怎么做?
3. 以后应该如何避免这样的团队冲突?

实训游戏

游戏名称: 交通堵塞
游戏时间: 20~25分钟
游戏目的: 思考解决问题能力,团队冲突的处理
游戏规则:

(1) 道具:正方形20CM*20CM纸片/纸板若干(纸片数量=人数+小组数);

(2) 分组：8人一组（6人参与游戏、设置两名观察员），共6组，三组三组进行游戏，观察员监督对方小组对规则的遵守情况并观察其游戏过程中的具体情况；

(3) 说明：

将纸片/纸板呈一字型在地上铺开，让小组内同学全部站在纸上，留中间一个纸板不站人；组内同学分成两边相对而站，通过中间的空格进行移动，移动的方式是只能前进一格或跳一格，不能后退；完成两边人的互换，并且大家维持同一个方向。

(4) 规则：

A. 每次只能有一个人进行移动；

B. 人只能前进不能后退；

C. 人不能离开方格；

D. 只能绕过对方一个人，不能绕过两个人以上；

E. 一个方格内只能有一个人。

问题讨论：

(1) 你如何看待团队冲突？

比如：有没有大家争着说自己知道了答案的情况出现？如果有，那么又是如何解决的？自认为解决的好还是不好？当你的建议不被团队采纳时你如何反应？

(2) 最快解决问题的团队是哪一个？

(3) 让其成员谈谈其组内相互协商的方式以及处理成员矛盾的办法。

第八章 团队领导

> 所有的领导者都面临领导能力的挑战,所有古老的方法与典范已失效,而领导者如何开发或实践一种崭新的领导模式,不论是现在或未来,在每个企业中都是一个决定性的成功因素。
>
> ——史蒂芬·柯维

本章学习目标

学习本章节后,应该能够:
- 了解领导理论及其发展;
- 认识和了解如何构建领导力;
- 理解和掌握领导力构建过程中的领导艺术;
- 理解和掌握如何构建合理的高层领导团队;
- 了解如何培养高层领导团队的接班人。

第一节 团队领导概述

本节案例 问题提出

刘邦——一个出色的"团队领导"

刘邦出身草莽,以一介布衣,提三尺宝剑崛起于乱世,诛暴秦,抗强敌,平定天下,创立了中国历史上延续时间最长的统一王朝。刘邦在总结成功经验时说:"夫运筹策帷帐之中,决胜于千里之外,吾不如子房;镇国家,抚百姓,给馈饷,不绝粮道,吾不如萧何;连百万之军,战必胜,攻必取,吾不如韩信。此三者,皆人杰也,吾能用之,此吾所以取天下也。"这段话既是对张良、萧何和韩信功劳给予的肯定,也是刘邦高超驭人之策和团队精神的点睛之作。

1. 为团队设定共同奋斗的目标

"刘邦集团"高管团队的共同目标是追随刘邦,诛暴秦、安天下,成就霸业。"刘邦集团"有了共同目标,拥有了奋斗动力,明确了前进的方向,且成员个人目标与团队目标高度一致,激励了个人斗志,形成了团队精神,增强了团队力量,从而有效推动团队效益最大化。

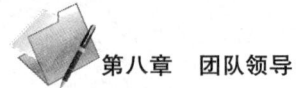

第八章 团队领导

2. 领导知人善任

在团队建设中,领导者处于领头羊的地位,是团队的核心,所有成员都必须听从指挥,服从命令,让团队在最优配置下高效运行。领导者在团队中是一个特殊的角色,要善于调动成员的积极性,激励成员士气,竭力完成奋斗目标。

在"刘邦集团"高管团队中,刘邦无疑是CEO,《史记》称他"仁而爱人,喜施,意豁如也。"因此吸引了大批对他死心塌地、忠心耿耿的贤能之士。刘邦用人扬长避短,知人善任。如韩信曾受胯下之辱,陈平有盗嫂之嫌,但刘邦看重二人会用兵,委以重任。刘邦在攻入咸阳后,听从张良建议,还军霸上,亲赴鸿门谢罪,避免了一场可能遭受惨败的局面。由于刘邦广纳贤才,知人善任,集思广益,从谏如流,这使他在许多重大问题的决策上很少出现失误。

3. 擅长团队的分工协作

俗话说:一个篱笆三个桩,一个好汉三个帮。这说明团队成员的分工协作对一个人成功的重要性。实施团队的共同目标,最终要落实到人员分工上去,明确团队每个角色的定位,承担相应的责任,对团队建设具有极其重要的作用。同时,要加强团队协作,成员角色分明,职责互补,实现高管团队成员良好合作。

在"刘邦集团"的高管团队中的张良、韩信和萧何,是三类人的代表。张良是CTO,负责出谋划策,分析和解决复杂问题,做出良好预测和决策;韩信是CMO,善于带兵作战,专司攻城略地,开疆拓土;萧何是CTO,做好后勤保障,有效管理日常事务。"刘邦集团"中每个人都有长处,也有缺点,他们互相补充,彼此依存,就像一个狼群,每个人有自己的所图,又不能单靠自己成功。反之,项羽自己很强,他傲视众将、赶走范增,以一己之力对付一个集团,最后摆脱不了失败的命运。

4. 制定赏罚严明的纪律

每个团队的建设需要有严明组织纪律,纪律是团队成员必须共同遵守的行为准则,只有严格遵守纪律,才能统一团队前进的步伐。毛主席曾经说过,"纪律是执行路线的保证,没有纪律,党就无法率领群众与军队进行胜利的斗争。"只有制定了严格的纪律,才能保障实现团队的共同目标。

"刘邦集团"纪律严明,进入关中后,宣布废除秦的酷刑苛法,同时约法三章:"杀人者死,伤人及盗抵罪",保障人民利益,深得民心支持。刘邦对待有战功人员许地封王,如韩信平定齐地后,被告封为齐王,平定天下后,论功行赏,封了8个异姓王。刘邦能够明断众多诸侯将领的功劳是非,据此分封赏赐,降服众心。对待违反纪律,心怀二心的人,惩处坚决,毫不手软。如在鸿门宴上得知曹无伤向项羽告密时,脱身回家后立即诛杀曹无伤;在韩信阴谋造反的时候,刘邦采纳了陈平的建议,智擒韩信,不费一兵一箭平定了叛乱,维持了国家和社会的稳定。

资料来源:百度网站,https://baijiahao.baidu.com/s?id=1617939942685281477&wfr=spider&for=pc,2018-11-23。

请分析:您认为刘邦是一个合格的团队领导者吗?他带领的团队为何能取得胜利?

一、领导的内涵

(一) 领导的定义

关于领导(Leadership)的定义,不同角度或侧面有着不同的定义。综合分析,领导可表述为：领导是在一定条件下，指引和影响个人或组织，实现某种目标的行动过程。其中，把实施指引和影响的人称为领导者，把接受指引和影响的人称为被领导者，一定的条件是指所处的环境因素。领导的本质是人与人之间的一种互动过程。

(二) 领导的功能

领导的功能是领导者在领导过程必须发挥的作用，即领导者在带领、引导和鼓舞下属为实现组织目标而努力的过程中，要发挥组织、激励和控制作用。

1. 组织功能

组织功能指领导者为实现组织目标，合理地配置组织中的人、财、物，把组织的三要素构成一个有机整体的功能。组织功能是领导的首要功能，没有领导者的组织过程，一个组织中的人、财、物只可能是独立的、分散的要素，难以形成有效的生产力，通过领导者的组织活动，人、财、物之间的合理配置，构成一个有机整体，才能去实现组织的目标。

2. 激励功能

激励功能指领导者在领导过程中，通过激励方法调动下级和职工的积极性，使之能积极努力地实现组织目标的功能。实现组织的目标是领导者的根本任务，但完成这个任务不能仅靠领导者一个人去动手亲自干。应在组织的基础上，通过激励功能的作用，将全体员工的积极性调动起来，共同努力，"众人拾柴火焰高"，领导的激励功能，形象地说就是要使众人都积极地去拾柴。

3. 控制功能

控制功能指在领导过程中，领导者对下级和职工，以及整个组织活动的驾驭和支配的功能。在实现组织的目标过程中，"偏差"是不可避免的。这种"偏差"的发生可能源自不可预见的外部因素的影响，也可能源自内部不合理的组织结构、规章制度、不合格管理人员的影响，纠正"偏差"，消除导致"偏差"的各种因素是领导的基本功能。

二、领导者的内涵

(一) 领导者的定义

所谓领导者(Leader)，是居于某一领导职位、拥有一定领导职权、承担一定领导责任、实施一定领导职能的人。在职权、责任、职能三者之中，职权是履行职责、行使职能的一种手段和条件，履行职责、行使职能是领导者的实质和核心。领导者要想有效地行使领导职能，仅靠制度化的、法定的权力是远远不够的，必须拥有令人信服和遵从的高度权威，才能对下属产生巨大的号召力、磁石般的吸引力和潜移默化的影响力。

(二) 领导者的角色

一般来说，凡是有许多人进行协作的劳动，其过程的连续性和统一性都必然要表现在一个指挥的意志上。领导者就是在社会组织和工作团体中身居高位、肩负重担、总揽全局、运筹帷幄的特殊成员。

从领导者的工作性质和担负任务的角度观察，领导者在社会组织中的指挥职能，使领导者成为政策的制定者、规划的决定者、工作的控制者、任务的分派者、冲突的仲裁者、赏罚的实施者、关系的协调者、集体的代表者、价值的规范者、信念的依据者。

从领导者所处位置和发挥作用的角度观察,领导者在工作团体中的指挥职能,常使领导者成为群众的首领、组织的代表、集体的替身、行动的榜样、团体的象征、责任的化身、权力的体现、奖惩的对象。

(三) 领导者的素质

领导者的素质,是在先天禀赋的生理和心理基础上,经过后天的学习和实践锻炼而形成的,在领导工作中经常起作用的基础条件和内在要素的总和。在领导科学理论的研究中,一般把领导者的素质分为政治素质、思想素质、道德素质、文化素质、业务素质、身体素质和心理素质,以及领导和管理能力等。

那么,一个领导者到底要具备什么样的素质才能够实施好的领导呢?学者也做了一系列的研究,其中最著名的研究是20世纪70年代美国哈佛大学约翰·科特教授关于领导者素质的研究,在对多家企业的经理进行调查之后认为一个领导者应该具备以下六个方面的素质:

1. 行业知识和企业的知识

行业的知识主要包括:市场情况、竞争情况、产品情况和技术状况。企业的知识主要包括领导者是谁、他们成功的主要原因是什么、公司的文化渊源、公司的历史和现在的制度。

2. 在公司和行业中拥有人际关系

这个人际关系首先要广泛,在企业活动涉及的各个领域拥有广泛的人际关系,越广越好。同时,必须是稳定的,不是短期的而是长期的,不是一次性的而是可以反复合作的。

3. 信誉和工作记录

一个好的领导者必须有良好的职业信誉,有良好的工作记录。因此,在探讨职业经理人的从业风险时,投资家会说,我把资金交给职业经理人,那么他干得不好我的投资就没有了,所以,我担的风险很大。但是理论家们说,职业经理人所担的风险其实更大,因为作为投资家,这笔投资失败了他还可以去进行其他的投资,在这里损失了,在别处可以找回来。但作为职业经理人,如果他把这个公司做垮了,这项事业做得失败了,那么他的信誉就会受影响,这个很差的工作记录永远无法抹去,这对他以后整个事业道路和人生发展都会产生不良影响,所以,投资商是拿着自己财产中的一部分来冒可逆的风险,而职业经理人是拿着自己的整个职业生涯和自己的人生发展来做赌注。

4. 基本的技能

领导者需要具备的基本技能包括:社会技能、概念技能和专业技能。社会技能包括:与他人交往的行为,如接受权威、谈话技巧、合作行为;与自我有关的行为,如情感表达、道德行为、对自我的积极态度;与任务有关的行为:参与行为、任务的完成、遵循指导等。概念技能主要指分析判断全局的能力和进行战略规划的能力,要求有敏捷的思路、强大的抽象思维做支撑。专业技能是指个体所具备的专业技术水平及能力,一般主要是指从事某一职业的专业能力。

5. 要拥有个人价值观

价值观最基本的两条是:一要有积极的行为准则;二是要保持客观公正的评价态度。

6. 要拥有进取精神

具体来讲就是建立在自信基础上的成就和权力动机,并且保持充沛的精力,能够全身心地投入工作。

【小看板】

萨提亚·纳德拉(Satya Nadella)在微软工作了二十多年,并在2014年成为这家软件巨头的首席执行官,他花了大量时间来探索成为一名优秀领导者所需要具备的基本能力。本周在巴塞罗那举行的世界移动通信大会(MWC)上,纳德拉将自己对领导力的思考细化到三个主要领域并做了详细阐述。

纳德拉进一步解释自己在发掘并归纳这种级别的领导力时同时参考了自身以及其他同事,并发现领导着身上基本具备以下三个特质:

1. 指示清晰

在危机或混乱时期,能够提供清晰的思路并有助于缓解困境的人通常会受到尊敬。纳德拉在当地时间2019年2月25日的一次主题演讲中指出,领导者有一种神奇而不可思议的能力,能够让未知的状况变得清晰起来。这并非是指陷入一种本质上模糊不定的局面即可称为领导者,倘若如此,只是混淆概念而已。真正的领导者必须在不确定的状况下创造出清晰的局面。

纳德拉过去一直强调,这是任何一种领导者都应该具备的"最重要的品质",但人们往往会低估这一点。

2. 创造活力

尽管在不确定的状况下提供精确和清晰的信息非常重要,但这并不是领导者应具备的唯一特质。纳德拉认为,在追求领导才能的同时,对自己所从事的职业拥有真正的激情和热情同样重要。

领导者创造活力。纳德拉直言,假如有人表示"我很棒,我的团队也很棒,但其他人都不咋的",这样的人不会成为领导者。他在去年芝加哥发表评论的基础上进一步总结出"领导者必须具备创造活力的能力"。

3. 在任何情况下推动实现成功的能力

最后需要注意的是,成功不是一日之功,即使成功也必将遇到障碍。因此,领导者从本质上将必须具备在任何情况下推动实现成功的能力。同样,如果有人表示"我需要等待时间与条件才能展示才华",这样的人并不具备领导能力。作为领导者,必须能够弄清楚状况并推动成功的实现。

这些都是微软在考查求职者时所考虑的一些关键问题。微软鼓励员工追求自己的激情,并接受自己的身份。然而,如果你想进入这家公司,微软表示该公司真正需要的是"具有强烈的学习欲望、聪明、对技术充满激情、愿意努力工作、技能坚如磐石、有创业精神,并渴望成为最佳"这样的人才。

纳德拉在MWC上的发言呼应了他之前关于领导力这个问题的讨论。2018年底,这位微软CEO访问了芝加哥大学布斯商学院,并向该院院长马德哈夫·拉詹(Madhav Rajan)强调了这些领导素质。此外,纳德拉还强调,同理心在个人生活和工作中也是至关重要的因素。

纳德拉最后总结道,人们通常难以在这三个方面同时达到最佳状态,这是可以理解的。更重要的是尽最大的努力,并从错误中吸取教训。领导者需要谦虚谨慎并不断提高这三方面的能力,首先意识到自己在三个方面并不完美,并敦促自己不断学习。

第八章 团队领导

（四）领导者的影响力

影响力是一个人在人际交往过程中影响他人思想和行为的能力。人与人之间的影响力在速度、强度、持久性等方面存在着个体差异。领导者的影响力构成是多方面的，其中主要包括以下几方面：

1. 权力因素

包括传统因素（人们对领导传统的观念，属于非完全强制因素）、职位因素（强制性因素）、资历因素（非完全强制性因素）。

2. 非权力因素

包括品格、能力、知识、感情等因素（完全非强制因素）。

（1）品格——非权利感召力的重要前提。品格是反映在人的一切言行中的道德、品行、人格、作风等的总和，是非权利感召力的本质要素。优良的品格会给领导者带来巨大的感召力，使群体成员对其产生敬爱感。一个适应社会的好的品格，常被人们作为典范来效仿。品格优良、作风正派的领导，必然带出一大批正直的下属。袁采说："己之性行为人所重，乃可诲人以操履之祥。"一个领导应该懂得无论他（她）职位有多高，倘若在品格上出了问题，其政治威望（感召力或亲和力）就会荡然无存。

（2）能力——非权利性感召力产生的重要内容。能力是能够胜任某项工作的主观条件，是非权利性感召力的实践性要素。人的能力是多方面的，如果一个领导能够在安排下属的工作中，避其所短，扬其所长，比如使下属的专长得到充分的发挥，使本群体的各项工作更加井然有序，这就是领导者识人、用人本领和能力。古人曰："有才者不难，能善用其才则难"说的就是这样的道理。

（3）知识——非权利感召力产生的重要依据。知识是人们在改造客观世界的实践活动中所获得的直接经验和间接经验的总和，是非权利感召力的科学性要素。知识是一个人的宝贵财富，是领导者领导群体成员实现群体目标的重要依据。丰富的知识会给领导者带来良好的感召力，会使下属对其产生依赖感。领导者如果具有某种专业知识，那么，必然会对他人产生影响，具备这种素质的领导要比不具备这种素质的领导，在行使权利上要顺利得多。

（4）情感——非权利性感召力产生的重要纽带。情感是人对客观事物（包括人）主观态度的一种反映，是非权利性感召力的精神性要素。领导人深入基层，平易近人，时时体贴关心下属，和下属同甘共苦，建立良好的情感，就容易使下属对其产生亲切感，下属的意见也容易反映到领导处，从而在领导做决策时可以根据群众的工作情况和思想状况做出更科学、合理的决策。

同时，任何一个在位的现职领导者都同时拥有两种影响力——强制性影响力和自然性影响力。强制性影响力来源于领导者的地位权力，下级被动接受其影响，影响力持续的时间是短暂的；自然性影响力来源于领导者的个人条件，下级主动接受其影响，影响力持续的时间是持久的。

想一想

按照您的理解,领导者应该如何用情感进行管理?

案　例

领导者的心灵鸡汤

优秀的领导者可以促人前进,可以点燃团队成员的热情,激发最佳状态。当我们试图对此进行解释时,通常会将之归因于领导者的战略眼光、远见卓识或者是强大的思想。然而,真正的原因则更为基本:卓越的领导力是通过情感来发挥作用的。

无论领导者是打算制定新的策略还是调动团队积极行动,成功与否取决于他们的做事方式。即使是万事俱备,如果领导者无法完成最根本的任务,即正确引导人们的情感,那么一切也都将不尽如人意。

举例来说,英国传媒业巨头——英国广播公司的一个新闻部门处于生死攸关的关键性时刻。该部门成立之初就只是为了做一项试验,但部门内的200多名记者和编辑对这份工作都全身心投入,并且认为自己已经竭尽所能,然而不幸的是,管理层早已决定要撤销该部门。

奉命传达这个坏消息的主管一开始就大肆表扬竞争对手的业务做得如何好,讲述着自己的戛纳之旅是多么美妙,然而这样的开场似乎并没有起到任何的帮助作用。本来这就是一个坏消息,而这位主管无礼、傲慢的传达方式给员工带来了预料之外的更大的挫败感。员工们被激怒了,这不仅仅是因为管理层的决定,也是因为这位传达消息的主管。当时的气氛变得非常紧张,事实上,这位主管在保安的护送下才得以安全离开这里。

第二天,另一位主管又向该部门的员工传达了这个坏消息。他采取了截然不同的一种方式。他发自肺腑地讲述了新闻工作对保持社会活力的重要性,并且谈到了最初吸引这些员工进入这个行业的使命的重要性。他提醒大家,当初他们中没有一个人是为了发财而加入这一行业的,因为这个行业的工资并不高,而且在经济浪潮中也很不稳定。他唤起并激发了记者们对自己职业的热爱之情和奉献精神。最后,他祝愿所有的员工未来可以事业有成、一帆风顺。

当他的讲话结束时,员工都为之欢呼不已。

这两位领导者之间的区别在于他们传达信息时的情感和语气不同:第一位主管把员工推向了敌对面,使他们产生了很大的不满和敌意;另一位主管则激励员工积极面对困难。这两种情形揭示了领导力中潜在的、至关重要的一个方面,即领导者说话做事时的情感影响。

三、团队领导者的内涵

（一）团队领导者的定义

团队领导是负责为团队提供指导作为团队制定长远目标，在适当的时候代表团队处理与组织内其他部门关系的角色。它属于这个团队是这个团队中的一员并且从团队内部施加影响。

（二）团队领导者的内容

团队领导不同于传统的领导，传统的领导其影响力的发挥主要是靠法定授权、奖励权、强制权、专长权和个人影响权即个人魅力来达到的。虽然传统领导在做决策时会让下属不同程度地参与，但总的来说还是依靠命令来指挥下属的行动。团队领导与传统领导的区别在于，团队领导主要是通过引导来影响下属的行为，其在团队中的作用如同教练在球队中的作用。团队领导给予下属充分授权，激发下属的工作热忱，善当教练，营造良好的团队氛围等等。团队领导的作用不是靠法定授权和强制权，主要是靠专长权和个人魅力的影响来实现的。团队领导通过引导来使团队成员设立共同的团队目标，使得团队的共同目标尽量地体现每个成员的意志和个人目标。当团队目标与个人目标出现不一致时，团队领导致力于在团队目标与个人目标之间寻求动态的平衡。只有当团队共同目标体现了个人目标时，每个成员才能为实现团队共同目标而努力。团队目标是建立在全体团队成员思想和认识上达成一致的基础之上的，而不是妥协的产物。

团队领导在团队中营造良好的人际关系，团队成员在彼此信任的气氛下坦率地表达自己的意见和想法，进行有效的沟通。

团队领导让团队成员认识到团队成员具有不同的教育背景和工作经验、具有不同的专业知识和业务技能，他们不同的想法和意见对完成团队的目标和任务是有益的。团队成员应重视不同的意见，珍视不同的意见，把不同意见视为有利于团队集思广益、有效解决问题和冲突、提高团队决策质量、促进团队完成目标的宝贵资源。

团队领导引导团队发展出团队精神和团队规范，使得团队成员产生强烈的归属感和忠诚度，使他们强烈地感受到自己是团队的一员，把自己的前途与团队的命运紧紧地维系在一起，愿意为团队的目标和任务尽心尽力。团队成员间互相信任，互相依存，互相协作，互相帮助。团队成员士气高昂，不畏艰难，时刻保持旺盛的斗志。团队形成了强大的凝聚力。

团队领导在引导团队建立了共同目标、营造了良好的人际关系、培育了团队的协作精神的基础上，充分调动团队成员的积极性、主动性、创造性，充分发挥团队成员的特长和能力，取长补短，优势互补，把每个人提供的分力整合成强大的合力，使得团队成员所提供的合力得到放大，形成 $1+1>2$ 的效能，并将合力指向团队的共同目标，以保证团队目标高效地达成，从而把团队建设成为高效率的团队。

（三）团队领导者的职能

弗莱什曼等人将有效的问题解决活动进行了分类，形成四个维度的领导职能，涉及13项活动。

1. 领导在问题解决中利用获得的信息来实现目标

一旦确定了团队的任务或者目标,领导就要弄清任务的需要和要求,寻找并评估可能的解决方案,制定实施方案的计划(此时领导的任务是将团队的任务或目标转化成可以操作的具体的计划,计划中要充分利用一切现有的资源)。

2. 领导要将计划传达给团队成员

让队员理解方案的实施所需要开展的活动、如何协调这些活动以及任务本身的信息和任务完成的条件。

3. 管理人力资源

包括选拔、调配、激励、协调和监控个体,使其服从指令;整合队员的活动,训练提高队员的能力。

4. 管理物质资源

涉及获取、分配和利用物质资源。这些活动可能是团队领导最为突出的活动,尤其是在较低的层级上。有效领导通过上述活动使团队适应环境的变化,实现团队目标。

在弗莱什曼等人的基础上,佐卡罗提出三种重要的团队领导职能。

1. 团队联络

包含联络、意义赋予、表征活动。团队的大多数问题都来源于环境,领导需要诊断团队外的变化和事件,同时负责解释团队任务。例如,在军队中,连长和排长传达上级的命令时要转化成具体的行动,在这个转译过程中包含了多种领导活动,其中主要是获取有关团队任务的信息和完成任务的资源。

2. 团队目标的建立

团队是以目标为存在前提的,目标在广义上可以是远景,狭义上是具体可操作的任务步骤,目标可以是短期、中期或长期的。建立了目标方向能使团队保持与外环境的同步。

3. 团队运作协调者

为了提高团队有效性,即确保整体大于部分之和,团队领导要监控协调队员的活动,将队员的活动水平、步骤或顺序实现制度化,同时让队员理解这种顺序的合理性;当团队活动不能适应环境时,领导要负责做出适当的调整;建立和维持合适的心理氛围。

总的来说,一方面团队领导要对团队内部结构、任务分配、工作流动进行系统的监控、管理和组织,当组织的远景规划转化为团队的目标后,团队领导要明确任务需要、确定并评估可能的解决方案、选择最优方案并利用所有资源来实施方案,同时将这些方案计划有效地传达给队员(传达的内容具体包括实施方案所需要的活动、活动如何协调、评估作业或任务完成的方式。)

另外,领导在要组织框架下根据团队目标选拔和管理队员及资源:人员选拔与管理包含选拔、聘用、培养及激励队员,团队领导不需要在每次分配任务之后重新调整队员的知识、技能和态度。可以通过在每次任务完成过程中的培训和指导,使团队在面临新的任务时,队员有充分的准备和把握实施新计划并完成新任务,资源管理要求团队领导获取充足的资源并且有效地运用到团队活动中。

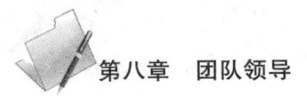
第八章 团队领导

第二节 构建团队领导力

本节案例 问题提出

经营之神杰克韦尔奇的8个领导守则

在通用电器(GE)前CEO杰克·韦尔奇丰富的实务经验中,最广受外界推崇的,就是他领导团队的哲学,成功将通用电器带上全球市值第一大企业。

他认为最重要的领导之道,就是要懂得栽培其他人,让每一位成员都能获得成长。回顾自己超过40年的管理实务经验,韦尔奇归纳出"领导8守则",值得每位经理人学习。

★领导守则1:把每一次接触部属,都当作评量、指导和培养部属自信的机会

韦尔奇认为,经理人最常出现的错误,就是以为部属培训与沟通,只有在每次绩效评估时才要做。事实上,日常工作的每件事,都可以拿来进行部属培训,并从中观察、发掘部属的潜力。例如,拜访客户,就是评估业务人员能否解决顾客问题的好机会;甚至会议中场的休息时间,都可趁机指导上台报告的部属简报技巧。利用所有与部属接触的机会进行人员培训、沟通工作内容、灌输他们自信,是提升团队整体素质最好的方法。

★领导守则2:不但力求部属看到愿景,也要部属为愿景打拼,起居作息都围绕着愿景运作

领导人必须为团队描绘一幅愿景,但是韦尔奇认为,愿景不只是"谈",必须让愿景"活起来"。如何让愿景活起来?他认为方向必须鲜明、清楚,绝对不能是听来崇高却含糊的目标。目标要清楚明确到"即使哪位员工半夜被叫醒,半睡半醒之间仍旧说得出来"的程度。

"领导人必须一直谈愿景,谈到令人耳朵长茧的地步,"韦尔奇指出。愿景要透过在各种场合不断重复、强调,才能落实到每一个人身上。唯有这样,团队的所作所为才能不断聚焦在愿景上,只有靠领导人不断传递、沟通,并用酬赏加以强化,愿景才会跃出纸面,拥有生命力,不流于口号。否则,"愿景的价值,还不如印愿景的纸张。"

★领导守则3:带人要带心,领导人应该散发正面能量和乐观气氛

"领导人心情是会传染的,"韦尔奇指出。领导人开朗乐观,他的团队也会充满正面观点;反之,领导人若是悲观阴沉,团队成员的态度也会和他一样。他认为,身为领导人,就是要极力抵挡负面能量产生的冲击。大环境再不佳,领导人都要振奋精神,表现出任何问题都有办法解决的态度,并走出办公室,将此态度感染给团队成员,一同找出解决问题的方式。"不能真正带动部属的心,一定会失掉某些东西。这样一来,工作就只是工作而已。"

★领导守则4:领导人只会因胸襟坦率、作风透明、信誉声望而获得信赖

站上领导位置,展现权力、控制他人、分配资源,甚至不轻易吐露对人和绩效的看法,显出一副"天威难测"的派头。这些行为虽然有助于确立领导人的"老板"地位,却也会侵蚀掉团队的信赖。韦尔奇认为,当领导人作风透明、坦诚、讲信用,就能让团队产生信赖。例如,不隐匿坏消息;不居功,把功劳归给该得的人;绝对不人前一套、人后一套;在外人面前,提供支持部属的肩膀;团队发生错误,能一肩扛起责任。这些都是有助于建立信赖的方式。为什么要获得部

属的信赖？韦尔奇指出，被选为领导人的同时，拿到的可不是一顶王冠，而是扛下激发部属所有潜能的重大责任。要做到这一点，就必须先赢得部属信任，让他们真心相信能被领导人带领到更好的境界。

★领导守则5：要有勇气做出不讨好的决定

身为领导人，经常会碰到必须做出艰难决定的时刻，例如削减预算、否决部属认真准备的提案，甚至必须解聘某人。这些困难的决定，势必会招来怨言和阻力，但是领导人就是必须去处理。"团队领导人不是要在人气竞赛中领先，关键任务是领导，"韦尔奇指出。

★领导守则6：总是抱着怀疑与好奇心探索，并使所有疑问都获得具体的行动回应

当你是专业工作者时，必须想办法"找出所有答案"，这时的工作，是成为这个领域的顶尖高手；等到成为领导人，主要的工作便是"提出所有问题"，讨论决策、提案、市场时，领导人必须经常用类似"如果这样，会怎么样？""有何不可？""怎么会呢？"的句子。

韦尔奇特别强调："即使问这些问题，让自己看起来像是房间里最笨的人，也要泰然自若。"唯有透过不断问问题，才能促使团队对这件事情付出应有的关注，领导人也能因此了解整个流程，做出最佳判断。此外，光是问问题还不够。领导人必须确定问的问题，不仅能激发讨论，还能引出更多问题。最重要的，是确认问题会有人负责处理。

★领导守则7：以身作则，鼓舞部属冒险犯难和学习

韦尔奇分析，鼓励冒险与学习精神，说比做容易。他就经常遇到领导人敦促部属尝试新事物，可是一旦失败，就狠狠指责部属。若希望部属勇于冒险与实验，就必须以身作则。他分享，最容易的方式，就是领导人不避讳谈论自己的失败，分享从中学到的教训，将自己的错误公之于世。尽管不好受，但目的是要让人知道，挥棒落空不要紧，只要从中学到东西就好，这样就能塑造鼓励冒险犯难的团队风气。要鼓励团队学习，也一样要领导人身体力行。例如，每当韦尔奇在外部看到某个自己喜欢的最佳实务（best practice），回到内部，他总会在内部分享并且赞不绝口，让大家知道，对于好的新想法、做法，他都非常乐于参考。

★领导守则8：要懂得奖励褒扬

当团队有好表现、好成绩，韦尔奇认为，由领导人带头举办的庆功十分重要，在通用期间，他不断强调庆功的重要性，要求每位主管不要忘了把握庆功的机会。庆功是提升团队士气、凝聚向心力最快的方式。因为庆功可以让部属的"赢家感"油然而生，营造出获得肯定和正面能量的气氛。"想想看，勇夺美国职棒世界大赛冠军的球队，居然没有开香槟，没有把泡沫喷得到处都是？根本不可能，"韦尔奇指出。工作上做出点成绩时，当然得好好庆祝，把握这些庆功的机会，犒赏团队，如果领导人不做，团队中就不会有人做这件事。

资料来源：百度网站，https://baijiahao.baidu.com/s? id＝15908122505885168 30&wfr＝spider&for＝pc,2018-1-28。

请分析： 从上述案例中，您认为杰克·韦尔奇具有哪些领导特质？他是属于什么风格的领导呢？

领导力可以被形容为一系列行为的组合，而这些行为将会激励人们跟随领导去要去的地方，而不是简单的服从。所谓领导力，就是一种特殊的人际影响力，组织中的每一个人都会去影响他人，也要接受他人的影响，因此每个员工都具有潜在的和现实的领导力。领导力的关键就在于领导者和其他成员之间的互动，能否使领导行为双方互动形成统一的认识，情感和行为活动，是领导力正确发挥的必要条件。根据领导力的定义，会看到它存在于我们周围，在管理

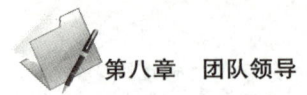

第八章 团队领导

层,在课堂,在球场,在政府,在军队,在上市跨国公司,在小公司直到一个小家庭,可以在各个层次,各个领域看到领导力,它是我们做好每一件事的核心。

一、特征视角——有效领导的特征

早期的一些研究人员发现领导往往具备诸如智慧、热情、自信、控制力强、社会参与特征度高以及信奉平等主义等特征。同时他们还探索了一些与领导力相关的物理特征,认为相比其他团队成员,担任领导的人似乎身形更魁梧、更积极、更充满活力,并且外表也更胜一筹。此外,还有些研究人员发现领导者往往机敏老练、乐观向上、公正守纪、多才多艺且具备自控能力。

特征视角(Trait Perspective)将领导力视为领导者所具备的个人属性或品质,乍看下合理,但其实透露出的有用信息实在有限。一些领导者在特定情形下表现出来的特征,比如将军带领军队冲锋陷阵,所展现的品质特征并不适合其他领导职位,如企业主管组织一次商务会议。

这种方式的另一个缺陷在于无法界定哪些特征对于成为领导很重要,而哪些特征又对长期担任领导至关重要。相关研究也没能对领导以及具备相同特征的下属进行充分的区别,无法为想要提升领导力技能的团队成员提供帮助。

想一想
按照您的理解,团队领导应该具备哪些有效特质?

【知识链接】

领导特质理论

领导特质理论(Traits Theories Leadership)也称素质理论、品质理论、性格理论,这种理论着重研究领导者的品质和特性。是整个领导领域的开端,其理论基础来源于Allport人格特质理论。20世纪早期的领导理论研究者认为,领导的特质与生俱来,只有天生具有领导特质的人才有可能成为领导者。它强调领导者自身一定数量的、独特的、并且能与他人区别开来的品质与特质对领导有效性的影响。

相关研究表明,与领导有效性有关的关键能力有:(1)驱力:追求目标的内在动机;(2)领导动机:使用社会化的权力影响他人以获取成功;(3)正直:可信赖性以及把话语变为行动的意愿;(4)自信:相信自己的领导才能,坚信有能力实现目标;(5)智慧:处理信息、分析选项并发现机会的能力高于一般人;(6)商业知识:了解其运作的商业环境,有助于准确决策和为组织带来成功;(7)情绪智力:基于自我监控的人格,确保优秀领导者具有更强调情境敏感性以及在必要时适应环境的能力。

同期相关的研究还有:美国普林斯顿大学教授威廉·杰克·鲍莫尔(William Jack Baumol)针对美国企业界的实况,提出了企业领导者应具备的十项条件:① 合作精神;② 决策能力;③ 组织能力;④ 精于授权;⑤ 善于应变;⑥ 勇于负责;⑦ 勇于求新;⑧ 敢担风险;⑨ 尊重他人;⑩ 品德超人。

二、功能视角——有效的领导行为

功能视角(Functional Perspective)将领导力视为任何团队成员都可以展现出来的、能将团队效力最大化的行为表现。对于想要提升领导能力的人而言,这种方法更为有效。尽管特征视角能帮助人们判断怎样的人更适合成为领导者,但功能视角定义了领导者所需具备的、帮助团队有效运转的沟通行为。通过了解这些行为,人们可以更有效地参与团队活动。这一方法的支持者认为,主要的领导行为可以分成两类:任务型领导力(Task Leadership)和进程型领导力(Process Leadership)。以任务为导向的行为就是专注于实现团队目标,而以过程为导向的行为则更注重维持良好的团队内部人际关系。

(一) 任务型领导力

当团队召开会议、商讨问题、制定决策、策划活动或者制定方针时,成员的随意表现往往会成为阻碍。即便是在切入正题时,讨论也可能迷失方向并开始离题,团队整体就会逐渐偏离轨道。有时候,一个人可能会垄断整个对话,其他人则保持沉默;有时候则会出现迟迟无法切入讨论主题的局面。此时,成员们可能会埋怨所指定的领导者失职。

以下四种任务型领导行为可以有效帮助团队实现目标。

1. 发起

任务导向的团队讨论需要构思想法,有时候想法与程序事项挂钩,有时候团队需要想方设法解决问题。然而在提出解决建议之前,你所在的团队可能并没有充分理解问题所在。这时你可以提议说:"我觉得我们还没有真正把问题解析透彻,就已经开始提出解决方案了。让我们花几分钟时间进一步分析问题,这样就能确保大家都在讨论同一件事了。"

在这个例子中,通过提出改变团队讨论进程的建议,你就发起了一次程序变革,这可能会对团队有利。"发起"意味着"开始",如果你说"让我们开会吧",就意味着改变开始了(假设团队依照你的建议行动)。如果随着会议的深入,你说"让我们考虑一下是否有其他选择"或者"在做出评估之前让我们多想些点子",同样可以改变团队讨论的进程。如果没有人发起讨论,团队就会没有方向。担任发起人、提出新想法或者提议采取不同步骤是非常重要的团队行为,任何人都能做到。

2. 阐释

有时候好的想法容易被忽略,除非提出者能够对这些想法进行详尽阐述,使其变得更形象具体。假设你去参加一场兄弟或者姐妹间的聚会,讨论主题就是如何扩大明年新人入会规模,有人提议重新装修娱乐室可能会有所帮助。在这次讨论中,可能会发生这样一些事:成员可能开始评估这个点子,有人赞同,有人反对,有人提出新的想法。而你(或其他人)可能会详尽描述当娱乐室换上新地毯,摆上台球桌和新沙发,再加上柔和的灯光后,会变得焕然一新。尽管装修娱乐室这个提议最终可能不会被通过,但你的阐释让其有了更多希望。

3. 协调

不同的人会有不同的期望、信念、态度、价值观以及经历。团队中每个成员的贡献都是独一无二的,但都应该被引向实现团队的共同目标。鉴于团队以及团队成员的多样性,协调往往是种重要的领导力表现,因而有助于团队了解所有成员贡献的沟通行为就显得十分可贵。举个例子,如果发现两位成员提出的想法有关联,就应该指出来,这样以利于展开团队讨论。领

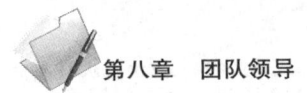

导者为各成员提出的想法意见搭建桥梁,进行协调,不仅能让他们有"团队感",还可以减少他们对于团队所需处理的问题及解决方案等方面的不确定感。

4. 总结

团队讨论可能会变得冗长啰唆,常常会出现成员不知道讨论从何开始、去向何处的情况。事实上,不用太多的题外话,就会使团队偏离讨论轨道。即便团队没有偏离轨道,有时候停下来,对进展进行总结也是有用的。通过对讨论进行到哪一步、还需要做些什么等进行总结归纳可以降低讨论的不确定性。了解团队何时需要进行总结,并及时采取行动,你就能带领团队朝着实现目标的方向迈进。即便其他成员不接受你的总结,你也能察觉到成员之间的观点差异,使得讨论更加开诚布公,降低不确定性。

发起、阐释、协调和总结是四种不同类型的团队领导行为,虽说这些行为表现很重要,通过这些行为可对其团队有所贡献,但任务型领导力并非只有这些。任务型领导力体现为任何能够影响团队工作过进程并帮助团队完成任务的行为。提出建议、构想新点子、提供信息资源或见解和观察工作程序步骤等都属于任务型领导行为。

(二) 进程型领导力

团队要有效运作,就需要时刻留意自身发展。团队是由人组成的,人都有需求。有效的团队沟通必须同时满足团队任务以及成员需求。若无法营造良好的团队氛围,就可能导致团队整体表现不佳。从这方面看,团队就如同一辆汽车。汽车可以载你去想去的地方,但它们需要定期的维护保养来保障性能。如果主人不对汽车进行保养,汽车最终会发生故障。团队亦是如此,它们也需要维护和保养。

领导力的相关研究始终认为团队既有任务要求,也有进程需求。进程通常被称为"团队的构建和维系"。进程型领导行为能够维护团队的人际关系,营造出良好的气氛,既能提高成员满意度,又有利于团队完成任务。进程型领导力是真正的沟通"润滑剂"。

以下是几种有助于改善团队氛围的进程型领导行为。

1. 舒缓紧张氛围

有时候,领导者能为团队提供的最有效的领导行为就是建议大家喝杯咖啡或茶,小憩一下。当成员感觉到疲惫时,当任务格外棘手时,或当氛围极度紧张、所有人都承受不小压力时,就意味着团队需要放松一下。开个玩笑、展现下幽默感、休息片刻,或者提议休会,往往能满足团队成员的需求——舒缓紧张氛围。偶尔的休息或者开玩笑能让成员恢复精力,提升他们的满足感。

2. 把关

团队成员的多样性使得团队沟通复杂化的同时,也可以成为团队可利用的优势。俗话说:"三个臭皮匠,顶一个诸葛亮。"拥有更多经验和智慧的团队强于任何个体,但个人经验以及洞察力只有在共享的情况下才对团队有利。

把关行为旨在协调讨论进程,让所有成员都有机会发表见解。领导者可能需要先起个头("小王,你肯定深入分析过这个问题,你对此有什么看法?"),甚至是限制那些总是发表长篇大论的成员("在休会之前,我们或许应该把发表评论的时间限制在两到三分钟,这样每个人就都能发表看法了")。把关是一种很重要的领导力,因为它能确保更多成员对团队有所贡献,既满足了团队的任务需求,也提升了成员的满足感。

3. 鼓励

人们喜欢受到称赞,当有人认可他们做出的贡献时,他们会非常开心。给予鼓励能增强成员的自尊心,同时其期望、自信和抱负都会进一步提升,从而提升团队士气,增强凝聚力、满足感和提高工作效率。

4. 调解

出现冲突是正常的,是团队互动的良性组成部分。然而,无法有效管理冲突就会导致成员受伤、身心俱疲,团队凝聚力降低,甚至分裂。调解的目的就在于化解成员之间的冲突,释放与冲突有关的紧张情绪。无论何时,一旦冲突从问题导向上升至个人导向,演变成人身攻击,就需要进行调解。

任务型和进程型领导力对于团队成功都起着关键作用。如果团队在完成任务方面没有取得进展,成员可能就会感到沮丧,得不到满足;而如果团队无法营造良好的氛围,成员就会将注意力和精力集中到对团队的不满上,而不是专注于完成分配到的任务。

三、情境视角——根据实际情况做出调整

情境视角(Situational Perspective)在构建领导力时,不仅要考虑上述因素,而且还需要考虑到不同的领导风格和具体的情境。

(一)领导风格

1. 领导风格的定义

领导风格是领导者的行为模式。领导者在影响别人时,会采用不同的行为模式达到目的。企业领导风格就是习惯化的领导方式所表现出的种种特点。习惯化的领导方式是在长期的个人经历、领导实践中逐步形成的,并在领导实践中自觉或不自觉地稳定起作用,具有较强的个性化色彩。每一位领导者都有其与工作环境、经历和个性相联系的与其他领导者相区别的风格。

2. 领导风格的组成

领导风格有时偏重于监督和控制,有时偏重于表现信任和放权,有时偏重于劝服和解释,有时偏重于鼓励和建立亲和关系。这些行为模式是可观察的,也是可以由被领导者"感受"得到的。领导风格由两种领导行为构成:工作行为和关系行为。

(1)工作行为。工作行为是领导者清楚地说明个人或组织的责任的程度。这种行为包括告诉对方"你是谁"(角色定位)、该做什么,什么时间做、在哪里做以及如何做。从领导者到被领导者的单向沟通是工作行为的典型特征。

你做血液化验的情形就是一个存在大量工作行为的例子。在进行抽血化验时,化验员可能一直在命令你。他对你的不安毫不理会,命令你挽起衣袖,伸直胳膊;告诉你在抽血的时候要握紧拳头。抽完血以后,他又会给你棉球要求你压住刚才抽血的地方。在抽血的过程中,你可能会感到有点恐惧,但化验员还是会按部就班地把工作做完。有趣的是,化验员的命令语气,不会让你感到不满,相反,还能够帮助你增加信心和帮助你克服恐惧感。命令并不意味着言辞粗鲁或脾气暴躁。那个化验员对你的态度可能是非常友好的,但他的行动和语言都是为了完成工作。

(2)关系行为。关系行为是领导者满足被领导者心理需求的领导行为。包括倾听、鼓励、

第八章 团队领导

表彰、表现信任、提升参与感、建立亲和关系和归属感等。领导者与被领导者进行双向或者多向沟通,是关系行为的主要特征。

假设一个员工连续加班,产生了严重的焦虑感,同时工作中开始频繁出现失误。那么,他的上司首先应将注意力放在失误上还是放在体贴关怀上,对于这位员工迅速恢复状态的影响是不一样的。假如上司找时间与这位员工聊聊天,倾听他当下的感受,并且对他工作中的闪光点多给予肯定和认可,而暂时不去谈论他的失误,这就表现出了"领导者的关系行为",相信会更加有利于这位员工保持工作热情和提升对于工作质量的承诺度。

3. 不同的领导风格

团队领导者的领导方式会影响该团队所执行任务的成败。管理四方格理论指出,领导者的管理工作主要考虑两方面的因素,即所面临的工作与完成这项工作的团队成员间的关系,对这两方面因素的不同态度与倾向形成四种不同类型的领导风格。

(1) 委托型。不注重工作任务本身也不注重人际关系。这种风格的领导者对工作任务和与成员间的关系都不甚关心。他们相信团队成员有解决问题的能力,因此只指出大致方向和目标。这给团队成员留有宽松的选择余地,由他们自主决定如何完成目标。

(2) 激励型。不注重工作任务本身而注重人际关系。这种风格的领导者会花大量的时间和心血构筑与团队成员间的关系。对他们来说,组织中人的因素居于实现目标的各项因素之首。他们通常只提出大致的工作目标,而致力于细致入微地做人的思想动员工作。他们认为只要能调动起团队成员的工作劲头,就能完成工作任务。

(3) 指挥型。注重工作任务本身也注重人际关系。领导者认为,团队成员没有足够的能力和动机完成任务,因此,领导者事必躬亲,详尽地监督指挥团队成员采取行动,并且控制团队成员如何行动甚至如何思考。

(4) 教练型。注重工作任务本身而不注重人际关系。这种风格的领导者相信团队成员有完成任务的动机,但缺乏必要的能力。他们不断地教团队成员如何去做某项具体的工作,而不大考虑错综复杂的人际关系。

领导者的领导方式通常是上述四种类型的领导风格的混合,但很多领导者会使用最为便利的一种,从而使他们所偏好的工作风格与工作任务的价值及对人际关系的态度倾向相协调。团队领导究竟采用哪种领导模式,与一个团队成员的人性假设相关。管理学界有"经济人假设""社会人假设""自我实现人假设""复杂人假设"等不同假设,不能武断地说哪一种人性假设理论比另外一种更好。上述四种团队领导模式分别基于特定的人性假设。指挥型和教练型领导模式往往认为下属缺乏积极性、创造性和主动性,不愿或不敢承担责任,需要领导为其提供相应的方法指导;激励型和委托型领导模式往往认为下属具有非常强烈的创造欲和成就欲,勇于或敢于承担责任,并能接受有挑战性的任务。特别是进入 21 世纪以来,组织结构的扁平化和知识更新的加速化倾向日益明显,激励型和委托型领导应当成为优选模式,这样可以培养下属,鼓励和支持下属承担更为艰巨的任务。

> 【知识链接】
>
> ## 管理学"人"的假设
>
> ★经济人假设
>
> 经济人是以完全追求物质利益为目的而进行经济活动的主体,人都希望以尽可能少的付出,获得最大限度的收获,并为此可不择手段。"经济人"意思为理性经济人,也可称"实利人"。这是古典管理理论对人的看法,即把人当作"经济动物"来看待,认为人的一切行为都是为了最大限度满足自己的私利,工作目的只是为了获得经济报酬。
>
> ★社会人假设
>
> 社会人认为在社会上活动的员工不是各自孤立存在的,而是作为某一个群体的一员有所归属的"社会人",是一种社会存在。人具有社会性的需求,人与人之间的关系和组织的归属感比经济报酬更能激励人的行为。"社会人"不仅有追求收入的动机和需求,在生活工作中还需要得到友谊、安全、尊重和归属等。因此,"社会人"的假定为管理实践开辟了新的方向。
>
> ★自我实现人假设
>
> "自我实现人"是美国管理学家、心理家马斯洛提出的一个概念。所谓自我实现指的是,人都需要发挥自己的潜力,表现自己的才能,只有人的潜力充分发挥出来,人的才能充分表现出来,人才会感到最大的满足。这就是说,人们除了上述的社会求之外,还有一种想充分运用自己的各种能力,发挥自己自身潜力的欲望。
>
> ★复杂人假设
>
> "复杂人"假设是西方现代管理学中关于人性的一种假设。在20世纪60年代末、70年代初提出,此假设认为:人是很复杂的,不仅人与人之间在能力和需求方面存在着差异,而且每个人在不同的年龄、不同的时间、不同的地点和不同的场合也有不同的表现。每个人的需要及需要的层次都不尽相同。随着年龄的增长、知识的增长、地位的改变,以及人与人之间关系的变化,人的需要和潜力都会发生变化。虽然"经济人""社会人""自我实现的人"的假设各有其合理性的一面,但是并不适用于一切人。由"复杂人"假设出发,产生了应变理论。这种理论认为:人在同一时间内有各种需要和动机,它们会相互作用并构成一个错综复杂的动机模式。因此,不可能存在一种适合于任何时代、任何组织和任何个人的管理方法。要求管理人员能够做到具体问题具体分析,灵活运用不同的管理措施。

(二) 情境领导模式

1. 情境领导模式的定义

保罗·赫塞(PaulHersey)和肯尼思·布兰查德(Kenneth Blanchard)在俄亥俄州立大学心理学家卡曼(A. Karman)于1966年提出的领导生命周期理论的基础上,吸取了阿吉里斯(Argyris)的成熟——不成熟理论,于1976年形成了一个重视下属成熟度的权变理论即情境领导理论。阿吉里斯强调领导者要帮助员工从不成熟向成熟转变,以更好地为组织服务。赫塞和布兰查德认为,领导者的领导方式,应同下属员工的成熟程度相适应,在下属员工渐趋成熟时,领导者依据下属的成熟水平选择正确的领导风格取得成功。

第八章 团队领导

赫塞和布兰查德将成熟度定义为：个体对自己的直接行为负责任的能力和意愿。它包括两项因素：工作成熟度与心理成熟度。前者包括一个人的知识和技能。工作成熟度高的个体拥有足够的知识、能力和经验去完成他们的工作任务而不需要他人的指导。后者指的是一个人做某件事的意愿和动机。心理成熟度高的个体不需要太多的外部鼓励，他们更多靠内部动机激励。

2. 情境领导模式的维度

领导行为的两个维度：在分析领导风格时赫塞和布兰查德也从两个维度来进行考察，即工作行为和关系行为。

工作行为——向部属说明或示范要"做什么""何时做""如何做"，并且对工作成果提供经常的反馈。

关系行为——赞扬、倾听、鼓励，以及让部属参与决策制定。

准备度是被领导者完成某项特定工作所表现出来的能力和意愿水平。其中能力是指表现出来的知识、经验与技能，意愿是指表现出来的信心、承诺与动机。根据员工能力与意愿的高低程度不同组合，可以形成以下四种不同的准备度水平。

准备度一(R1)：没能力，没意愿或不安。

准备度二(R2)：没能力，有意愿或自信。

准备度三(R3)：有能力，没意愿或不安。

准备度四(R4)：有能力，有意愿并自信。

工作行为与关系行为的组合，构成一个关于领导风格的二维模型，示意图中的 X 轴显示的是工作行为，由低到高；Y 轴显示的是关系行为，也是由低到高。通过高低组合，可以把领导风格简化为四种模式：第一种是高工作低关系(S1)；第二种是高工作高关系(S2)；第三种是低工作高关系(S3)；第四种是低工作低关系(S4)。

赫塞和布兰查德认为，每一维度可以有高低之分，并可以组合成四种具体的领导风格，与员工的发展阶段相对应的是四种不同的领导类型（如图 8-1）：

(1) 第一种为告知（教练）型领导，向员工解释工作内容以及工作方法，同时继续指导员工去完成任务；

(2) 第二种为推销（指令）型领导，对员工的角色和目标给予详尽的指导，并密切监督员工的工作成效，以便对工作成果给予经常的反馈；

(3) 第三种为支持型领导，领导者和员工共同面对问题，制定解决方案，并给予鼓励和支持；

(4) 第四种为授权型领导，提供适当的资源，完全相信员工的能力，将工作任务交由员工全权负责、独立作业。

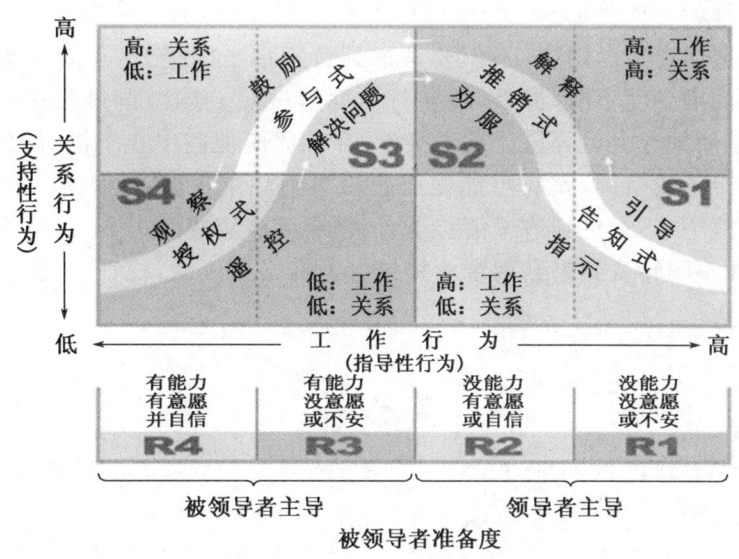

图 8-1 赫塞的情境领导模式

3. 情境领导模式的应用

随着下属成熟水平的不断提高,领导者可以减少对下属活动的控制,而且还可以减少关系行为。在员工成长的第一阶段,下属需要得到明确而具体的指导。在第二阶段,领导者需要采取高任务——高关系行为;高任务行为能够弥补下属能力的欠缺,高关系行为能够使下属在心理上"领会"领导者的意图,或者说能够给下属提高技能和能力的愿望以更大的激励。在第三阶段,领导者运用支持性、非指导性的参与风格能够有效地满足下属的参与欲望,消除其现实的挫折感,从而向下属提供更强的内在激励。在第四个阶段,领导者无须做太多的事情,因为下属既愿意又有能力完成工作任务。

情境领导模式提供了一种帮助领导者确定恰当领导方式的方法,但是并非能取得一劳永逸的效果。即使把领导情景简化为单一的员工准备度,员工本身也处于不断变化之中。领导者应该对员工的潜力有积极的假设,并帮助他们成长,而且随着员工准备度的改变,应该随之改变领导风格。对此,赫塞和布兰查德在后续研究中进行了一定的修正。他们提出,领导人应通过对工作行为和关系行为的微调,来推动员工准备度的提升。对处于 R1、R2 准备度水平的员工,领导者要通过两个步骤来促使他们成长和发展。第一步是随着部下技能的提高,适量减少对他们的指示或监督;然后观察员工的情况,如果他们的表现达到了领导人的预期,第二步就要增加关系行为的数量。这两个步骤不能颠倒,必须确定领导人的工作行为减少后,员工对此反应良好,才能进一步增加关系行为。在这里,领导人的关系行为可以看作是一种对员工成长的奖励,奖励当然要在有令人满意的表现之后才给予。对处于 R3、R4 准备度水平的员工,领导行为微调的方向不同。随着人们的成长,需求会发生变化,当然就需要不同的激励方法。对低准备度水平的员工来说,增加关系行为是一种奖励;而对于高准备度水平的员工来说,让他们独立承担责任的信任才是奖励。如果领导人对高准备度员工强化关系行为,反而有可能被认为是对其不放心。所以,促进高准备度水平员工的方法也分两步,第一步是适量减少领导人的工作行为,第二步则是根据员工表现来减少领导人的关系行为。在这里,高准备度员工同低准备度员工的需求恰恰相反,关系行为的减少可视为一种奖励。

情境领导模型在实际运用中,不但要考虑到员工水平的提升,还要考虑到员工水平的下降。如果员工的准备度下滑,那么,领导行为就得按照上述微调过程逆向调整。这种细小的风格改变,能使领导者更容易让员工接受,并且促使他们中止下滑,回到原有水平。如果缺乏这种及时干预的微调,就有可能使问题积累到严重程度,迫使领导人不得不大幅度改变行为。在实践中,不乏见到迫于情势压力,领导风格从授权式 S4 猛然下滑到告知式 S1 的情况,即从不闻不问转变到事必躬亲。领导行为的剧烈改变,往往会使员工难以接受,影响领导效果。

案 例

在一家电脑维修服务公司,王工是一位优秀的电脑维修服务工程师,他的电脑维修技术在公司是最好的,同时他服务的客户满意度最高,公司经理对他的工作非常放心,放手让他自己工作。公司经理根据他优秀的表现,提拔他到行政办公室负责管理一个电脑维修工程师团队,基本上也是放手让他自己工作。然而经过一段时间,发现该团队成员之间不是很融洽,并且客户对该团队维修服务满意度远不如王工原来的满意度,并且经常不能按时为客户提供服务。王工也开始抱怨团队成员没有他的技术好,经常自己亲自做维修,同时也开始抱怨公司。

为什么会出问题,因为公司经理仍然采用原来的领导方式来领导角色发生改变的王工,没有负起有效地开发王工的责任,王工也没有成为一个合适的团队领导者。在组织技能模型中,组织结构中不同阶层,都需要 3 种技能,即:技术、人际和概念技能,但领导者没有对王工采用合适和改变的领导风格,仍采用以前的风格,当然会出问题。王工提升为主管阶层,他主要需要的技能已由技术技能转变为人际技能,所以他的人际技能需要提升,而他责怪团队成员没有他技术好是不合适的,他应该帮助团队成员提高技术,并主要关注客户维修计划和管理的相关事宜。当然公司经理应负担主要责任,王工的角色发生变化后,公司经理也应根据王工在新的岗位的需求来领导和开发他,然而他没有做到,最终导致客户和员工的满意度下降。

想一想

如果王工和公司经理有机会参加情境领导培训,也许情况会大有改观,那么如何使用情境领导模式呢?

当领导者处于较低的准备度水平时,领导者必须承担传统的管理责任,比如,计划、组织、激励和控制等,此时领导者角色是团队的监督者;然而当领导者开发出被领导者的潜能时,使他们处于较高的准备度水平后,被领导者可以承担大部分日常传统的管理职责,此时领导者的角色就由监督者转变为组织中的上一阶层的代表人,将团队和公司发展壮大。通过人员开发,培训员工自己发展,领导者可以将时间更多地用于"高成效"的管理职能,比如长期战略规划、与其他团队或组织合作提高生产率和获取所需相关资源等,以提高整个团队的绩效。

王工作为电脑维修工程师,对于维修电脑和客户服务这件工作,他的准备度应是R4,即有能力并有意愿,公司经理对他采取的领导方式是S4,即较低的工作行为和关系行为,授权和对王工的工作放手,王工的绩效也好,从而得到团队成员和公司经理的认可和赏识。公司经理对他提升后,王工成为新的团队领导者,对于这项工作他的准备度有变化,他当团队领导者应是没有经验的,但由于得到提升和奖赏,工作意愿是很强烈的,所以准备度应是R2,没有能力有意愿。然而公司经理仍然采用S4的方法领导他,没有给他作为新的领导者所需要的帮助。因而王工在管理团队时缺乏领导技能,事必躬亲,花在管理上的时间很少,客户满意度降低,他的团队成员也没有得到发展,团队绩效不好。根据情境领导模式,正确的方法是:公司经理应认识到王工准备度的改变,相应的领导风格应调整到S2,采用高的工作行为和关系行为,给予作为团队领导者明确的解释和工作指导,加强双向沟通,了解王工在新的岗位的发展情况,并给予他的任何进步以肯定;根据情境领导模式曲线,王工作为团队领导者的能力得到提升后,但还有些不安(作为领导者感觉任务太重),他的准备度由R2发展到R3,即有能力但不安,此时公司经理的领导风格要根据准备度继续调整到S3,给予王工鼓励,肯定工作表现,并参与工作,但由王工做决策;王工继续得到发展,不安情绪得到控制,其准备度发展到R4,有能力和有意愿并自信,根据情境领导模式,公司经理继续调整领导风格到S4,观察王工的表现是否稳定在R4,如果稳定,公司经理便可采用授权的方式,自己有更多时间处理更有效的事情;如此进行,王工得到有效的开发,团队发展才有了更大的空间。

第三节　高层领导团队

本节案例　问题提出

"新飞+康佳"——双品牌下的新高管团队

在确定康佳接手后,新飞电器即将复工的消息终于传出。新飞电器拟于2018年8月28日恢复生产,届时高管团队会亮相。

2018年6月29日,河南新飞电器有限公司、河南新飞家电有限公司、河南新飞制冷器具有限公司(简称"新飞电器")被康佳以4.55亿元人民币的价格竞得。这一消息在一个多月后又传出实锤:新飞电器拟于8月28日恢复生产。另外,新飞电器高层管理班子已经确定,高管由原新飞电器管理班子和康佳管理人员共同组成,中层人员基本确定,另外在本年度将招募800名工人恢复生产,明年将会在人员上进一步扩张。

2018年8月3日,新飞电器已经完成变更。以河南新飞电器有限公司为例,投资人变更(包括出资额、出资方式、出资日期、投资人名称等)一项已经变更为安徽康佳电器科技有限公司;负责人变更为张中俊;高级管理人员备案(董事、监事、经理等)变更为吕剑、胡文斌、谢顺兴、孟宏刚、张中俊、刘斌。其中,工商信息显示,变更后,吕剑为董事兼总经理,张中俊为董事长。张中俊原为康佳白电事业部总经理,吕剑原为康佳多媒体事业部总经理,刘斌原为康佳白电销售部总经理。

另外值得关注的是,如何解决新飞混乱的品牌问题,最近也有了方案。2018年8月8日,新乡市人民政府办公室印发《"新飞"商标管理办法(试行)》(简称《办法》),对于混乱的"新飞"小家电品牌进行明确。《办法》提到,"新飞"商标仅授权新乡市智能家电专业园内注册并在园区内生产的企业许可使用。由新乡投资集团负责,积极争取新乡区域外所有授权许可使用"新飞"商标的企业入驻新乡市智能家电专业园。2018年年底前要求全部回迁,不能回迁的应当说明理由,报市政府商标管理小组组织一事一议;无正当理由不回迁的,全部终止其商标使用权。凡是新申请使用"新飞"商标的企业必须由市商标管理小组组织统一考核后由河南新飞投资有限公司予以授权。被授权许可使用"新飞"商标的企业,不得以任何形式再对外授权。据业内人士解释,这一《办法》将使"新飞"商标归拢更为明确,另外,之前"新飞"商标授权合约大多于今年到期,重新归拢"新飞"商标使用权也不是特别复杂的问题。从以上可以看出,新飞电器复工前的进展较为顺利,多为康佳接手后的程序性工作。

新飞电器在康佳的带领下,将有一个什么样的天地？7月11日,在杭州千岛湖召开的康佳白电2018年战略峰会及洗衣机品鉴会上,刚履新康佳白电事业部总经理不久的张中俊在接受媒体采访时表示,在双品牌运作下能够快速实现规模提升,提升康佳白电在行业中的竞争力,集团希望白电产业利用新飞重组做大做强。之前,就在7月5日举行的新乡市人民政府与康佳集团股份有限公司战略合作签约仪式上,康佳集团总裁周彬表示,康佳集团将坚定不移地做大做强新飞品牌,保证新飞公司及新飞品牌的延续传承,"康佳＋新飞"将成为白色家电领域双品牌运营的又一成功案例。

资料来源:百度网站,https://baijiahao.baidu.com/s？id＝16091969101835970 87&wfr＝spider&for＝pc,2018-8-19。

请分析:新飞复工后,"新飞＋康佳"双品牌下新组建的高管领导团队应如何协调发展?

一、高层领导团队概述

(一) 高层领导团队的定义

高层领导团队,通常是指企业层面的高层管理者团队,也称为高层管理团队或简称"高管团队"。高层领导团队是通过和企业CEO讨论确定的,在关键经营决策中常规性地发挥效用的经理人团队,包括董事会主席和副主席、首席执行官、首席作业(经营)主管、总裁、资深副总裁和执行副总裁等。培养高层领导团队对企业的持续发展至关重要,一般来说,高层领导的工作应由一个团队而不是由一个人来担当。许多国际大公司已经通过制度化的体系实现了接班人的产生、选拔、培养和更替,这样做不仅能够产生领袖人物,而且能够产生一个领导团队。

(二) 高层领导团队的特征

通常,一个合理有效的高层领导团队应具备以下特征:

1. 成员的年龄结构合理

一般来说,年轻人反应敏捷、想象丰富、争强好胜、敢作敢为,可以攻坚突击冲锋陷阵;中年人年富力强、精力充沛、锐意进取、勇于开拓,可以担大任;老年人阅历丰富、视野广阔、谋虑周密、处世稳健,可以定乾坤。因此,成长型企业应选择年轻高层主管占较高比例的团队结构,保持高层领导团队整体的旺盛精力和冒险精神;成熟稳定型企业则应保持年长高层主管居多的团队结构;衰退企业的团队结构中应增加中年高层主管。

2. 任期相对稳定

高层领导团队的任期应当保持相对稳定,在一般或正常的经营状况下,这种稳定有利于高层领导团队进行有效沟通、容忍冲突、积极谋求和谐和目标一致,以便完成团队任务。

3. 成员具有良好的教育背景

高层领导团队的成员应具有良好的教育背景,因为良好的教育背景可以为管理人员提供更加广阔的社会视野、更前沿的社会动态、更丰富的社会关系资源和更良好的内外互动氛围。

4. 成员具有多样化知识技能结构

实践表明,合理的知识技能结构有利于企业高层合作和高效完成组织的战略决策工作。在现实的管理运行中,担任高层领导团队领导角色的往往是技能较全面的成员,这也说明了多样化知识技能结构的重要性。

5. 具有合理的决策规模

目前,企业高层领导团队的规模普遍在5~10人之间,随着企业信息化程度的加深,这个集体决策团队的人数有增加的趋势。

6. 具有集体决策机制

高层领导团队具有规范的团队集体决策的流程和机制,能够将个人负责与集体决策有机地组合起来。

二、高层领导团队的构建

通常,我们可以从高层领导团队成员的共性特质和团队制度建设这两方面来探讨高层领导团队的构建。

(一) 提升高层领导团队成员的共性特质

提升高层领导团队成员的共性特质有助于构建有效的高层领导团队,提高其抵御内外部环境压力的能力。

1. 有助于构建有效的高层领导团队

在对领导者特质的研究中,研究者发现了一些与高层领导者高度相关的特质,比如进取心、领导意愿、正直与诚实、自信、智慧、与工作相关的知识以及个体是否是高自我监控者等。提升高层领导团队成员的这些共性特质,无疑是有助于构建有效的高层领导团队的。

2. 提高抵御内外部环境压力的能力

高层管理者在对企业进行经营管理的过程中,其人格特征还受到企业内外部环境压力的影响,导致身体、心理、本能欲望、品德等方面处在弱性状态(即不健全、差、非正常状态等特性的综合反映),从而导致企业经营决策的不良后果,具体表现在屈从压力、能力失色和品德非正常状态。要保证高层领导团队成员素质和品质的稳定和提升,选拔与培养是重要环节,但更重要的是,高层管理者应自觉抽挤时间来强化学习和修养,增强抗压能力和素质,防止品质波动和修养退化。

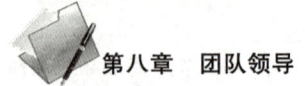

第八章　团队领导

（二）注重高层领导团队制度建设

尽管企业高层领导班子的任务和目标不像一般工作团队的任务和目标那样具体形象，可能不利于团队成员之间的明晰沟通和建设性碰撞，但是，依然可以通过一系列正式的和非正式的制度和机制来实现高层领导团队价值的提升。

1. 设计和确立任务、目标导向机制

要求高层领导团队成员共同参与企业愿景和一系列较具体任务、目标的设计和确认，这一系列任务和目标应涵盖所有团队成员以至整个企业的利益和文化基础，这也是增强高层领导团队乃至整个企业凝聚力的首选途径。

2. 改善高层领导团队成员的自控和制衡机制

这是确保高层领导团队成员在正确方向上维持认知和行动一致性的有效方法。经过初始的正确决策与目标定位，团队内部成员之间应不断地相互帮助、相互监察，并不断自我检讨、自动纠偏，使团队战略安排始终处在正确的路线上。

3. 形成有效的学习制度和机制

构建学习型领导团队是高层领导团队应对动荡复杂、不确定环境的必然选择。为此，高层领导团队应建立一套团队信息知识共享的制度和机制及其相应的辅助安排（如学习秘书制度），建立基于信息技术的网络学习模式，实现高层领导团队成员动态的信息和知识深化。

【知识链接】

终身学习

终身学习（Life-long learning）是社会每个成员为适应社会发展和实现个体发展的需要，贯穿于人的一生的，持续的学习过程。即我们所常说的"活到老学到老"或者"学无止境"。在特殊的社会、教育和生活背景下，终身学习理念得以产生，它具有终身性、全民性、广泛性等热点。

"终身教育"这一术语自 1965 年在联合国教科文组织主持召开的成人教育促进国际会议期间，由联合国教科文组织成人教育局局长法国的保罗·朗格朗（Parl Lengrand）正式提出以来，短短数年，已经在世界各国广泛传播。终身学习启示我们树立终身教育思想，使学生学会学习，更重要的是培养学生养成主动的、不断探索的、自我更新的、学以致用的和优化知识的良好习惯。

在员工培训中，终生学习是指组织为员工提供持续的培训机会，其形式多种多样，既包括业务和技能培训，也包括思路拓展和学位培训等。在终身雇佣不复存在的今天，人们越来越认识到，虽然企业无法提供终身雇佣的承诺，但有竞争力、希望充分调动员工积极性的企业，可以提供终生学习的承诺，使员工具有不断更新的知识和技能结构，终身具有工作竞争力。

> 终身学习有如下几个功效：1. 使员工掌握最新的工作技能。2. 终生学习的机会具有天生的激励性，它能帮助员工制定未来的个人职业生涯发展规划，增强员工的自信心和能动性，给员工带来成就感。3. 虽然终生学习不能消除裁员带来的负面影响，但至少在一定程度上提高了员工重新就业的能力，因此也是一种有效的保障方法。

4. 培育高层领导团队成员的系统性思维

高层领导团队成员的系统性思维的培育，有助于企业催生高层领导者的"公心"意识和团队责任感，克服高层领导班子的分裂倾向，减少和避免相互干扰的内耗，也有助于高层决策的贯彻落实和企业管理效率的提高，增强高层决策的系统保障属性。

5. 完成好高层领导团队的构建

一个由高层领导者构建的真正团队，要历经一个组建、激荡、规范、执行和休整的周期过程。总之，构建一个高效合理的高层领导团队，既要注重高层领导者的个人修炼，强化个人学习动机，又要注重团队修炼，探索高层领导团队的机制设计和制度建设，培育学习型团队；既要动态保持高层领导团队的一般性特征，更要考虑它自身历经的周期。

三、高层领导团队的人员交接

要组建高效领导团队，培养和选择好团队的领导层以及各个梯队的团队领导接班人，必须妥善地解决团队领导的更替问题。从企业层面来说，企业家可以看作企业级的团队领导，而新老更替是自然法则，没有一个企业家可以永久地掌握经营权杖。美国兰德公司对全球500家大企业的CEO进行调查统计的资料表明，一个持续发展的百年企业至少需要五代企业家的共同努力。如何保证企业健康持续的发展，不因企业CEO的更替而使企业受损，并就此衰落下去，培养和选择好企业接班人至关重要。

（一）解决现任领导者的感情和理性的两难境地

作为企业级的团队领导，现任企业领导人在确定接班人的问题上几乎注定要陷入两难境地之中。就感情上而言，喜欢那些追随他的人或是自己的子女及亲属，希望让能领会其精神及战略的人继任，以便沿着他的路线走下去。而在理性上，又已经意识到了企业和环境的变化，以及这种变化给企业带来的新的挑战，意识到企业需要一个不同于自己的人来领导，以便解决自己遗留下来的或是自己无力解决的问题，从而使企业得以永续发展。但这在某种程度上意味着自我否定，并很可能会导致个人原有的"光环"失色。没有人愿意否定自己，尤其是在对自己一生的核心事业进行评价时，更不愿听到"不"字。

企业领导人的个人责任、智慧和胸怀对其顺利走出"交棒"时的困境有重要的影响，企业领导人只有以打造"百年企业"的信念和理想为指南，以企业利益为重，以个人一时得失为轻，才能在这一问题上保持清醒的头脑，并做出明智的选择。事实上，历史是公正的，它不会永远掩盖一个人的过失，也不会长久遮挡一个人的功绩。

（二）选择企业领导者更替的合适模式

企业的权力交接大体有三种基本模式：子承父业（私营企业）、内部提升和外部进入（即"空降兵"）。这三种模式虽然没有绝对意义上的好坏之分，但在具体的维度上还是可以分出优劣。

领导人才的选拔有两个重要的维度,即忠诚度和能力,企业接班人的问题,说到底是如何寻找到忠诚度高又能力强的人。

划分以上三种交接班模式,更多的是为了活跃对接班人问题的思考。在现实当中的非此即彼的思维方式是解决接班人问题的最大障碍。实际上,这三种模式只能在思维层面上去区分,以便于我们作深度的思考;在现实生活中,它们是不可分的,是相互交融、相互渗透的。

1. 从纵向历程看,不同阶段需要不同的交接模式

创业阶段如发生必要的交接问题,民营企业可能大多会选择子承父业的模式。如果企业的发展是线型的,且又有比较健全的继任者计划,内部提升的模式可能较"空降兵"模式为优,因为会大大降低选拔成本而提高选人的准确性。如果一个企业的发展需要非线型的、超常规的变革,且内部又没有健全的继任者计划,人选范围过窄带来的弊端会十分突出,企业往往会转向"空降兵"模式。也就是说,在企业发展多元化运作、跳跃式变革的阶段,"空降兵"模式是一个可行的选择。

2. 从内部结构看,三种模式可以同时并存

在组织的中低层岗位,可能不时有"空降兵"出现,在高层岗位则更多地采用内部提升的模式。在同一个管理团队中,既可以有内部提升的人员,也可以有"空降兵",还可以有"子承父业"者。一种非此即彼的模式,难以克服单一模式固有的缺陷,多种模式兼容,才有可能弥补各自的短处。经验丰富的领导者能灵活运用三种模式,在选用一种主导模式时,会做出巧妙的制度安排,使得相关模式能够作为辅助模式而发挥作用。

(三) 培养各个梯队的团队领导接班人

企业的发展是许多人共同努力的结果,因此,团队领导接班人的选拔也应该体现层次性。对于一个组织来说,为了培养各个梯队的团队领导接班人,最好建立自己的人才库。许多世界知名企业都设立有人才库,这些企业的人才库体现了以下特点。

1. 吸纳企业需要的各类人才信息

知名企业的人才库都吸纳了成千上万的各类人才信息,且来自世界各国。例如,阿尔卡特公司的人才库存着4 000人的资料,其中包括领导人和潜在的接班人。

2. 对每个人进行评估分析

人才库的资料不是简单的信息储存,而是对每个人进行评估分析的结果,对管理人员还要进行虚拟环境下的素质测试。

3. 制订关键职位接班人计划

先进的企业人才库会为一些关键性职位制订接班人计划,以避免不必要的损失。

4. 摆脱对猎头公司的依赖

现在,越来越多的大公司在自己的人才库里寻找适当的候选人,而不再依赖猎头公司的信息。这些大公司甚至将目光锁定在企业内部,认为"十室之邑,必有忠信;十步之内,必有芳草"。

5. 发现和培养企业内部人才

许多企业60%～90%的领导岗位都是由内部晋升的人员担任的。这些企业认为,企业内的干部经过培训和工作锻炼而不断积累经验,会越来越有能力,能为企业的发展做出更大的贡献。

四、高层领导团队的分工与合作

一个高层领导团队要有效地开展工作就必须满足一些严格的条件。

(一) 主要责任者拥有问题的决定权

要使一个高层领导团队结成"联盟"、发挥作用,就不能允许下级就高层领导团队中一个成员的决定向另一个成员去申诉。要有分工负责,每一方面工作的主要责任者必须拥有问题的决定权。否则,只会导致玩弄权术,破坏整个高层领导团队的威信,给其造成巨大的内耗,以致分崩离析。任何成员都无权对不是由其主要负责的事务做出决定,即使这类事务提交到了他那里,也应该转到对之负主要责任的同事那里去。

(二) 团队成员间的正确关系

高层领导团队的成员不一定要互相喜欢,甚至不一定要互相尊重,但他们决不应该互相干扰。在公众场合,即在高层领导的会议室之外,他们不应该互相讲述对对方的不满,不应该互相批评、贬低对方。其实,也不应当互相赞誉对方,否则容易造成下级对高层领导团队的误解。总体上看,高层领导团队的成员之间的个人关系,应当达到"君子之交"的境界,并保持一种互相信任、互相尊重、寻求共识、真正合作的状态。

(三) 选好高层领导团队的协调人

高层领导团队作为一个团队,就需要一位"班长"。在一般情况下,是协调人;在危急时刻,必须愿意而且能够拥有法定权力,以便接管整个事务。这样的班长不是"老板",而是领导者。

(四) 高层领导团队本身有最后的决策权

一般来讲,高层领导团队的成员在其负责的领域内有做出决定的权力。但有一些重大的决策则应"保留"给整个团队来做,或者至少要同团队其他成员讨论后再做出。

(五) 达到充分的信息交流

高层领导团队的任务决定了团队的各个成员相互之间必须进行系统而频繁的信息交流。高层领导团队的每一项举措对整个组织的前途都有着重大的影响,每一个成员应该在他分工的领域内有最大限度的自主权,而要做到这一点,就必须尽最大的努力把自己领域内的情况充分地告知他团队中的其他同事。这要通过一个成系统的工作程序、技术手段和管理制度来加以保证。

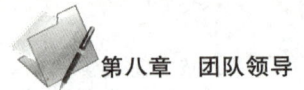

第八章 团队领导

本章小结

本章内容结构如下所示：

```
团队领导
├── 团队领导概述
│   ├── 领导的内涵：
│   │   1. 领导的定义
│   │   2. 领导的功能：组织、激励、控制
│   ├── 领导者的内涵：
│   │   1. 领导者的定义
│   │   2. 领导者的角色
│   │   3. 领导者的素质
│   │   4. 领导者的影响力
│   └── 团队领导者的内涵：
│       1. 团队领导者的定义
│       2. 团队领导者的内容
│       3. 团队领导者的职能
├── 构建团队领导力
│   ├── 特征视角 —— 有效领导的特征
│   ├── 功能视角 —— 有效的领导行为：任务型领导力、过程型领导力
│   └── 情境视角 —— 根据实际情况做出调整：领导风格、情境领导模式
└── 高层领导团队
    ├── 高层领导团队概述：
    │   1. 高层领导团队的定义
    │   2. 高层领导团队的特征：成员的年龄结构合理、任期相对稳定、良好的教育背景、多样化知识技能结构、合理的决策规模、集体决策机制
    └── 高层领导团队的构建：
        1. 提升高层领导团队成员的共性特质
        2. 注重高层领导团队制度建设
        3. 高层领导团队的人员交接
        4. 高层领导团队的分工与合作
```

复习思考题

1. 什么是领导？领导具有哪些功能？
2. 什么是领导者？领导者担任哪些角色？
3. 领导者需要具有哪些素质？领导者能产生什么样的影响力？
4. 什么是团队领导者？团队领导者的内容和职能分别是什么？
5. 如何从不同的视角构建团队领导力？
6. 什么是高层领导团队？有什么特征？
7. 如何构建高层领导团队？

案例讨论

蚂蚁金服完成其史上最重要的领导团队更替

蚂蚁金服集团又完成了一次"交接棒"。阿里巴巴董事局主席马云今天向员工发出了一封内部信宣布,彭蕾将卸任蚂蚁金服董事长,蚂蚁金服 CEO 井贤栋将兼任董事长一职。对于上述调整,马云评价:"这是蚂蚁历史上最重要的领导团队更替,不仅仅是为了传承,更重要的是蜕变。长江后浪推前浪,前浪方可闲庭信步,这是人才队伍上最大的成功。"

彭蕾,阿里巴巴 18 名创始人与合伙人之一,曾任阿里巴巴集团市场部和服务部副总裁、首席人力资源官,肩负着持续发展集团架构、推动阿里巴巴集团价值观及文化建设的重任。2010 年 1 月起同时担任支付宝首席执行官,致力于将支付宝打造为全球最领先的支付平台。

2013 年起,彭蕾领导筹备成立蚂蚁金融服务集团(简称:蚂蚁金服),并出任蚂蚁金服董事长兼 CEO。换句话说,彭蕾是带领蚂蚁金服一直走到今天的人。

完全交棒后,彭蕾何去何从?

马云在内部信中公布了彭蕾未来的工作安排,她将通过 Lazada 响应执行和探索国家"一带一路"的倡议,同时还会继续延续之前在女性和儿童权益保护方面的工作,唤醒这个世界更大的善意。

"八年前,蚂蚁还叫支付宝;八年后的今天,蚂蚁带着已经成为中国新四大发明之一的支付宝,以及其他各种深入人心的服务,承载着全球消费者的期盼。"马云高度评价了彭蕾和井贤栋带领的蚂蚁团队。

马云也表示,八年中最令他骄傲的是不论经历何种艰难时刻,蚂蚁始终能够回到初心。"蚂蚁从来不是为赚钱而生,蚂蚁是为了让普通消费者和中小企业能够享受大企业一样的金融服务而生,是为了让信用等于财富而生,是为了推动全球金融服务向着更透明、更公平、更诚信的方向发展而生。"

马云称交棒是人才队伍最大的成功!马云在信中把蚂蚁金服这一次的新老交棒定义为"人才队伍上最大的成功"。井贤栋于 2007 年加入阿里巴巴,曾任支付宝 CFO,2014 年蚂蚁金服成立后出任 COO,2015 年 6 月起,担任蚂蚁金服总裁,2016 年,在蚂蚁金服成立两周年的时候,井贤栋从彭蕾手中接下了蚂蚁金服 CEO 的接力棒。

在井贤栋执掌蚂蚁金服 3 年的时间里,蚂蚁金服确立了科技、责任、全球化 3 大战略,完成了 B 轮融资,对前沿技术的布局和储备进行了前所未有的投入。《2017 全球区块链企业专利排行榜》显示,中国在区块链专利已经领先全球,其中蚂蚁金服技术实验室以 49 件的总量排名第一。"新四大发明"之一的支付宝还作为唯一的企业品牌入选了中国外文局发布的《中国话语海外认知度调研报告》,成了外国人最熟悉的 100 个中国词之一,"你好、谢谢、支付宝"成了很多外国商家学会的第一句中文……这些与井贤栋的远见和国际化视野密不可分。

"井贤栋加入以来,让我们看到了一个理想主义、乐观主义和专业主义者的罕见结合。他心怀星空,却能脚踏实地,能够看到未来,也能把握现在,他用自己对未来金融服务业的理解和信念,对蚂蚁的担当,赢得了团队一致的认可。"马云在信中如此评价井贤栋。

马云也对井贤栋和蚂蚁提出了自己的期待:有蚂蚁的地方,就应该有蚂蚁金服,蚂蚁的使命不变,价值观不变,愿景不变,但是面对的困难会变,团队会变,未来会变。合伙人和董事会深信,继往开来,这次蚂蚁历史上最重要的领导团队更替,不仅仅是为了传承,更重要的是蜕变。

对于接下来将面对的挑战,井贤栋表态:"我会全力以赴,向着蚂蚁的愿景和梦想,不畏困难,坚持创新,坚定前行!不辜负所有阿里人,包括蚂蚁小伙伴的期待和信任。未来的日子,希望能一直得到大家给我的指引、帮助和支持!"

讨论:
1. 你是如何看待蚂蚁金服的这次领导团队更替的?
2. 马云对这次蚂蚁金服领导团队更替有何想法?
3. 在高层领导团队更替时应注意什么?

实训游戏

游戏名称: 平衡木
游戏时间: 15～20 分钟
游戏目的: 增进领导力
游戏规则:

(1) 2 块 10 米×2×8 英寸的用胶带绑在一起的木板(每块木板能承受住 12～13 个正常成年人的体重);一个水泥墩;胶带。

(2) 教师站在木板上给学生布置任务,可以给学生们做示范,只要重心有一点点偏移就使木板变成跷跷板,从而使木板的一端触地。10 分钟的讨论之后,全队必须在地面上标有"V"字的标识区域登上木板;然后再从同样的地方下来,在此期间木板的任何一端不可以接触地面。

(3) 10 分钟的讨论时间到了之后,或者当团队越过起点线之后,就不允许再说话。学生们只能在水泥墩前方地面上标有一个倒置的"V"字的区域内上下木板。

(4) 全体学生必须在木板上保持 5 秒钟的平衡之后才能下木板;全体学生离开木板后,任务才算完成,木板接触地面越少,完成的任务质量就越高。

问题讨论:
(1) 为了完成任务,团队是如何分工组织的?
(2) 学生们之间有没有按照身高和体重配对?
(3) 领导力是否有体现?
(4) 队长做了哪些有利于成功完成任务的事情?

参考文献

[1] 斯蒂芬·P·罗宾斯,蒂莫西 A·贾奇.组织行为学精要(原书第 13 版)[M].郑晓明译.北京:机械工业出版社,2017.
[2] 胡丽芳,张焕强.团队管理实务[M].深圳:海天出版社,2004.
[3] 龚建.如何进行团队建设[M].北京:北京大学出版社,2005.
[4] 孟汉青,郭小龙.团队建设操作实务[M].郑州:河南人民出版社,2002.
[5] 章义伍.如何打造高绩效团队[M].北京:北京大学出版社,2005.
[6] 盖伊·拉姆斯登.群体与团队沟通[M].北京机械工业出版社,2003.
[7] 邓靖松.团队信任与管理[M].北京:清华大学出版社,2012.
[8] 陈龙海,韩庭卫.团队建设游戏[M].深圳:海天出版社,2007.
[9] 伊莱恩·比奇.团队建设 49 件经典工具[M].上海:上海科学技术出版社,2006.
[10] 克里斯·哈里斯.构建创新团队——培养与整合绩效创新团队的战略及方法[M].北京:经济管理出版社,2005.
[11] 刘浩,李少斌.团队建设如何才高效[M].北京:机械工业出版社,2012.
[12] 陈春花,杨忠,曹洲涛等.组织行为学[M].北京机械工业出版社,2017.
[13] 陆丰.团队管理缺少这 9 种核心文化怎么行?[M].北京:机械工业出版社,2017.
[14] 斯蒂芬·A·毕比,约翰·T·马斯特森.小团队沟通原则与实践(原书第 10 版)[M].陈薇薇译.北京:电子工业出版社,2015.
[15] 彼得·德鲁克.卓有成效的管理者[M].许是祥译.北京:机械工业出版社,2009.
[16] 常白,王骊棠,张宏磊.高效团队管理实战[M].北京:机械工业出版社,2012.
[17] 臧道祥.增强团队凝聚力的 60 个培训游戏[M].北京中国工人出版社,2013.
[18] 陆丰.88 个案例告诉你怎样带团队[M].北京:机械工业出版社,2017.
[19] 陈春花.管理的常识:让管理发挥绩效的 8 个基本概念[M].北京机械工业出版社,2016.
[20] 彼得·德鲁克.管理的实践[M].齐若兰译.北京:机械工业出版社,2009.
[21] 克里斯蒂娜·考弗曼.团队核能(行动版):从低效到高能的团队改造术[M].范海滨译.北京:北京联合出版公司,2016.
[22] 李慧波.团队精神[M].北京:机械工业出版社,2015.
[23] 拉斯洛·博克.重新定义团队:谷歌如何工作[M].宋伟译.北京:中信出版集团,2015.